國家社科基金重大項目（10&ZD104）

上海師範大學古籍整理研究所編
項目首席專家、主編　戴建國
主編　朱易安　傅璇琮　周常林

全宋筆記

第七編

一

国家出版基金项目
NATIONAL PUBLICATION FOUNDATION

大象出版社

顧　　問　王水照　朱瑞熙　徐　規　李裕民

項目首席專家、主編　戴建國

主　　編　朱易安　傅璇琮　周常林

編纂委員會（以姓氏筆劃爲序）

王劉純　朱易安　李亞娜　周常林　俞　鋼　查清華

徐時儀　陳　新　張劍光　傅璇琮　虞雲國　戴建國

序

傅璇琮

上海師範大學古籍研究所於二十世紀九十年代後期就開始創議編纂《全宋筆記》，並將這一設想與專家們磋商、交流，立即得到文史學界的認同與支持，學者們不僅對這一計劃提出不少寶貴的建議，有些還積極參與具體的點校工作。此後，這一項目又得到教育部高校古籍整理研究工作委員會的大力支持和幫助。這樣，這套《全宋筆記》就作為上海師大古籍研究所的重點科研選題，在校内外共同合作的基礎上，積極進行。歷經數年寒暑，現在第一編書稿，即從宋初的《北夢瑣言》起，至北宋中期的《月河所聞集》，約近五十種，已編定付印，即將面世。由此起步，編委會與大象出版社密切配合，按預定計劃，每年分編出版，爭取在五六年内將現已大致確定的約五百種宋人筆記全部整理完成，齊全出書。

中國古代筆記的整理出版，二十世紀五十年代起，就受到出版界的關心和支持。上海古籍出版社前身，即上世紀五六十年代的古典文學出版社（中華書局上海編輯所），就出版過好幾種唐宋筆記，如《隋唐嘉話》、《大唐新語》、《唐國史補》、《唐摭言》、《雲麓漫鈔》、《南部新書》等，同時還印有《明清筆記叢刊》。北京中華書局則於同一時期編印有

《元明史料筆記叢刊》、《清代史料筆記叢刊》、《近代史料筆記叢刊》。近二十年來，筆記的出版則更多，上海古籍出版社在已有基礎上，更計劃編印「歷代筆記小説大觀」，上起漢魏，下迄清末，按漢魏六朝、唐五代、宋元、明清，分批出版。中華書局則除已有的元明、清代、近代外，又增設《唐宋史料筆記叢刊》，已出有四十餘種。其他出版社也陸續有單本筆記問世，如文學性強、頗有閱讀興味的晚明小品文性質的筆記《陶菴夢憶》、《西湖夢尋》等，已有好幾家出版社出版。

以上情況，應當説促使人們對這方面的文獻整理有進一步通盤的考慮，即擴大範圍，加強計劃性，注意對某一朝代、某一歷史時期的筆記著作進行系統、完整的輯集。這也就是《全宋筆記》的編纂設想得到學界與出版界首肯的基本原因。現在，除了這套《全宋筆記》外，學術界又有提出編《全唐五代筆記》，以與《全唐五代詩》、《全唐五代詞》、《全唐五代小説》配合（見《古籍整理出版情況簡報》二〇〇二年第三期《唐人筆記亟待整理》）。現在《全唐五代筆記》已由原湘潭師範學院（現合并於湖南科技大學）中文系承擔，正在起動中。可以期望，辽金元、明、清各朝筆記總集的編纂，當也能引起相應的關注。

這應當説是二十一世紀古籍整理研究的一個新界。以宋代文獻來説，總集方面已出版的，先後有《全宋詞》、《全宋詩》、《全宋文》，《全宋筆記》整理完成，則宋代文學的文獻資料，基本上就能呈現出一個完整的概貌（當然還可考慮輯集宋元話本小說）。由《全宋筆記》起動，引起其他歷史時期筆記總集的整理、出版，其意義當不僅限於文獻整理，應當說，這將會引起對筆記這一傳統門類作現代科學含義的總體探索。過去很長時期，與詩、文、詞、小說、戲曲等相比，筆記的研究是相對薄弱的，現在我們應當把筆記的系統研究提到日程上來。當前的筆記研究，可以考慮的，一是將筆記的分類如何從傳統框架走向現代規範化的梳理，二是如何建立科學體系，加強學科意識，把筆記作為相對獨立的門類文體進行學科性的探究。

「筆記」一詞，倒是很早就出現的，南朝蕭梁時劉勰《文心雕龍》在《才略》篇中，論建安時期作家時，說陳琳、阮瑀「以符檄擅聲」，徐幹「以賦論標美」，劉楨情高，應瑒學優，然後說：「路粹、楊修，頗懷筆記之工；丁儀、邯鄲，亦含論述之美。」此處的筆記、論述，是與詩賦等韻文對稱的散文文體，雖然與後來唐宋時期的筆記，概念不同，但劉勰未將筆記與小說相連，是頗有識見的。因為在中國傳統目錄分類中，從來就不將筆記作為一個獨立門類來處理，而在具體論述中，又往往將筆記歸屬於小說，有時則統稱為筆記小說。如明代胡應麟《少室山房筆叢》卷二十九丙部，將小說分為六類，前兩類是志怪、傳奇，後四種為雜錄（《世說新語》、《唐語林》等）、叢談（《容齋隨筆》、《夢溪筆談》等）、辨訂（《鼠璞》、《鷄肋編》等）、箴規（《家訓》、《世範》等）。這後四種所舉的書名，實際上即是現代意義的筆記。又如明顧元慶所輯《顧氏文房小説》，就收有唐劉餗《隋唐嘉話》、宋龔頤正《芥隱筆記》等；同是明人的商璿，其小説類叢書《稗海》，即收有宋人筆記四十八種，及宋人詩話二種。民國時期進步書局輯印的《筆記小説大觀》，更收有不少唐宋筆記。

宋洪邁《容齋隨筆》，其卷首自序謂：「予老去習懶，讀書不多，意之所之，隨即記錄，因其後先，無復詮次，故目之曰隨筆。」這就是説，筆記乃讀書所得，見聞所及，隨筆雜錄，不分先後，文筆自由，不拘形式。至於筆記的内容，唐李肇《國史補》在其短序中則有較確切的概述：「紀事實，探物理，辨疑惑，示勸戒，采風俗，助談笑。」首次以「筆記」命名的北宋宋祁《宋景文筆記》，其書分三卷，上卷稱釋俗，中卷稱考訂，下卷稱雜説，全書大多為考訂名物音訓，評論古人言行，雜采文章史事。這些都應當説是符合我們現代意義的筆記内涵的。但筆記的分類歸屬，在古代書目著錄中，卻極為紛雜。

中國古代目錄著作，自《隋書·經籍志》確定以經史子集為四大部類，至清《四庫全書總目》，歷一千四百年，經過不斷調整，已正式固定，成為典範。當然，現在編制古籍書目，從傳統習慣來説，是可以繼續使用這四部分類法的，但我們現在對古代文化與典籍文獻的研究，則應從現代科學分類的概念出發，而不能受四部分類的限制。如四部之首的經部，其《詩經》類，應屬於文學研究；《易經》類，應屬於哲學研究；《書經》類，應屬於歷史學研究；《小學》類，應屬於語言文字學研究。因此我們現在把筆記研究作為一門學科，就應擺脱傳統的框架。

前面説過，古代目錄書中從未將筆記列為專類，但仍錄有不少筆記書，不過對筆記的分類，並未有固定、明確的準則，有時甚至將同一書分列於兩個部類。如唐劉餗《大唐新語》，《新唐書·藝文志》，將其一屬於史部雜傳記類（《新唐書》卷五十八），一屬於子部小説家類（《新唐書》卷五十九）。清朝官修的《四庫全書總目》，則更為繁雜，如我們這次收入第一編的兩種筆記，《洛陽搢紳舊聞記》與《五國故事》，都系雜記五代舊事，不過一是記洛陽，一是記四川及江南，體裁相同，而《四庫全書總目》卻將前者列入子部小説家類，後者列入史部載記類。怪不得南宋文獻目錄學家鄭樵早就説過：「古今編書，所不能分者五，一曰傳記，二曰雜家，三曰小説，四曰雜史，五曰故事，凡此五類之書，足相紊亂。」（《通志·校讎略》）

這裏還可舉一些例子，以備今後對筆記分類作歷史的考察。以唐宋筆記來説，《四庫全書總目》將裴廷裕《東觀奏記》、余知古《渚宮舊事》、王栐《燕翼詒謀錄》等列為史部雜史類，范成大《吳船錄》、陸游《入蜀記》列為史部傳記類，龍衮《江南野史》、鄭文寶《江表志》、周羽翀《三楚新錄》列為史部載記類，龔明之《中吳紀聞》、周去非《嶺外代答》、周密《武林舊事》列為史部地理類。子部則更不易辨別，如《東觀餘論》、《靖康湘素雜記》、《能改齋漫錄》、《容齋隨筆》、《野客叢書》等，列為子部雜家類雜考，《封氏聞見記》、《石林燕語》等，列為子部雜家類雜說，而與《封氏聞見記》、《東坡志林》、《容齋隨筆》體裁相同的《唐國史補》、《涑水記聞》、《東齋記事》、《唐語林》等卻又另列入子部小說家類。《四庫全書總目》在《中吳紀聞》提要中曾明確提及，此書「仿范純仁《東齋紀事》、蘇軾《志林》之體」，而實際上此三書，卻分屬三類，即分列於史部載記類、子部雜家類、子部小說家類。如果我們按傳統目錄框架來取捨筆記，恐怕就很難措手。就是說，我們現在研究古代筆記，不能拋開傳統目錄著作，但不能受這些框架限制。這次《全宋筆記》所輯五百種筆記，其涵蓋的門類是相當廣的，這也促使人們意識到文獻整理與研究有機結合的必要。

關於筆記的研究，應當說，現在還是起步階段，有不少問題，還需作認真探討，如中國古代筆記的淵源和分類，筆記與其他文體的關係，其自身的歷史發展階段，它所包含的史料價值和文化意義，等等。至於宋代筆記，也已開始受到人們的注意。過去有的論著曾把魏晉至明清的筆記分為三大類，即小說故事類、歷史瑣聞類、考據辨證類（參見劉葉秋《歷代筆記概述》，中華書局，一九八〇年六月）。當然，按學科來說，還可再加細分，但這三大類大致的框架是可以成立的。比較起來，宋人筆記，小說的成份有所減少，歷史瑣聞與考據辨證相對加重，這也是宋代筆記的時代特色與歷史成就。限於篇幅，這裏不可能對宋代筆記作全面的介紹與評論。我這裏有一個建議，即待此書全部完成後，可以再作兩件事，一是將所收五百種筆記的點校説明，再加補充、訂正，匯為一編，這實際上是繼清修《四庫全書總目提要》以後，另有一個新編的《宋人筆記總目提要》，以使今天的研究者能了解和掌握宋代筆記的全貌；二是結合筆記文獻的特點，對整理工作經驗作一系統的總結，如底本的選擇，校讎的趨向，本事考證的取捨，傳統目録分類的探討，等等，並在此基礎上，就文史結合的角度對筆記（不限於宋代）的史料價值和文化涵義作較深的理論探討。

應當説，宋人筆記的價值與意義，是很值得研究的，有些恐怕我們現在還未有充分的認識。如北宋的《夢溪筆談》，其中記載畢昇發明活字印刷，其在中國印刷史上的史料價值已廣為人所知，而外國學者李約瑟博士在其所著《中國科學技術史》中，更對《夢溪筆談》有關自然科學方面的記載，檢出二百多條，並認為涉及數學、天文學、氣象學、地質和礦物學、物理學、灌溉和水利工程學、農藝學、醫藥和製藥學等（第一卷第六章，見科學出版社一九七五年一月中譯本）。這種從現代科學觀念來探索這部筆記的史料價值，對我們是頗可借鑒的。又如南宋末周密所作《武林舊事》，《四庫總目提要》確認並肯定「是書記宋南渡都城雜事」，「目睹耳聞，最為真確」，但我們現在還可以從廣闊的社會背景對書中所記的「雜事」作一次文化考察：如卷六《諸色伎藝人》記録有四百八十位民間藝人姓名，同卷《諸色酒名》記有五十四種酒名，同卷《糕》條記當時臨安（杭州）民間富有特色的食品糖糕、蜜糕、粟糕等十九種，同卷《書會》記録臨安市内六個書會成員姓名或綽號，卷一〇《官本雜劇段數》記錄南宋當時官本雜劇劇本二百八十部，這些都是官方正史或作家專集都未曾記有的。如像考古工作那樣，我們可以從中挖掘出過去未曾發現或未予重視的文物資源。又如我們研究宋代詩文，也可以從筆記中查獲不少材料，現在新編的《全宋詩》、《全宋文》，其中相當多的作品就是從宋代筆記中考索出來的，《四庫總目提要》在談及《武林舊事》時就特別提到：「南宋人遺篇佚句，頗賴以存。」

又如宋代科舉，在整個中國科舉史上有其特殊地位，其登科人數是歷朝最多的。幾年前我與浙江大學古籍研究所學者龔延明、祖慧等合作，編撰《宋登科記考》，曾多次從宋人筆記中檢尋出極有用的材料。如洪邁《容齋隨筆》卷一三《金花帖子》條，謂北宋真宗咸平元年孫僅榜五十人，其中提及「自第一至十四人，唯第九名劉燁為河南人，餘皆貫開封」。此劉燁為其他史籍未載，據此可補咸平元年登科錄。又如宋李燾《續資治通鑒長編》卷二四，記太宗太平興國八年三月乙酉：「斬孟州進士張兩。」而《容齋隨筆》卷一三《下第再試》條，也記述宋太宗怒斬「孟州進士張兩光」，據此可補《長編》之缺字。又北宋太宗朝開始，唱名賜進士第後，皇帝特賜進士御詩，這是宋科舉試的一次創例，而王辟之《澠水燕談錄》卷六《貢舉》條明確記為：「賜詩自興國二年呂蒙正榜始。」又如《宋史》卷四四〇《文苑傳》載柳開應舉，只簡云「開寶六年舉進士」一句，而葉夢得《石林燕語》則詳記柳開此次應舉，最初為「被黜下第」，後為宋太祖「特賜及第」，可見不是一般性的應試及第，此可補正史之不足。又如仁宗嘉祐二年（一〇五七）科試，宋《咸淳臨安志》卷六一《國朝進士表》及清修《福建通志》均載是科登第者有葉温叟，但僅簡記其姓名，而葉夢得《避暑錄話》卷下則有具體記載，記其與蘇軾同年登第及此後與蘇軾的交往（參見傅璇琮、龔延明合撰《〈宋登科記考〉劄記》，載《新宋學》第一輯，上海辭書出版社二〇〇一年十二月）。

這裏還應一提的是，近十餘年來出版的幾部中國文學史著作，在論及宋代文學時，已把筆記作為宋代散文的一種文體，稱「宋代散文中還出現了獨具一格的筆記文，這種文體長短不拘，輕鬆活潑，是古代文體解放的重點標志」，特別是南宋時期，如陸游《老學菴筆記》《入蜀記》、范成大《吳船錄》，以及吳曾《能改齋漫錄》、王明清《揮麈錄》、羅大經《鶴林玉露》等，都列入文學史論述的範圍，認為在宋代文學史上應佔一席之地（參見袁行霈主編《中國文學史》第五編，高等教育出版社，一九九九年八月；孫望、常國武主編《宋代文學史》下册第一章，人民文學出版社，一九九六年九月）。不少古典文學論著已提出宋代筆記已是晚明小品的先驅。另外，宋代詩話的體裁也受筆記的影響，不少筆記就有評詩記事之作，如《四庫全書總目》列為子部雜家類的陳郁《藏一話腴》，《提要》稱其「多記南北宋雜事，間及詩話」；現在也有把《藏一話腴》列為宋詩話的。這樣，古典文學界已把筆記作為文學類的一種文體，與詩、文、詞、曲及詩文評并列，這確有益於拓展筆記研究的視野。

關於編纂中的具體問題，本書的《編纂説明》，已有述及，這裏不再贅述。本書所收的面較寬，把符合於筆記體裁的著作盡可能收輯起來，以省卻讀者的翻檢之勞，但有些專題書，如詩話、語録，以及譜録類的茶經、畫譜等，其形式雖近於筆記，實質為專書性質，為收録標準規範起見，仍不予收録。至於收録的時代斷限，凡由五代入宋，而其成書在宋建國以後的，則輯入。如列於本書首部的《北夢瑣言》，著者孫光憲，長期仕宦於五代後期荊南高季興，後隨高氏入宋。《四庫總目提要》據其書名「北夢」，以為比喻荊州，就定此書「仕高氏時作」。其實根據當今研究，其最終成書，在入宋以後。又如周密，為南宋人，而其《武林舊事》作於宋亡入元以後，但其書主要仍記故都臨安舊事，故與其所著《齊東野語》、《癸辛雜識》均收入本書。可見，整理工作中時代斷限問題必須與考證、研究相結合。

作為一代筆記的匯集，其整理原則，應是一求全，二求正。求全，前已約述，在這方面，全確是有其優勢的。如中華書局的《唐宋史料筆記叢刊》，至今已印有四十餘種，但與這部《全宋筆記》相比，如本書第一編，自宋初《北夢瑣言》至北宋中期司馬光《涑水記聞》，收有三十多種，而同一時段，中華書局出版的僅有五種，其匯集的長處就自然顯示出來。至於求正，則要求文字、標點方面，力求無誤，提供一種信實的版本。宋人筆記，涉及不少史事，其中也有記事之訛及評議之誤，如果有人作專書整理，可以下工夫進行考訂、校正，這對研究者極有用，如周勛初《唐語林校證》、劉永翔《清波雜志校註》，都極見功力。但匯集不可能如此作，這是總集匯集編纂的通例。這裏要提的是，筆記由於記事雜，且所記多為口語俗事，因此文字的訂正與句斷的準確，難度較大，這方面有時比詩文總集的編纂更難。已出版的筆記，其中文字與標點訛誤，經人指摘、批評的，相當多。李一氓先生於上一世紀八十年代擔任古籍整理出版規劃小組組長時，曾囑咐小組辦公室將古籍整理（包括標點、校勘、註釋、今譯）的批評性文章，匯編成《古籍點校疑誤匯錄》，由中華書局陸續出版。從已出版的六册中，有關筆記點校失誤的書評就很多，而且大部分是關於宋代筆記的。由此也可見出本書整理點校工作的艱辛。

這裏我想再提兩事。一是多年從事古籍整理研究的資深編審陳新先生，受大象出版社的兼聘，對本書認真通讀，嚴謹審閱。陳新先生長期在人民文學出版社編輯部工作，八十年代後期起，作為《全宋詩》的主編之一，又好幾年參與《全宋詩》的編纂，極有閱稿、審訂的經驗。二是大象出版社得悉《全宋筆記》的編纂信息，就立即與上海師範大學古籍研究所聯繫，他們從文化積纍與學術建設的大計出發，毅然承擔這一艱巨的出版任務，再次顯示其多出文化精品、傳揚中華文明的抱負和氣概，確令人敬佩。我想借此向大象出版社領導及其他有關同志深致謝忱。

二〇〇三年五月

編纂説明

宋人筆記是宋代文獻的重要組成部分，數量龐大。據初步統計，現存宋人筆記約有五百餘種，内容幾乎涉及宋代社會的各個領域，具有較高的史料和文化價值。

目前學術界和出版界已對一批主要的宋代史籍和詩文進行了整理，出版有《全宋文》、《全宋詩》、《全宋詞》。新中國成立以來，尤其是二十世紀八十年代後，學術界和出版界日漸重視對宋人筆記的整理工作，如中華書局編輯出版的《唐宋史料筆記叢刊》、上海古籍出版社的《宋元筆記叢書》等。但迄今為止，尚無一部系統整理過的收羅齊全的宋人筆記總匯。因此，對現存所有宋人筆記進行系統整理，編輯出版一部《全宋筆記》，是一項很有價值的學術活動。《全宋筆記》整理出版後，連同《全宋文》、《全宋詩》等，宋代經整理的文獻資料基本上能呈現出一個完整的概貌，這對於發掘和發揮這批文獻的價值，方便學術研究，保存祖國文化遺産，弘揚祖國優秀文化，無疑有着積極意義。

上海師範大學古籍整理研究所在程應鏐等老一輩學者的率領下，曾經整理出版過《宋史》、《續資治通鑒長編》、《文獻通考》等大型宋代史籍。多年來在宋代古籍整理方面積纍了一定的資料和經驗。上世紀八十年代後期，在全國高等院校古籍整理研究工作委員會支持下，我們曾開展過用計算機對宋人筆記進行系統檢索的科研嘗試工作。經過多次討論和論證，我們將工作重點放在了宋人筆記整理方向上。我們選了二十種宋人筆記進行試點，以《宋人筆記集成》為名申請立項，獲得全國高校古籍整理研究工作委員會的資助。在整理此二十種宋人筆記基礎上，我們將整理範圍進一步擴大到所有現存宋人筆記，製定了全面承擔《全宋筆記》校點整理的工作計劃，對現存五百種宋人筆記進行系統整理，計劃分十編出版，每編收錄五十種左右宋人筆記。我們打算用五六年時間完成這項富有意義的工作。

我們的工作從一開始就得到了全國高校古籍整理研究工作委員會的指導和大力支持。我們的計劃和試點工作也得到了上海師範大學人文學院領導的關心和肯定。國內外許多專家學者給予了熱心的支持和幫助，向我們提出了不少指導性的建議。上海圖書館、復旦大學圖書館、華東師大圖書館、上海師大圖書館等單位為我們的工作提供了極大方便。此外，我們的整理工作還借鑒利用了不少學者的成果。大象出版社在日益市場化的出版形勢下，從整理國故，傳承文化遺產出發，毅然挑起了出版《全宋筆記》的重擔，解決了我們的後顧之憂。在此，我們謹向來自各方面的支持和關心表示誠摯的謝意。

關於本書的編纂體例，特作如下説明：

有關「筆記」的涵義，學界看法不一，我們取以下之説：筆記乃隨筆記事而非刻意著作之文。本書所收者，以宋人著述的筆記專集為限，未成專集的，散見的單條筆記不在整理之列。筆記敘事雖或有所側重，然其内部並無嚴密體系，各條記事互不相關，表現了其信筆劄録，叙事紛雜的特性。故凡題材專一，體系結構緊密的專集，雖亦有逐條叙事者，則已非隨筆之屬，如專門的詩話、語録、譜録類的茶經、畫譜、名臣言行録、官箴等，不在收録之列。

宋人已有把當世筆記分類彙編成册者，如《類苑》、《類説》之類。後人亦有《宋稗類鈔》、《宋人軼事彙編》等，此種書籍亦不收録，但可從中輯佚，以補現存版本之缺。

本書所收筆記以宋朝人所撰為限，與宋朝同時的辽、西夏、金等少數民族政權所屬作者之筆記不收。本書收録斷限，凡五代入宋以後有筆記者，則連帶收其入宋前的筆記。宋亡以前有筆記者，連帶收其入元後的筆記。

本書按作者世次分編出版，原書不存而由他書輯得者，則編入末編。

本書編次，原則上以作者生年先後為準；不知生年的，則參以科舉及第之年；未曾登第的，參以入仕之年；以上皆無考者，則以卒年為準；佚名或無生卒爵里可考者，依筆記反映的與作者同時人的生活年代依次排列。然完全依作者的世次排列，會導致每册書篇幅大小不一。故按出版要求，對作者的排序作適當調整，以求得每册書篇幅相對均等。

每部筆記均由整理者撰寫一篇有學術價值的點校説明，内容包括作者小傳（凡正史有傳者，則略言之）、成書經過、内容評價、版本情況及源流、所用底本及校勘概況等等。

本書的編纂宗旨在於為學術界提供一套收羅齊全，便於查找和使用的宋人筆記資料。故全書不作繁瑣校勘，以是非校為主。筆劃小誤顯係誤刻、誤抄者，徑改之，不出校。其他錯訛，據版本或他書校正，並附簡明校勘記。所用工作底本以常見的通行本為主，以有價值的本子參校。

本書采用繁體字豎排，新式標點。原書有標目者，仍沿其舊；無標目者，不再擬定。段落文字過長者，據内容酌情分段。各書視具體情況編制目録，列於書首。如屬殘佚之書，則廣加搜羅逸文，盡可能從類書或他書中輯佚，補録於書末，並注明出處。

古籍整理工作是一項嚴肅而慎重的學術事業，任重而道遠。希望我們的工作能對學界有所補益。同時，我們也真誠地企盼學界同仁和讀者對我們工作中的錯誤和不足之處提出寶貴意見。

上海師範大學古籍整理研究所

二〇〇三年八月

目録

雲谷雜記

⊙張　淏撰

李國强　整理

點校説明

《雲谷雜記》四卷，張淏撰。淏字清源，號雲谷。婺州武義（今屬浙江）人。據文淵閣四庫本提要，淏舉高宗紹興二十七年（一一五七）進士。初補將仕郎，主管吏部架閣文字。理宗紹定元年（一二二八），以奉議郎致仕。又據《金華賢達傳》卷六《宋張翊傳》載，淏慶元二年（一一九六）預鄉試選。淏自幼嗜書成癖，無書不讀，至其牴牾訛誤處，輒隨所見爲辨正之，遂撰此書。書成於嘉定七年（一二一四）前後。除本書外，尚有《續施宿會稽志》八卷存世。

本書於諸名家著述流傳，能析其疑而糾其謬。如論蕙之非零陵香，而駁邵博《見聞録》之舛。論王羲之换鵝，實有《黄庭》、《道德》二經，而斥蔡條《西清詩話》之非。引董德元言，證蘇軾詩虎頭城爲虔州等，確有據依，實足爲學者殫見洽聞之助。

此書不見歷代書目著録，清四庫館臣從《永樂大典》中輯出一百數十條，析爲四卷，而取書帖序跋，分載首末，以略還原本之舊。

四庫館臣評曰「宋人説部，著録紛繁，大都摭異矜新，無關典據。惟洪邁《容齋隨筆》，辨證名義，極稱精核」。「淏此書實踵邁書而作，蓋能專爲考據之學者」。

本書版本有《四庫全書》本（簡稱四庫本）、武英殿聚珍本、《海山仙館叢書》本、《清芬堂叢書》本(簡稱清芬堂本)等。另《説郛》本采録《雲谷雜記》數十條,其中有些條目爲通行本所無。一九一三年,魯迅先生從《説郛》輯録出《雲谷雜記》一卷,並附有校勘記。(北京魯迅博物館魯迅研究會編《魯迅研究資料》五,天津人民出版社一九八〇年)

此次整理,以《海山仙館叢書》道光二十九年刊本爲底本,校以文淵閣四庫本、清芬堂本及《説郛》本及相關史籍,參考了魯迅先生輯録本成果,并將商務印書館本《説郛》二十二條爲補遺附於書後。

卷首

侍郎徐公帖

邦憲已贄開藩之慶，兹不重敘，彝儀輒有拜稟。樅陽張監鎮，其先中華人，自其祖寓武義，邦憲與之隣居有年矣。知其篤行好學，博讀古今之書，近世無與比者，真所謂後生可畏者也。邦憲心甚敬之，折行輩而與之交。比以貧甚急禄，不暇擇木，挈老母攜諸弟以行，乃天假厚幸得趨走于教令之下，敢望台慈借之從容，叩其所藴而眄睞之，必有取知者矣。其天姿恂恂謹畏，若怯懦無能發明者，然其中所藴，殊非凡近，願年丈特垂異顧。幸甚。

紹熙甲寅，予侍先大父還自酉陽，寓居于婺之武義。故寶謨閣待制徐公實里人也，尚氣節，重唯諾，不妄交于人。一日忽過予，一見之如平生歡。予爲賦詩云：「五花麟駒籥飛雲，鳴珂敲月曙色分。晨光炯炯照玉勒，華風熠熠生衡門。磊磊落落萬人英，氣射斗牛貫九精。筆扛龍文百斛鼎，鯨呿鼇擲風雨驚。英辭琳瑯潤金石，寒芒正色如明星。淫哇亂雅快一掃，英莖韶濩重鏗鍧。質高器大聲必廣，古來才士豈虚名。我嗟壯歲困五窮，終年齗齗文字中。絶編壞簡徒自苦，炊沙鏤冰初何功。志高意廣材不足，奴輩豈特笑孔融。龍潛蚖肆亦物理，草廬未必非英雄。天生我材必有用，誰能便與朽腐同。願得側翅附鴻鵠，追風掣電凌太空。」公曰：「是篇置之李賀詩中，誰復能辨？君少年俊邁如此，我當退處一頭地矣。」因是遂爲忘年交。嘉定癸酉，予自龍舒歸，公已出守九江，而數數寄聲問予還期。予時將以所記書傳疑事往質正焉，未果而公卒。予方痛悼，有以公貳冬官時，與龍舒趙使君帖示予，讀之悲益不自勝。趙使君中道易守新安，予不及識之，而楊敬之逢人説項斯之意，似不可忘也。悲夫！天胡爲奪予良友之遽也。九原不可作，予之所疑者，誰與折衷之？昔季札以寶劍許徐君，未及獻而徐君死，乃以繫冢樹而去。從者曰：「徐君已死，尚誰與乎？」季子曰：「始吾心已許之，豈以死背吾心乎？」輒以公帖冠之卷首，是亦季子于徐君之意也。嘉定甲戌張淏書。

目録

校勘記

【一】獨丹朱以胤嗣之子　「胤」原避清諱作「允」，武英殿聚珍本「胤」字闕末筆，據改。

卷一

《孟子》云：「堯使九男二女以事舜于畎畝之中。」趙岐注云：《堯典》曰：「釐降二女，不見九男，獨丹朱以胤嗣之子【一】，臣下以距堯求禪，其餘八庶無事，故不見于《堯典》。」予按呂不韋《春秋》云：「堯有子十人，自丹朱之外，不特八庶子而已。」皇甫謐《帝王世紀》云：「堯娶散宜氏之女曰女皇，生丹朱，又有庶子九人。」其數正與不韋《春秋》合。蓋使事舜時，朱以嫡子，故不在所遣中。趙岐云八庶，蓋未之考耳。

《管子》固管仲所著也。今考其書，非特出于仲，後人從而附益其說者有之。《戒篇》云：管子卒云云。桓公薨，六子皆求立，易牙與衛公子豎刁因共殺羣吏，而立公子無虧，孝公奔宋，宋襄公率諸侯以伐齊，戰于甗，大敗齊師，殺公子無虧，立孝公而還。又《小稱篇》：桓公曰：「死者無知則已，若有知，吾何面目以見仲父于地下。」如此之類，皆後人附益。

《說苑》：趙簡子游于河而樂之，歎曰：「安得賢士而與處焉？」舟人古乘跪而對曰：「夫珠玉無足，去此數千里，而所以能來者，人好之也。今士有足而不來者，此是吾君不好之乎？」趙簡子曰：「吾左右客千人，朝食不足，暮收市征。暮食不足，朝收市征。

吾尚可謂不好士乎？」古乘對曰：「鴻鵠高飛遠翔，其所恃者六翮也。背上之毛，腹下之毳，無尺寸之數，去之滿把，飛不能爲之益卑，益之滿把，飛不能爲之益高。不知門下左右客千人者，有六翮之用乎？將盡毛毳也。」《新序》：晉平公浮西河，中流有歎曰：「安得賢士與共樂者。」舟人固桑進對曰：「君言過矣。夫劒産於越，珠産江漢，玉産崑山，此三寶者無足而至。君今苟好士，則賢士至矣。」平公曰：「固桑來，吾門下食客者三千餘人，朝食不足，暮收市租。暮食不足，朝收市租。吾尚可謂不好士乎？」固桑對曰：「今夫鴻鵠高飛冲天，其所恃者六翮耳。夫腹下之毳，背上之毛，增去一把，飛不爲高下。不知君之食客六翮耶？將腹背之毳也。」二書皆劉向所輯，二説相類如此，疑本一事，所傳不一，故有簡子、平公之異。向兩存之，豈示傳疑耶？

《鶡冠子》，《漢·藝文志》云：楚人，居深山，以鶡爲冠。既不知其名，又不知其爲何時人，然其書時稱燕將劇辛。按辛，趙人，周赧王三年始自趙至燕，則《鶡冠子》當又在其後，不然，則與之同時。書在唐十六篇，賈誼《鵩賦》嘗取之。唐初李善注《文選》，復多引用，以二書參訂，稍稍可讀。韓退之云：其《博選篇》四稽、五至之説當矣。使其人遇其時，援其道而施于國家，功德豈少哉？《學問篇》稱賤生于無所用，中流失船，一壺千金者，余三讀其辭而悲之。其見稱如此。而柳子厚以爲言盡鄙淺，惟賈誼《鵩賦》所引用爲美，意好事者所爲，反取《鵩賦》以文飾之。太史公《伯夷列傳》稱賈子曰：「貪夫殉財，烈士殉名，夸者死權。」不稱《鶡冠子》。遷號博極羣書，假令當時有其書，遷豈不見耶？子厚所見與退之大不同。予觀其《世兵篇》有云：「變化無窮，何可勝言？水激則悍，矢激則遠，精神回薄，振蕩相轉，遲速止息，中必參互，同合消散，孰識其時？至人不遺，動與道俱，縱軀委命，與時往來，盛衰死生，孰識其期？儼然至湛，孰知其尤？禍乎福之所倚，福乎禍之所伏，禍與福如糾纏。渾沌錯分，其狀若一，交解形狀，孰知其則？芴芒無貌，惟聖人而後能決其意。斡流遷徙，固無休息，終則有始，孰知其極？」以上雖多爲賈誼所采取，文辭奇古，與《鵬賦》自不同。子厚謂爲僞書。若他篇固不得而知，如此篇恐後人筆力未易至此。子厚又以貪夫殉財之語，不爲太史公所稱。按胥士之殉名，貪夫之殉財，此自《列子》之辭，獨夸者死權一語，見于《鶡冠子》。賈誼實合二書以成文爾。太史公謂爲賈子云，則可，謂《鶡冠子》云，則非矣。蓋子厚一時亦不審上文非《鶡冠子》語，遂至于誤。原註：胥士殉名，貪夫殉財，謂爲《列子》之辭者，此李善注《文選》所云。今《列子》中無此語，善不應誤，當是近世本有脱誤耳。

《韓子》：楚人和氏得玉璞于楚山中，奉而獻之厲王，王使玉人相之，曰：「石也。」王以和爲誑，而刖其左足。及厲王薨，武王即位，和又奉其璞而獻之武王，武王使玉人相之，又曰：「石也。」王又以和爲誑，而刖其右足。武王薨，文王即位，和乃抱其璞而哭于荊山之下，三日三夜，淚盡而繼之以血。王聞之，使玉人理其璞，而得寶焉，遂命曰「和氏之璧」。按《楚世家》：熊通自立爲武王，是楚之王自熊通始，其先初無所謂厲王者，豈即其兄蚡冒耶？ 今姑置而勿論。且以武王初即位之年言之，是歲爲周平王之三十一年，歲在辛丑，至文王初即位之年壬辰，已五十二年矣。若加以厲王，當不止于此，和雖三獻，不應歷年如是之久，疑有舛誤處。然此事見于他書者，亦多異同。《新序》無文王而有共王，《淮南子》注及前漢鄒陽並後漢孔融及陳元三傳注俱無厲王，而有成王。又《趙壹傳》注引《琴操》，又有懷王及子平王，其不同如此，既無明據，不敢以臆見定其是否。但武王至共王已六世，幾于百年，平王在懷王之前，相去甚遠，初非父子，此乃謬妄顯然者。

櫻桃亦云嬰桃，見吕不韋《春秋》「羞以含桃，先薦寢廟」，注云：「含桃鸎桃，鸎所含食。故言桃【二】。」嬰桃二字，頗爲雅馴，而前輩罕曾引用。

太史公《管仲贊》曰：吾讀管氏《牧民》、《山高》、《乘馬》、《輕重》、《九府》，詳哉其言之也。司馬貞《索隱》曰：皆管氏著書篇名。九府，蓋錢之府藏，其書論鑄錢之輕重，故云《輕重九府》。予按《輕重》與《九府》，自是兩篇名，貞但見李奇以圜法爲錢，故指九府爲錢之府藏，謂輕重爲論錢之輕重，遂合輕重于九府，非也。《九府》篇，劉向時已亡，而《輕重》篇，今固存也。貞略不致審，何其疎之如是耶？

《史記》：宰予字子我，爲臨菑大夫，與田常作亂，以夷其族，孔子恥之。司馬貞《索隱》曰：按《左氏》：無宰我與田常作亂之文，然有闞止字子我，而因爭寵，遂爲陳恒所

【二】「羞以含桃」至「故言桃」二十一字 原作「含桃注」，據商務本《説郛》改。

殺。恐字與宰我相涉，因誤云然。《東坡志林》曰：李斯上書諫二世，其略曰：田常爲簡公臣，布惠施德，下得百姓，上得羣臣，陰取齊國，殺宰予于庭。是宰予不從田常，爲常所殺也。《弟子傳》乃云：宰予與田常作亂。原註：李斯事荀卿，去孔子不遠，宜知其實，《弟子傳》妄也。使吾先師之門乃有叛臣焉，而天下通祀者，容叛臣于其間，豈非千載不蠲之惑也。近令兒子邁考閱舊書，究其所因，則宰我不叛，其驗甚明。太史公因陋承疑，使宰我有寃千載，而吾先師蒙其詬，自茲一洗，亦古今之快也。蘇子由《古史》曰：田恒之亂，本與闞止爭政，闞止亦子我也。田恒既殺闞止【三】，弑簡公，則尚誰族宰我者，事蓋必不然矣。子由又曰：李斯言，田恒陰取齊國，殺宰予于庭，因弑簡公。又劉向《别録》：田成子與宰我爭，宰我夜伏卒，將以攻田成子，令于卒中曰：「不見旌節，毋起。」鴟夷子皮聞之，告田成子，成子因爲旌節以起宰我之卒，以攻之，遂殘宰我。信如此説，則宰我乃田恒之仇，爲齊攻田恒者，非與恒作亂矣。要之，由闞止亦曰子我，故戰國諸子誤以爲宰予，皆不足信也。考諸家所言，《索隱》則以其字同闞止，遂至于誤。東坡則援李斯之言，以宰予不從田常，故爲常所殺。子由固以爲闞止，而未免以李斯、劉向之言爲惑。然劉向所謂鴟夷子皮者，范蠡也。田常之亂，在周敬王三十九年，是時范蠡方在越，與句踐謀伐吴。後八年，吴滅，蠡始浮江湖，變名易姓，適齊爲鴟夷子皮。《國語》及《蠡傳》可考，其妄已不待言。李斯之言，正由一時承襲之誤爾。《索隱》、《古史》謂爲闞止，然無確然之證，終不能祛人之

【三】田恒既殺闞止　案説郛本，「止」下有「而宰我蒙其惡名豈不哀哉且使宰我與田恒之亂恒既殺闞止」二十五字。

疑，而破人惑也。予按《左傳》哀公十四年，齊簡公之在魯也，闞止有寵焉。及即位，使爲政，成子憚之。原註：成子，陳恒之字也。陳敬仲如齊，以陳爲田氏，故曰田恒。漢文帝諱恒，故《史記》以恒爲常。諸御鞅言于公曰：「陳、闞不可並也，其擇焉。」弗聽。夏五月壬申，成子兄弟如公，子我屬徒攻闈與大門，皆不勝。乃出，陳氏追之，殺諸郭關。庚辰，陳恒執公于舒州，公曰：「吾早從鞅之言，不及此。」《説苑·正諫篇》：齊簡公有臣曰諸御鞅，諫簡公曰：「田常與宰予，此二人甚相憎也，臣恐其相攻，雖叛而危之不可，願君去一人。」簡公曰：「非細人之所敢議也。」居無幾何，田常果攻宰予于庭，弑簡公于朝，簡公喟然而太息曰：「余不用鞅之言，以至此患也。」《説苑》所云，與《左氏》正同。獨以闞止爲宰予者，則後人誤以闞氏之子我，爲宰氏之子我，最分明。夫一名字之混，遂至賢逆之無辨，曾參殺人，真可畏哉。太史公作傳，實以《家語·弟子解》一篇爲之，殊不知此書不全出于孔氏子弟之手，多爲好事者以意增損，孔安國嘗病之矣。宰予之事，正所當考者略不致審，信筆紀録，遂使聖門高弟，重罹誣謗，謂之良史，可乎？東坡之辨，固足以雪其恥矣。而尚以宰予爲常所殺，是宰予猶死于非命也。以今所考，常之所殺乃闞子我也。則宰予之枉，可一洗無餘蘊矣。

秦始皇三十七年至雲夢，亦嘗望祀舜于九疑。武帝遵秦故事也。

觀泰山刻石，益知金石刻之可貴。而史傳傳寫舛謬，誤人多矣。然此文率以四字爲句，今史或有五六字爲句者，如廿有六年，史作二十有六年。窺輣遠黎，史作親巡遠方黎民。疑太史公所衍，未必盡是傳寫之誤。要之，此乃秦本文，豈容以意增損哉！

蕭何營未央宫，因龍首山製前殿，建北闕。其宫週迴二十餘里，街道週迴七十里，臺殿四十三，欲令後世無以加，故極其壯麗如此。未百年，而武帝增以金鋪、玉户、華榱、璧璫、雕楹、玉磶、重軒、鏤檻、青瑣、丹墀、左墄、右平。黄金爲壁帶，間以和氏之珍。又起高門武殿于中，只未央一宫，所增已如是，所謂千門萬户者，又不預焉。何所謂無以加者，無乃啓後世之所加也。

《史記·司馬相如傳》：蕙圃衡蘭。司馬貞《索隱》曰：《本草》云：「薰草，一名蕙。」陸農師《埤雅》：蕙，今之零陵香也。《邵氏聞見後録》、魯直《蘭説》云：一榦一花而香有餘者蘭，一榦五七花而香不足者蕙。非也。蕙，今零陵香，又名薰，所謂一薰一蕕者也。又《墨客揮犀》及潘子真《詩話》亦皆云：蕙，今零陵香也。予謂古人以蘭蕙對言者，正以二物花葉既相似，芳氣亦相若，實爲儕類，故舉蘭必及蕙。如滋蘭九畹、樹蕙百畝，光風轉蕙、汎崇蘭者是也。今既以零陵香爲蕙，不知以何物爲蘭耶？魯直以一榦一花爲蘭，一榦五七花爲蕙，可謂真識蘭蕙者也。而邵公濟反以爲非，亦由司馬貞倡其誤于前也。原其所以致誤者，由讀《本草》不熟耳。《本草》：零陵香，一名蕙草，根名薰，故又謂之薰草。諸公見零陵香有蕙草之名，故斷然以蕙爲零陵香，殊不知《本草》中又自別有蕙實一種，云是蘭蕙之蕙。此正一榦六七花者也，以其實可用，故云蕙實。如此，則蕙與零陵香各爲一物甚分明，何諸公之未審也。大率物之名字，偶爾相同者甚多，要在博考而詳究，最不可于疑似未辨之間，而遷就其説。蓋相承稍久，則二物併而爲一，卒至于不可辨云。

又山谷《蘭説》云：蘭似君子，蕙似士大夫。蓋山林中十蕙而一蘭也。《離騷》曰：予既滋蘭之九畹兮，又樹蕙之百畝。以是知不獨今人，雖楚人亦賤蕙而貴蘭也。《邵氏聞見後録》曰：魯直云：楚人滋蘭九畹，樹蕙百畝，蘭以少故貴，蕙以多故賤。予以爲非是。蓋十二畝爲畹，百畝亦相等矣。又吴虎臣《漫録》曰：《離騷經》注：三十畝爲畹，即是蘭二百七十畝，豈十一之謂乎？不應以多少分貴賤。淏按：《説文》三十畝爲畹。王逸《楚辭》注乃以十二畝爲畹。未知何據？而五臣注《文選》、《離騷經》亦以三十畝爲言，豈王逸所注誤耶？二注雖不同，以驗山谷之言，皆不合。吴、邵二公雖知山谷爲誤，而不知山谷所以致誤之由。蓋今世所行《玉篇》，頗多訛舛，最艱得善本。如畹字注云，三十步爲畹，步字乃畝字，誤寫作步爾。原註：今浙東憲司與閩中錢塘所刊《玉篇》，其誤如故，可考。山谷不悟，遂以三十步爲畹，則九畹乃二百七十步，以今制言之，纔一畝餘耳，故山谷以多少分貴賤，正《玉篇》謬本有以誤之。古者步百爲畝，秦孝公時，以二百四十步爲畝，當原時尚百步爲畝也。蘭幾三而蕙纔一，則以多爲貴矣。要之，楚人于蘭蕙初無貴賤之分也。

司馬相如云：蕙圃衡蘭。張揖于史注云：蘭，秋蘭。顔師古于《漢書》注云：蘭，即今之澤蘭。《文選》郭璞《江賦》：䙬以蘭紅。李善注：蘭，澤蘭也。予按蘭非一種。馬蘭、澤蘭、山蘭、蘭草，皆見之《本草》中。但相如既與蕙併言之，則非澤蘭矣。澤蘭，七月間開花，似薄荷，其香甚微，初無芳馨可取，秪堪入藥。李善、顔師古指以爲蘭，蓋二公未嘗親識所謂蘭者。劉仲馮《漢書刊誤》云：澤蘭，自別一種草，非蘭也。蘭，今管城多有，苗如麥門冬，長大，花黄、紫兩色。又寇宗奭《本草衍義》云：蘭草，諸家之説異同，是未曾的識，故無定輪。葉不香，惟花香，今江陵、澧州山谷間頗有，多生于陰地幽谷，葉如麥門冬，而潤且韌，長及一二尺，四時常青，花黄，中間有細紫點。有春芳者爲春蘭，色深，秋芳者爲秋蘭，色淡，秋蘭稍難得。二蘭移植小檻中，置座右，花開時滿室盡香，與他香別。仲馮、宗奭二説，可謂詳的。張揖之注蓋得之矣。其以秋爲言者，蓋秋花芳烈，勝于春花，且極難得，所以爲貴。古人多稱之。

《漢·食貨志》：太公爲周立九府圜法。李奇曰：圜，即錢也。顔師古曰：此非也。《周官》太府、玉府、内府、外府、泉府、天府、職内、職金、職幣，皆掌財幣之官，故云九府。圜謂均而通之也。今以《周官》考之，天府掌寶器，實春官之屬，初無預于貨財之事。而職内、職歲、職幣、職金四者，在《周官》，皆爲掌財之官。今師古乃略去職歲，以三者附太府等爲九，牽强特甚。況太公立法之時，《周官》尚未建也，師古之不審亦甚矣。又太公爲周立法之後，退而復行于齊。至管仲時，其法猶存，故仲著書有九府之篇，且齊猶用之，則九府非《周官》決矣。原註：敏求《機要》：九府圜法本太公，周官制度均且通，太府、玉府、内外府、職内、職幣天官同，泉府地官，天府春官，職金獨在秋官中。《爾雅》有九府云：東方之美者，有醫無閭之珣玗琪焉。郭璞注：醫無閭，山名，今在遼東。珣玗琪，玉屬。東南之美者，有會稽之竹箭焉。郭璞注：會稽，山名，今在山陰縣南。竹箭，篠也。南方之美者，有梁山之犀象焉。郭璞注：犀牛皮角，象牙骨。西南之美者，有華山之金石焉。郭璞注：黄金礝石之屬。西方之美者，有霍山之多珠玉焉。郭璞注：霍山，今在平陽永安縣東北。珠，如今雜珠而精好。西北之美者，有崑崙虚之璆琳琅玕焉。郭璞注：璆琳，美玉名。琅玕，狀如珠也。《山海經》曰：崑崙山有琅玕樹。北方之美者，有幽都之筋角焉。郭璞注：幽都，山名，謂多野牛筋角。東北之美者，有斥山之文皮焉。郭璞注：虎豹之屬，皮有縟綵者。中有岱岳，與其五穀魚鹽生焉。郭璞注：言泰山有五穀魚鹽之饒。邢昺疏曰：此釋八方中國名山所産之物也。按《地理志》遼東郡無慮縣。應劭曰：慮，音閭。顔師古云：即謂醫巫閭，是縣因山爲名，故云山名，今在遼東。《周禮》：幽州鎮也。云珣玗琪，玉屬者。《説文》云：珣，《周書》所謂夷玉也。玗，石之似玉者。琪，玉也，皆玉之類也，故云玉屬。《周禮》揚州云：其山鎮曰會稽。鄭注云：在山陰。《地理志》：會稽郡山陰縣。云會稽在南，上有禹冢、禹井，故云山名。今在山陰縣南也。云竹箭，篠也者。《禹貢》揚州云：篠簜既敷。《釋草》云：篠，竹箭也。郭云：篠，是竹之小者，可以爲箭幹者也。南方之美者，有梁山之犀象焉者。郭氏不注梁山所在。犀、象二獸，皮角牙骨，材之美者也。黄金礝石之屬者，經惟言金，知黄金者，以三品之中黄金爲上，此言美者，故知黄金。礝石，石之次玉者。《玉藻》云：士佩瓀玟而緼組綬是也，其類非一，故云之屬。霍山者，《周禮》冀州，其山鎮曰霍山。鄭云：在彘。按《地理志》：河東郡彘縣。云霍，大山，在東，冀州山，周厲王所奔。應劭曰：順帝改曰永安。然則東晉時屬平陽郡，而縣名永安。故云今在平陽永安縣也。云珠如今雜珠而精好者。郭氏時驗爲然也。璆與球同。《説文》云：璆，玉磬也。琳，美玉名。《書》云：戛擊鳴球，美玉可以爲磬，故皆云美玉也，云《山海經》曰者。按《海内西經》云：帝之下都，崑崙之虚，方八百里，高萬仞，其上有三頭人，琅玕樹，注云：琅玕子似珠是也。幽都者，《山海經》云：北海之内，有山名曰幽都之山是也。斥山，山名也。文皮，虎豹之屬，其皮毛有文綵細縟，故謂之文皮焉。岱岳，泰山也。此言中國也。五穀，黍、稷、麻、麥、豆也。泰山，東近海，《禹貢》海岱惟青州，厥貢鹽絺，海物惟錯，言其饒多非一種，故注云言泰山有魚鹽之饒也。府，聚也，言此八方及中，皆美物之所聚藏，故題云九府也。　案：原本所載，郭璞注、邢昺疏，有複句訛字，謹據《爾雅注疏》校正，惟夷玉，今注疏刊本作美玉，應仍作夷玉。　予意太公所謂九府者，恐即此爾。蓋九府所産之不同，故作圜法，用金錢貨帛以均通之。此説于理頗近，不然，則九府不過自爲掌財之一司耳，亦不足容異説也。予又嘗得師古所作《賢良策問》，有云九府之名，欲知其九，意師古亦自疑其未安，因策賢良，故以此詢之，覬有所聞爾。惜未見所答云何。漢《鹽鐵論》云：文學曰：以心計策國用，構諸侯，參以酒榷。咸陽孔僅增以鹽鐵，江充等各以鋒鋭通利末之事析秋毫，可謂無間矣。非特管仲設九府，徼山海也。詳此，則九府非周官，此又一證也。

《史記·外戚世家》云：武帝居甘泉宫，召畫工圖畫周公負成王。于是左右羣臣知武帝意，欲立少子。後數日，譴責鉤弋夫人，送掖庭獄，夫人死雲陽宫。後帝閒居，問左右曰：「人言云何？」左右對曰：「人言且立其子，何去其母乎？」帝曰：「然，是非兒曹愚人所知。往古國家所以亂，由主少母壯。女主獨居驕蹇，淫亂自恣，莫能禁也。汝不聞吕后耶？」故諸爲武帝生子者，無論男女，母無不譴死。《漢書・鉤弋傳》云：鉤弋子，年五六歲，壯大多知，上甚奇愛之，心欲立焉。以其年穉母少，恐女主顓恣亂國家，猶豫久之。鉤弋從幸甘泉，有過見譴，以憂死。上疾病，乃立鉤弋子爲皇太子。全略去武帝問左右一節，只言恐女主顓恣數言而已，殊失其本意。不若《史記》所載爲實録，可以見武帝識見遠到處，故司馬温公作《通鑑》，全用《史記》語。

《漢書》：武帝元鼎五年，遣樓船將軍楊僕出豫章，下湞水。歸義越侯嚴爲戈船將軍出零陵，下離水。張晏曰：越人于水中負人船，又有蛟龍之害，故置戈于船下，因以爲名也。臣瓚曰：伍子胥有戈船，以載干戈，因謂之戈船。顔師古曰：以樓船之例言之，則非爲載干戈也。此蓋船下安戈戟，以禦蛟鼉水蟲之害，張説近之。劉攽《刊誤》云：船下安戈，既難措置，又不可以行，且今造舟船甚多，未嘗有置戈者。顔，北人，不知行船，故信張説。予謂瓚説是。王觀國《學林》云：離水在漢屬零陵郡，南過桂林，入蒼梧，石灘延亘屈曲湍瀧，舟之行也，縈迴避石，阻礙萬端。然則船不可安戈信矣。戈船者，將軍之號，言能乘船而用干戈以戰，故謂之戈船將軍，非載干戈者也。衆説紛然如此。予按戈船，其來久矣。《吴越春秋》云：樓船之卒三千人。又云：戈船三百艘。《西京雜記》云：昆明池中有戈船、樓船，各數百艘。樓船上建樓櫓，戈船上建戈矛，四角悉垂旛旄旍葆麾蓋，照灼涯涘。予少時猶憶見之。原註：予，劉歆也。觀《西京雜記》所載，則戈船之義甚明，奚假他説。其事又見于《三輔故事》及《三輔黄圖》。

揚子雲《甘泉賦》云：翠玉樹之青葱兮，璧馬犀之瞵㻞。金人仡仡其承鐘虡兮，嵌巖巖其龍鱗。顔師古曰：玉樹者，武帝所作，集衆寶爲之，用供神也。《三輔黄圖》：甘泉谷北岸有槐樹，今謂玉樹。根幹盤峙，二三百年木也。楊震《關輔古記》曰：耆老相傳，咸以爲此樹即揚雄《甘泉賦》所謂玉樹青葱也。劉賓客《嘉話録》：雲陽縣界多漢離宮故地，有似槐而葉細，土人謂之玉樹。揚子雲《甘泉賦》云：玉樹青葱，後左思以雄爲假稱珍怪，蓋不詳也。二説與顔師古注全不同。予謂《黄圖》、《嘉話》所言者，乃甘泉所産之木也。子雲所稱，乃漢飾以象此木者也。何以言之？《漢武故事》云：上起神屋，前庭植玉樹，珊瑚爲枝，碧玉爲葉，以碧玉爲葉者，是欲肖樹色之青葱也。李善注《文選》，正引此爲據。今道釋宫宇多飾金寶爲花木，以爲供神之具，正此類也。使果爲種植之木，則子雲決不與璧飾鐘虡等並言矣。

《吴書》：陳化使魏，魏文帝因酒酣嘲問曰：「吴、魏峙立，誰將平一海内者乎？」化對曰：「《易》稱：『帝出乎震』，化聞先哲知命，舊説紫蓋黄旗，運在東南。」帝心奇其辭。又《江表傳》：初丹陽刁玄使蜀，得司馬徽與劉廙論運命歷數事。玄詐增其文，以誑國人曰：「黄旗紫蓋，見于東南，終有天下者，荆揚之君乎？」六朝以來，都于東南，故黄旗紫蓋之語，文士多引用之。雖皆知其爲符瑞事，而罕有究其義者。李善最號博洽，其注《文選》，紫軑黄旂之句，亦不過引司馬徽書而已。予嘗見薛道衡《隋高祖功德頌》云：談黄旂紫蓋之氣，恃龍蟠虎踞之嶮。雖知黄旗紫蓋爲氣，終以未得其所自爲恨。一日讀《宋書·符瑞志》云：漢世術士言黄旗紫蓋，見于斗牛之間，江東有天子氣。胸中于是釋然，因知讀書不厭于多也。

《晉書·王羲之傳》：羲之性愛鵝，山陰有道士養好鵝，羲之固求市之。道士云：「爲寫《道德經》，當舉羣相贈。」羲之欣然寫畢，籠鵝而歸，其任率如此。蔡絛《西清詩話》云：李太白詩：山陰道士如相訪，爲寫《黄庭》换白鵝。换鵝乃《道德經》，非《黄庭》也。黄伯思《東觀餘論》云：《黄庭》真帖，爲逸少書。僕嘗考之，非也。按陶隱居《真誥翼真檢論上清真經始末》云：晉哀帝興寧二年，南嶽魏夫人所授云云。惟有《黄庭經》一篇得存。蓋此經也。僕按逸少以晉穆帝升平五年卒，是年歲在辛酉後二年，即哀帝興寧二年，始降《黄庭》于世，安得逸少預書之。又按梁虞龢《論書表》云：山陰曇䆉村養鵝道士謂羲之曰：「久欲寫河上公《老子》，縑素早辦，無人能書，府君能自屈書《道德》兩章，便合羣以奉。」于是羲之便停半日爲寫畢，攜鵝去。而《晉書》本傳亦著道士云：爲寫《道德經》畢，當舉羣相贈耳。初未嘗言寫《黄庭》也。以二書考之，即《黄庭》非逸少書。然陶隱居與梁武帝啓云：逸少有名之跡，不過數首，《黄庭》、《勸進》、《告誓》等，不審猶有存否。蓋此啓在著《真誥》前，故未之考證耳。至唐張懷瓘作《書斷》云：《樂毅》、《黄庭》，但得幾篇，即爲國寶。遂誤以爲逸少書。李太白承之作詩：「山陰道士如相見，應寫《黄庭》换白鵝。」苟欲隨之耳，初未嘗考之。韓退之第云：「數紙尚可博白鵝」，而不云《黄庭》，豈非覺其謬歟？伯思之論似若詳悉矣。以予考之，其説非也。蓋書《黄庭經》换鵝，與書《道德經》换鵝，自是兩事。伯思謂《黄庭》之傳，在右軍死後二年，此最失于詳審也。道家有《黄庭内景經》，又有《黄庭外景經》及《黄庭遁甲緣身經》、《黄庭玉軸經》，世俗例稱爲《黄庭經》。《内景經》乃大道玉晨君所作，扶桑大帝君命暘谷神王，傳魏夫人，凡三十六章，即《真誥》所言者。《外景經》三篇，乃老君所作，即右軍所書者，與魏夫人所得者初不同【四】。予家舊藏右軍所書《外景經》石刻一卷，凡六十行，末云：永和十二年五月二十五日在山陰縣寫。以歐陽《集古録目》校之，與文忠所藏本同，則右軍之寫《黄庭》甚曉然。緣諸公考之未詳，故未免紛紜如此。黄伯思謂與梁武啓在著《真誥》之前，此又曲爲之辨也。予又嘗于《道藏》中得務成子注《外景經》一卷，有序云：晉有道士好《黄庭》之術，意專書寫，嘗求于人，聞王右軍精于草隸，而性復愛白鵝，遂以數頭贈之，得其妙翰，右軍逸興自縱，未免脱漏，但美其書耳。張君房所進《雲笈七籤》，亦載此序，最爲的據也。蓋《道德經》是偶悦道士之鵝而寫，若《黄庭》是道士聞其善書且喜鵝，故以是爲贈而求其書，此是兩事，頗分明。緣俱以寫經得鵝，遂使後人指爲一事，而妄起異論。

【四】與魏夫人所得者初不同　「魏」字原脱，據説郛本補。

惟李太白知其爲二事【五】，故其詩《右軍》一篇云：「右軍本清真，瀟灑出風塵。山陰遇羽客，邀此好鵝賓。掃素寫《道德》【六】，筆精妙入神。書罷籠鵝去，何曾别主人。」此言書《道德經》得鵝也。《送賀賓客歸越》一篇云：「鏡湖清水漾清波，狂客歸舟逸興多。山陰道士如相見，應寫《黄庭》换白鵝。」此言書《黄庭經》得鵝也。太白于兩詩各言之，初未嘗誤，乃後人自誤也。

王羲之與羣賢會于山陰之蘭亭，各賦詩，羲之爲序。自晉至唐，皆謂之《蘭亭序》，近世輒目爲《蘭亭記》，非也。《遯齋閑覽》云：《蘭亭記》其文甚麗，但天朗氣清，春言秋景，以此不入《選》。韓子蒼云：《蘭亭記》蕭統不取，以序爲記，皆承襲謬誤之過也。予嘗得蘭亭石刻一卷，首列羲之序文，次則諸人之詩，末有孫綽後序。其詩四言二十二首，五言二十六首，自羲之而下凡四十有二人。成兩篇者十一人，右將軍王羲之，瑯邪王友謝安，司徒左西屬謝萬，左司馬孫綽，行參軍徐豐之，前餘杭令孫統，前永興令王彬之、王凝之、王肅之、王徽之，陳郡袁嶠之。成一篇者一十五人，散騎常侍郗曇，行參軍王豐之，前上虞令華茂，潁川庾友，鎮軍司馬虞説，郡功曹魏滂，郡五官謝繹，潁川庾藴，行參軍曹茂之，徐州西平曹華，滎陽柏偉，王元之、王藴之、王涣之，前中軍參軍孫嗣。一十六人詩不成，各罰酒三觥。侍郎謝瑰，鎮國大將軍掾卞迪，行參軍事印丘旄、王獻之，行參軍楊模，參軍孔熾，參軍劉密，山陰令虞谷，府功曹勞夷，府主簿后綿，前長岑令華耆，府主簿任凝，

【五】惟李太白知其爲二事　「二」原作「一」，據清芬堂本、説郛本改。

【六】掃素寫道德　「道德」，《李太白集》卷二〇作「道經」。

前餘杭令謝藤，任城吕系，任城吕本，彭城曹譓。諸詩及後序文多不載，姑記作者姓名于此，庶覽者知當世一觴一詠之樂云。

唐蓋李廣之後，廣十六世孫暠在晉霸有秦凉。及薨，國人謚曰「武昭王」，此唐高祖七世祖也。《晉史》暠傳有「累功積慶」及「克昌來裔」之語者，史臣爲唐發也。

《梁書・劉杳傳》：周捨問杳，尚書官著紫荷橐，相傳云挈橐，竟何所出？杳答曰：「《張安世傳》：持橐簪筆，事孝武皇帝數十年。韋昭、張晏注並云：橐，囊也。近臣簪筆以待顧問。」《能改齋漫録》：劉偉明《贈熊本詩》云：「西清寓直荷爲橐，左蜀宣風繡作衣。」蓋用《劉杳傳》著紫荷橐事【七】，張安世持橐簪筆之意，而偉明乃以荷爲芰荷之荷，何耶？歐陽文忠《回吴舍人啓》云：「紅藥翻階，直禁垣之清切；紫荷持橐，陪法從以雍容。」又《上胥偃啓》云：「白蟬素簡以生香，兹焉辟惡；紫袷荷囊而備問，最近清光。」乃知誤非一人。然《隋・樂志》尚書録令、僕射、吏部尚書，朝服綴紫荷。録令、左僕射，左荷；右僕射、吏部尚書，右荷。此又何耶？姑俟博識者。又《西溪叢語》：被紫荷橐。案：荷橐即持荷之荷也。或以爲紫荷囊，非也。宋子京云：猥挈荷囊，預從豹乘，皆沿襲之誤。如二家所云，是歐、宋果誤矣。予按《晉・輿服志》：八坐尚書荷紫，以生紫爲袷囊，綴之服【八】，加于左肩。昔周公負成王，制此服衣，至今以爲朝服。或云漢世用盛奏事，負之以行。《宋書・禮志》：朝服，肩上有紫生袷囊，綴之朝服外，俗呼曰「紫荷」。

【七】蓋用劉杳傳著紫荷橐事　「杳」原作「香」，據四庫本、清芬堂本、《梁書》本傳改。

【八】綴之服　案《晉書・輿服志》，「服」下有「外」字。

《南齊書·輿服志》：紫袷囊名曰笲囊，世呼爲「紫荷」。《隋·禮儀志》：梁制，尚書令、僕射、尚書，銅印、墨綬、朝服、納言幘、進賢冠，佩水蒼玉，腰劒，紫荷，執笏。詳諸書所云，則是帶此囊于朝服之外，故云。著，亦猶《世説》云：謝遏年少時，好著紫羅香囊之義也。吴曾、姚寬俱惑于挈囊持槖之語，遂以荷作去聲讀。姚又直改著爲被。如二公所云，是衣紫而負囊也，由未見紫裌爲囊之制。又不知晉、宋間俗呼爲「紫荷」，故未免紛紛如此。歐陽公云：紫袷荷囊而備問，可謂真識紫荷者也。吴所引綴紫荷事，乃《禮儀志》言後魏之制，非《樂志》也。持槖事見《趙充國傳》，非《張安世傳》，而注中亦無韋昭，此又劉杳記之不審也。

卷二

太宗翦鬚賜李勣，白樂天《七德舞歌》云：「翦鬚燒藥賜功臣，李勣嗚咽思殺身。」白自注云：李勣病亟，醫云得龍鬚灰方可療。太宗自翦鬚燒灰賜之，服訖而愈，勣叩頭泣涕而謝。今《舊史·勣傳》俱云：嘗暴疾，醫曰用鬚灰可治。帝乃自翦鬚以和藥，而不言用龍鬚事。二史但據吴兢等所記，故不復旁考，遂至于謬。然樂天之言，必得其實。蓋當時醫言得龍鬚灰方可療，龍鬚未易得，太宗以君上猶龍也，胡翦鬚以賜。若醫只言用人鬚，則咄嗟已辦，何待太宗之賜，方始和藥，此理甚曉然。或謂龍鬚醫既罕用，又世間豈真有是物哉？此殆聞見未至爾。《杜陽編》云：「元載有龍髯拂，得于洞庭道士張知和，紫色如爛椹，或風雷雨晦冥，淋漓沾濕，則光采動摇，奮然如怒。」可謂其無耶？此事當以樂天之言爲正。若從史氏，則意義全失矣。

《舊唐書》：房喬，字玄齡。《新書》：玄齡，字喬。歐陽公《集古録》中有《玄齡墓碑》，亦云字喬。按隋人多以字爲名，玄齡實本名喬，後來即以字行，卻以名爲字也。竇苹《唐書音訓》云：唐十八學士圖贊，皆當時墨跡，云房玄齡，字喬年。苹即嘗見圖贊，必不妄也，豈以單稱不類表德，遂添一年字。《宰相世系表》又以玄齡字喬松，未知何據？

玄齡一代之顯人，而名字紛錯如此，殊可怪。而唐史表傳自相牴牾，尤可怪也。

《唐書》：于志寧與李勣修定《本草》，高宗曰《本草》《別録》，何爲而二？對曰：班固惟記云云。至魏、晉以來，吴普、李當之所記也。予按哀帝元始五年，徵天下通知逸經、古記、天文、歷算、鍾律、小學、史篇、方術、《本草》者，遣詣京師。又《樓護傳》：少誦醫經、《本草》、方術數十萬言。是《本草》已見于漢，但當時祕府偶無，故《七略》不載。班固作《藝文志》，惟據《七略》，故亦無《本草》。志寧但見《藝文志》無之，便謂《本草》出于後世，非也。神農本經文字亦不甚多，今《本草》中別以白字者即是，餘皆後人所增。

慈恩寺在晉昌坊，本名淨景寺。高宗爲母文德皇太后長孫氏造，后懷高宗，將産，數日分娩不得。遂詔醫博士李洞玄候脉，奏云：「緣子以手執母心，所以不産。」太宗問如何？洞玄曰：「留子，母命不保；母全，子死。」帝沈吟良久，后奏云：「留子，帝業永昌。」太宗依奏，洞玄遂于六月二十一日隔腹針之，透心至手，后崩，太子即誕。後至天陰，手中有瘢嘗痛，問諸嬪妃，不對；問諸大臣，方奏斯事。帝聞之悶絶，良久乃蘇，曰：「寡人不孝，致慈母早崩，將報深恩。」乃勑造大慈恩寺，度僧百人，造罔極宫，度道士五十人。按高宗乃貞觀二年生，長孫后以十年六月崩，是時高宗已九歲，況后實從太宗幸九成宫得疾，初非免乳。《舊唐書·僧玄奘傳》云：貞觀初，隨商人往西域，貞觀十九年歸至京師，高宗在東宫，爲文德太后追福造慈恩寺，送玄奘入住。是寺實高宗爲長孫后造，但在東宮時，非即位後也。而分娩用針事，于史傳皆無所據，使后果有「留子，帝業永昌」之語，則此事于后傳亦不容不書。況是時承乾已立爲皇太子，后不應遽有「留子，帝業永昌」之語，豈後人見后崩，與高宗誕月適相符，遂附會爲之説耶？《會要》以后崩在十年五月二十六日，年四十六。本傳則在六月己卯，年三十六，是年六月丙子朔，己卯乃初四日，去五月二十六日實差九日，享年亦不同。豈當時宮掖事祕，外庭不盡知，故所云不同如此。

唐德宗以二月一日爲中和節，與三月三日、九月九日爲三令節。至日，必大宴集。中和置節之因，新史載于《李泌傳》，與舊史小異。以舊史校新史，則新史頗略。惟《續通典》與舊史合而加詳。予後又得德宗《觀樂詩序》，既得其命名之自，且知中和有樂，因録于此。《續通典》貞元五年正月勅：四序嘉辰，歷代增置。是月二十八日，中書門下又奏，請令文武百寮，以是日進農書，司農獻穜稑之種，王公戚里上春服，士庶以刀尺相問遺，村社中作中和酒，祭勾芒神，聚會宴樂，名爲享勾芒，祈年穀。仍望各下州令所在頒行。制曰可。

《唐書·狄仁傑傳》：武后欲以武三思爲太子，以問宰相，衆莫敢對。仁傑曰：「非廬陵王莫可。」后怒，罷議。久之，召仁傑謂曰：「朕數夢雙陸不勝，何也？」仁傑與王方慶俱在，二人同辭對曰：「雙陸不勝，無子也。天其意者，以儆陛下乎？」予按《仁傑家傳》云：雙陸輸者，蓋宮中無子也。又唐《國史補》：天后夢雙陸不勝，召狄梁公説之，對曰：「宮中無子之象。」傳乃删去「宮中」二字，非也。《雙陸譜》云：雙陸局率以六爲限，其法左右皆十二路，號曰梁，白黑各十五馬，用骰子二，各以其采行。白馬自右歸左，黑馬自左歸右，以前一梁爲門，後六梁爲宮。馬歸梁，謂之「入宮」。蓋宮中有子則勝，無子則不勝。若去「宮中」二字，則失其意義矣。

論者多咎《新唐書》不載詔令，殊不知前輩自有意見。宋景文公《摘粹》云【一】：文有屬對平側用事者，供公家一時宣讀施行，似快便，然不可施于史傳。予修唐史，未嘗得唐人一詔一令可載于傳者，惟舍對偶之文，近高古者，乃可著于篇。大抵史近古，對偶非宜，今以對偶之文入史册，如以粉黛飾壯士、笙匏佐鼓鼙，非所施云。

王充《論衡》云：堯時五十民擊壤于塗。觀者曰：「大哉堯之德也。」擊壤者曰：「吾日出而作，日入而息，鑿井而飲，耕田而食，堯何等力。」然不知壤爲何物？後見李善注《文選》引《風土記》云：壤，以木爲之，前廣後鋭，長四尺三寸，其形如履。將戲，先側一壤于地，遥于三四十步，以手中壤擊之，中者爲上。《太平御覽》亦載此事，但《御覽》云長尺三四寸，與《文選》注小異，恐是書寫者誤以四字置尺字上。蓋其形如履，使長四尺三寸，則不復有履形矣。當以《御覽》所載爲是。

赤松子有二。其一神農時爲雨師，服水玉，能入火不燒，即張子房願從之遊者。事見劉向《列仙傳》。其一則晉之黄初平，嘗牧羊，忽爲一道士將至金華山石室中，後服松脂

【一】摘粹 「粹」原作「碎」，據《宋史》卷二〇二《藝文志》、《清波雜志》卷一〇「沈隱侯」條、《緯略》卷八「孔硯」條改。

茯苓成仙，易姓爲赤，曰赤松子，即叱石爲羊者。事見葛洪《神仙傳》。今婺州金華山赤松觀，乃其飛昇之地，而往來賦咏者，多引用張子房事，誤矣。

郭子横《洞冥記》云：元鼎五年，郅支國貢馬肝石，半白半青，如今之馬肝也。春以和九轉之丹，用拭髮，白者皆黑。漢武帝坐羣臣于甘泉，有髮白者賜以拭，應手皆黑。

韓子蒼云：《漢武内傳》，予反復讀之，蓋依倣《武帝故事》而增加之。唐時道家流所爲也。蓋當開元、天寶時，玄宗好長生，崇道術，其徒恐玄宗謂武帝求仙不效，故爲此書實之耳。子蒼所言非也。《隋·經籍志》：《漢武帝故事》二卷外，别有《内傳》三卷。顔真卿《東方朔畫贊碑陰記》云：事跡則載在《太史公書》、《漢書》、《風俗通》、《武帝内傳》。則《内傳》其來久矣。豈玄宗時依倣《故事》而爲哉？蓋子蒼但見後有淮南王孫卿稷丘君事，便謂此書出于後人，殊不知淮南等事，自是唐道士王遊巖所附也。

韓子蒼《書崔豹古今注後》云：崔豹，漢、魏間人也。當干戈搶攘時，能自見于翰墨，雖小道，亦足觀。士生無事時，圓冠方履，飽食嬉戲，亦足愧矣。予按劉孝標《世説注》云：晉百官名崔豹，字正熊，燕國人。惠帝時官至太傅，是則非漢末魏初間人。蓋子蒼初不得其詳，以意度其爲是時人，故不免于誤。

干、于皆姓也。干，古寒切。《千姓編》云：望出滎陽潁川。宋有干犨。晉干寶，著《搜神記》。于本姓邘，周武王邘叔之後，子孫去邑爲于。漢有于定國、魏將軍于禁，望出東海河南。是干與于爲二姓甚明。今《晉書·干寶傳》書干作于。《文選·晉武革命論》則云于令升。諸書引《搜神記》則云于寶《搜神記》。《周禮註》則云于寶云。字畫之差，相承之久，遂至無辨，良可歎也。《程氏外書》：蘇成之姓，傳于天下者不蕃，至如張、王、李、趙，雖其出不一，要之其姓蕃衍，此亦受姓之祖，其流之盛，固有定分也。

袁客師，天罡之子，亦傳其父術。嘗渡江，叩舟而還，左右請故，曰：「舟中人鼻下氣皆黑，不可以濟。」俄有一男子，跛而負直就舟，客師曰：「貴人在，吾可以濟。」江中風忽起，幾覆而免，跛男子乃婁師德也。李文靖公沆布衣時，先正端公炳知舒州，屬因事涉江，公實行侍。俄而風濤暴作，舟幾覆没。有大校王其姓者，善人倫，遽曰：「此有真相，孰敢爲害？何懼之有？」是日果利涉無虞，衆皆神其事。及公之貴，王校尚存焉。世謂當爲宰相者，左右自有神物護持，憂虞不可妄干，固不待言。然餘波所及，又可使他人轉禍爲福也。

韓朝宗，思復之子也，喜拔識後進，他無顯顯可見之跡。爲荆州長史日，因李白投書有「生不用封萬户侯，但願一識韓荆州」之語，因是韓荆州之名，籍籍至今，豈非平生喜士之力歟？

元結唐《中興頌》，率三句爲韻，人皆謂結創爲此體，非也。蓋效秦《泰山》、《會稽》等頌耳，皆以三句爲韻。《會稽頌》云：「皇帝休烈，平一宇内，德惠修長。卅有七年，親巡天下，周覽遠方。遂登會稽，宣省習俗，黔首齋莊。」云云。自秦以後，文士罕爲此體，故江左人至作兩句讀之，而不得其韻。齊范雲始能作三句讀之，近世碑碣之文，亦有以三句爲韻者，此卻自結倡之也。

杜子美詩云：「醉把青荷葉，狂遺白接䍦。」王洙注引《世説》山簡倒著白接䍦事，且云：接䍦，衫也。予按郭璞《爾雅注》云：白鷺，頭、翅、背上皆有長翰毛。今江東人取以爲睫攡。又《廣韻》云：接䍦，白帽。而《集韻》又作䍦及𣰽，亦云白帽。李白《答人贈烏紗帽》云：「領得烏紗帽，全勝白接䍦。」則接䍦爲帽明甚，初非衫也，洙誤矣。或者疑白非冠巾之飾，殊不知其時不以爲忌也。如管寧不應州縣辟，嘗著白帽。孟達與諸葛亮白綸帽一。晉哀帝時，以立秋改緗幘爲素。謝萬著白綸巾，鶴氅裘。王敬則手取白紗帽，加齊高帝首，令即位。魏武造白帢。《隋志》云：紗爲之，婚冠送餞服之。又云：巾，白紗爲之，國子生服帽，自天子下及士人通冠之。以白紗者，名高頂帽，曰巾幘，曰帽帢，大率多以白。唐及五代尚或間見。《唐·車服志》：白紗帽，視朝聽訟、宴見賓客之服也。章懷太子《後漢注》帢，今國子學生服焉，以白紗爲之。杜甫詩「白幘岸江皋」，《能改齋漫録》：清泰中，甲庫驅使官聶長史善相笏，繫鐵帶，兔褐裘，素紗幞頭。然則以白爲忌，殆起于近世乎？

韓退之《讀墨子》云：儒、墨同是堯、舜，非桀、紂，同修身正心，以治天下國家。孔子必用墨子，墨子必用孔子，不相爲用，不足爲孔、墨，其與墨子者至矣。及爲策問，則曰：孔子既没，聖人之道不明，蓋有楊、墨者，始侵而亂之。又《與孟簡書》云：楊、墨交侵，而聖賢之道不明，聖賢之道不明，則三綱淪而九法斁，禮樂崩，而夷狄横，幾何其不爲禽獸也。其所言自相矛盾如是。

韓退之、段成式皆有《送窮文》。退之之作，固不下成式。姚鉉編《文粹》，録成式而不取退之。《平淮西碑》，亦只載成式父文昌所作。鉉自謂所編掇菁擷華，得唐人文章之精粹。舉此一端，則謂得唐文之精粹，可乎？

李漢編韓退之文，自謂收遺文無所墜。柳子厚《天説》云：韓愈謂柳子曰：「若知天之説乎？吾爲子言天之説。」云云。《劉禹錫集》序云：韓愈以書來弔曰：哀哉！若人之不淑。吾嘗評其文，雄深雅健，似司馬子長，蔡、崔不足多也。二説，集中俱無之。退之元和九年冬，以考功郎知制誥，至十一年春，遷中書舍人，其居掖垣，掌詞命，蓋踰年矣。今漢之所編，制誥之辭絶無。惟外集有《崔羣除户部侍郎》一制而已。又唐《五竇聯珠集》載：竇牟爲東都判官，陪韓院長、韋河南同尋劉師不遇，分韻賦詩，都員外郎韓愈得尋字，云：「秦客何年駐，仙源此地深。還隨躡鳧騎，來訪馭雲襟。院閉青霞入，松高老鶴尋。猶疑隱形坐，敢起竊桃心。」今諸本韓集皆不載，是則豈可謂之無所失墜耶？

韓昶，退之之子，兒時即以詩動孟東野。今《東野集》有《喜符郎》詩，有天縱之篇。

符，蓋昶小字。後登長慶四年進士第，昶亦可謂能世其家矣。韋絢《劉賓客嘉話録》、李綽《尚書故實》皆云：昶爲集賢校理，史傳中有説金根車處，皆臆斷之曰，豈其誤歟？必金銀車也，悉改根字爲銀字。此説恐未必然。李綽之説，蓋本于韋絢，絢乃執誼之子，又《嘉話録》所載，大抵詆退之處甚多，如云韓十八直是太輕薄，及忿席舍人草貶詞之類，皆不足信。

吴安中云：《石鼎》聯句，皆退之作，如《毛穎傳》，以文滑稽耳。所謂彌明，即愈也。侯喜、劉師服皆其弟子。又朱晦庵《韓文考異》云：此詩句法，全類韓公，或者所謂寓公姓名者。蓋軒轅反切近于韓字，彌明之義又與愈字相類，故竊意或者之意近是。晦庵所指或者，蓋安中也。予謂此序要不可以《毛穎傳》爲比，《穎傳》蓋明爲寓言，今《石鼎》詩序詳著年月，及言劉師服嘗識之于衡湘間。見衡湘間人云，年九十餘，解捕逐鬼物，拘囚蛟螭虎豹，兹皆指實而云，詎可以《毛穎傳》例言之哉。安中所説，近于好異。晦庵反切之語，尤爲不經。使退之果以彌明自況，則捕逐鬼物等事，退之詎肯以此自許乎？又其間譏詆劉師服、侯喜太甚，退之決不肯如是。禁制之術，今黄冠羽流多有能者，則彌明爲一道士，又何疑焉？小説中有彌明一傳，稱爲神仙，固未可信，觀其詩語，似非碌碌于塵埃中者所能道也。

杜牧之宋本杜牧集作《九日齊山登高》云：「塵世難逢開口笑，菊花須插滿頭歸。」開口笑字似若俗語，然卻有所據。《莊子》：人上壽百歲，中壽八十，下壽六十。除病瘐、死喪、憂患，其中開口而笑者，一月之中不過四五日而已矣。于此益見牧之于詩不苟如此。

「風暖鳥聲碎，日高花影重」，此杜荀鶴《春宮怨》中一聯也。歐陽文忠公《詩話》乃云周朴所作，誤矣。荀鶴有詩三百篇，顧雲目之曰：《唐風集》。《春宮怨》一篇，集以冠之卷首，正以此一聯也。顧雲序其集云：壯語大言，則決起逸發，可以左攬工部袂，右拍翰林肩。是以荀鶴可並李、杜也。荀鶴之詩，溺于晚唐之習，蓋韓偓、吴融之流，以方李、杜則遠矣。然解道寒苦羇窮之態，往往有孟郊、賈島之風，如「江湖苦吟士，天地最窮人」，「客路如天遠，侯門似海深」，「宦情隨日薄，詩思入秋多」，「時挑野菜和根煮，旋斫生柴帶葉燒」之句，蓋不減二公所作。其他如《感春》云：「無限青雲有限身，案：杜荀鶴詩刊本，一作無況青春有恨身。眼前花似夢中春。浮生七十今三十，已是人間半世人。」《旅中遇雨》云：「半夜燈前十年事，一時和雨到心頭。」《宿臨江驛》云：「舉世盡從愁裏老，誰人肯向死前閒。」《感遇》云：「大海波濤淺，小人方寸深。海枯終見底，人死不知心。」皆有意緒。《送人遊吴越》云：「夜市橋邊火，春風寺外船。」《維揚春日》云：「絡岸柳絲懸細雨，繡田花朵弄殘春。」《閩中》云：「雨匀紫菊叢叢色，風弄紅蕉葉葉聲。北畔是山南是海，衹堪圖畫不堪行。」可謂善狀三處景物者，如此等句，蓋三百篇中之警策，其他往往傷于俚俗。前輩因之爲太公家教，正以其語多鄙近也。

萬歲之稱，不知起于何代，商、周以前，不復可考。《吕氏春秋》：宋康王飲酒，室中有呼萬歲者，堂上悉應。《戰國策》：馮諼燒債券，民稱萬歲。藺相如奉璧入秦，秦王大喜，左右皆呼萬歲。《韓非子》曰：巫祝之祝人曰：「使若千秋萬歲。」萬歲之聲聒耳。《新序》：梁君出獵歸，入廟門，呼萬歲，曰：「幸哉！今日也。」紀信乘黄屋左纛，曰：「食盡，漢王降。」楚呼萬歲。陸賈奏《新語》，左右稱善，呼萬歲。漢武帝登嵩高，呼萬歲者三。元帝送許后入太子家，謂左右：「酌酒賀我。」左右呼萬歲。《馮異傳》：趙匡將兵助異，并送縑縠，軍中皆稱萬歲。馬援封侯，乃擊牛釃酒，勞饗軍士，皆伏稱萬歲。王望曰：「今日歲首，請上雅壽。」掾史皆稱萬歲。吴甘寧入魏營，斬首數十級，還入營，作鼓吹，稱萬歲。是則慶賀之際，上下通稱之。初無禁制，不知自何時，始專爲君上之祝也。

門下省掌管詔令。今詔制之首，必冠以「門下」二字。此制蓋自唐已然。傅亮修張子房廟教，首曰「紀綱」。唐吕延濟注云：紀綱爲主簿之司，教皆主簿宣之，故先呼之，亦猶今出制，首言「門下」是也。

古者稱臣，蓋示謙卑而已，上下通行，不特稱于君上之前也。如齊太子對醫者文摯云：「臣以死争之。」虢君見扁鵲曰：「寡臣幸甚。」吕公謂漢高祖曰：「臣少好相人。」高祖謝項羽曰：「將軍戰河北，臣戰河南」之類是也。晉、宋間彼此相呼爲「卿」。自唐以來，惟君上以呼臣，庶士大夫不復敢以相稱謂矣。

隋及唐初人以字爲名。高士廉名儉，房玄齡名喬，封德彝名倫，顔師古名籀。夫己自稱則名，他人相稱則以字，此自昔所同，諸公乃以字行，莫知所謂。顔師古《匡謬正俗》云：或問人有複名單稱，于理云何？答曰：「複名單稱，乃是流俗之事。」隋大業中，出勑禁斷單稱複名，深得物理。委巷之徒，不曉其意，便謂朝廷禁止單名，幼小以來，不爲複名，輒加增以爲順旨，曾莫之悟。豈諸公亦狃于一時習尚，其名既單，故以字行耶？《匡謬正俗》又云：或問今人稱字而不稱名，其故何也？曰：「考諸典故，稱名爲是。」師古之論，如此而已，乃以字行，殆不可曉。

今言人之衰老者，則曰鐘鳴漏盡。隋《柳彧傳》：伏睹詔書，以上柱國和千子爲杞州刺史。其人年垂八十，鐘鳴漏盡，若令刺舉，所損殊大。人皆以此言始于彧，非也。田豫爲并州刺史，遷衛尉，年老求遜位，司馬宣王以爲豫克壯，書諭未聽，豫答書曰：「年過七十，而以居位，譬猶鐘鳴漏盡，而夜行不休，是罪人也。」當以此爲始。豫書見于《魏書》本傳。

《傳》曰：古者生無爵，死無謚。《謚法》，周公所爲【二】。謚者，行之迹也，累積平生所行事善惡，而定其名也，是必死後方有謚。今考之，亦有不然者。如楚熊通自立爲楚武王，趙佗自稱爲南粤武帝，蜀杜宇自號望帝，此固顯然自爲稱號者也。若周公謂伯禽云：我文王之子，武王之弟，成王之叔父。伍子胥謂楚使者云：報汝平王，欲國不滅，釋吾父

【二】周公所爲　「爲」原作「謂」，據說郛本改。

兄。原註：《吴越春秋》云。是時周之成王，楚之平王，皆生而已有此稱，此皆不可曉者。劉向《說苑》改成王作今王，楊倞就其說釋《荀子》謂：成王乃後人所加，正以生時不當有謚爲疑，故臨文未免遷就其說【三】。

字有因諱，易以他音，而尋復從元稱，亦有終不能易者。漢明帝諱莊，呼莊子曰嚴子，今復爲莊子矣。秦始皇諱正，故正月音征。晉文帝諱昭，故昭穆音韶。而征月、韶穆至今不易。鮑昭本名照，避武后諱，唐人書之去火，只用昭字，後遂以鮑昭、鮑照爲二人。王羲之祖尚書郎諱正，故羲之每書正月或作一月，或作初月。他正字皆以政字代之，如「與足下意政同」之類。是後人不曉，反引此爲據，遂以正政爲通用，非也。《南史》避唐諱，虎字悉改爲武，或云猛獸，而《黄回傳》乃云畏之如虎狼。又蕭正統及《侯景傳》有寧逢五虎，及虎視之語。淵字悉改爲泉，而《陶潛傳》乃云潛字淵明。此作史者失于精詳，故錯雜如此。《管子》，古書也，既曰：虎豹居幽，而威可載矣。又曰：諸侯之子委質者以雙武之皮。又曰：以市武豹之皮。此皆唐人所改，後來不盡復元字，故虎、武並行。

予在龍舒日，得太湖縣白雲山海會寺《建經藏記》云：同直郎、守殿中丞前知太湖縣事李錞撰。觀者皆訝同直郎，不知何代之官制？予曰：「作文者必天聖、明道間人。」讀至末，果得天聖十年歲月。咸問予何以知之？予曰：「同直本通直，避莊獻太后父諱，故云。」莊獻同昭陵聽政，乃天聖、明道間，以故知其爲彼時也。明道以後不復諱矣。蓋

【三】故臨文未免遷就其說　此九字原闕，據商務本《說郛》補。

莊獻上仙，臣寮即上言云：自大行皇后同聽政之日，天下章奏，臣寮白事，皆回避「通」字，從其先諱。今軿車上仙，山園將畢，不可濫九廟而存諱，宜盡復三朝之遺法。欲乞有若以通進司爲承進司，通奉大夫爲中奉大夫，通事舍人爲宣事舍人，通州爲崇州，通判爲同判，通直郎爲同直郎，通引官爲承引官，普通門爲普和門之類，及將來舉人程試，一切俾復如舊，無有所避。此事出于一時權宜，而僅行于十年之間，非因石刻，後世無從見之。歐陽公、趙明誠、洪文惠，多以碑刻爲書傳之證，正由此類。

近世官府騶從，所持假劍，以木爲之，號曰「木劍」。《隋・禮儀志》：漢自天子至于百官，無不佩刀。蔡謨議云：大臣優禮，皆劍履上殿，非侍臣解之，蓋防刃也。近代以來，未詳所起。東齊著令，謂爲象劍，言象于劍。又《南史・陳始興、王叔陵傳》：左右取朝服所佩木劍以進。此皆假劍之始，然施于佩服而已。不知何時，遂爲輿衛之飾。

隋高祖仁壽三年詔：六月十三日是朕生日，宜令海内爲武元皇帝、明皇后斷屠，則此制隋已有之，不始于唐也。

今人以物相遺，謂之人事。韓退之《奏韓弘人事物狀》云：奉敕撰平淮西碑文，伏緣聖恩，以碑本賜韓弘等。今韓弘寄絹五百匹與臣，充人事物，未敢受領，謹録奏聞。又杜牧《謝許受江西送撰韋丹碑綵絹等狀》云：中使奉宣聖旨，令臣領受江西觀察使紇干臮所寄撰韋丹遺愛碑文人事綵絹共三百匹。《後漢・黄琬傳》云：时富權子弟，多以人事得舉。則知人事之語，其來已久。

今人言壯而髮白者，目之曰蒜髮，猶言宣髮也。宣髮見于陸德明《易》説卦釋文中，此固人所知也。而蒜髮，書傳間或未見之，獨《本草》蕪菁條下云：蔓菁子壓油，塗頭能變蒜髮。此亦可爲據也。

飲茶不知起于何時。歐陽公《集古録跋》云：茶之見前史，蓋自魏、晉以來有之。予按《晏子春秋》：嬰相齊景公時，食脱粟之飯，炙三弋、五卵、茗菜而已。原註：讀《晏子春秋》者，多疑此文闕誤。予後見《太平御覽》，茗事中亦載此，其文正同，初非闕誤也。又漢王褒《童約》有武陽原註：一作武都。買茶之語。則魏、晉之前已有之矣。但當時雖知飲茶，未若後世之盛也。郭璞注《爾雅》云：樹似梔子，冬生葉，可炙作羹飲。然茶至冬味苦澁，豈復可作羹飲耶？飲之令人少睡，張華得之，以爲異聞，遂載之《博物志》。非但飲者鮮，識茶者亦鮮。至唐陸羽著《茶經》三篇，言茶者甚備，天下亦知飲茶，其後尚茶成風。回紇入朝，始驅馬市茶。德宗建中間，趙贊始興茶税，興元初雖詔罷。貞元五年，張滂復奏請，歲得緡錢四十萬。今乃與鹽酒同佐國用，所入不知已倍於唐矣【四】。

唐天寶中，孫愐因隋陸法言《切韻》作《唐韻》五卷。後又有《廣唐韻》五卷，不知撰人名氏。《崇文總目》但云：後人博采附見，故多叢冗。本朝太平興國中，嘗詔句中正等詳定，書成，號《雍熙廣韻》。景德中，又詔陳彭年以《廣唐韻》等重行校定。大中祥符元

【四】「德宗建中」至「倍於唐矣」　此五十一字原闕，據商務本《説郛》補。

年，改爲《大宋重修廣韻》，蓋今所存者。淳熙中，道山諸公作《館閣書目》云：《廣韻》五卷，不知作者。《崇文總目》云：蓋後人博采附見，故多叢冗。夫《崇文目》云叢冗者，蓋指《廣唐韻》耳，當時既不知爲陳彭年所定，且誤認《廣唐韻》爲今之《廣韻》，其疎甚矣。館閣目大抵多舛妄，蓋不特此也。

古者字未有反切，故訓釋者但曰讀如某字而已。至魏孫炎始作反切，其實本出于西域梵學也。自後聲韻日盛。宋周顒始作《四聲切韻》行于時。梁沈約又撰《四聲譜》，以爲在昔詞人累千載而不悟，而獨得于胸襟，窮其妙旨，自謂入神之作。繼是若夏侯該《四聲韻略》之類，紛然各自名家矣。至唐孫愐始集爲《唐韻》，諸書遂爲之廢。本朝真宗時，陳彭年與晁迥、戚綸條貢舉事，取《字林》、《韻集略》、《字統》及《三蒼》、《爾雅》爲《禮部韻》，凡科場儀範，悉著爲格。又景祐四年，詔國子監以翰林學士丁度修《禮部韻略》頒行。初崇政殿説書賈昌朝言：「舊《韻略》多無訓解，又疑渾聲與重疊字不顯義理，致舉人詩賦或誤用之。」遂詔度等以唐諸家韻本刊定，其韻窄者凡十三處，許令附近通用，疑渾聲及疊出字，皆于字下注解之，此蓋今所行《禮部韻略》也。吴曾《漫録》：嘗論景祐修《韻略》事，既不得其始，徒屑屑于張希文、鄭天休修書先後之辨爾。予因歎近時小學，幾至于廢絶，遂摭聲韻之本末，備論于此，庶覽者得以考云。

卷三

太宗天資超絶，識見敻異，非秦、漢以下帝王所可及。至于知人，不但灼見其賢否，其榮悴壽夭，皆莫逃于一目。嘗顧錢若水，謂左右曰：「若水風骨透邁，神仙姿格，苟用之，則才力有餘，朕只疑其算部促隘，若至大用，恐愈迫之。」至道初，爲同知樞密院事，後知并州，薨，年方四十四。賈黄中罷參知政事，知襄州，上言母老乞留京師，太宗謂侍臣曰：「朕念黄中憂畏，必先其母老矣。」因曰：「蘇易簡之母亦如之。」暨黄中卒，母果無恙。易簡在禁林八年，寵待之深，敻出夷等，李沆入玉堂後于易簡，一旦先除參政，而以易簡爲承旨，賜賚與沆等。易簡不甚悦，上謂之曰：「欲正舊典，先合用卿。然欲令卿延厚壽基，稔育聞望，乃先用沆，宜無歉。」蓋知其數之促也。易簡以母老急于進用，因乾明聖節進《内道場醮步虚詞》十首，中有「玉堂臣老非仙骨，猶在丹臺望太陽」之句，上悉其意，俾參大政，未幾遂卒，年三十九。三人者，悉如所料。又熙寧元年，吕溱爲京尹，上殿時，府推官周約隨趨于後，神宗忽問吕曰：「卿體中無恙否？」對曰：「臣無事。」斯須又問：「卿果覺安否？」吕又對曰：「臣不敢强。」時吕公神采氣焰，略無少虧，將退，又問周卿見吕溱如何？周對曰：「以臣觀溱，似亦無事。」吕出殿門，深疑之，整巾拂面，索鏡自照，問周曰：「足下果見溱如何？」周曰：「龍圖容采安靜，無自疑也。」後數日，果感疾，迤邐不起。豈識鑒之妙，得于家傳，故同符如此。

孝宗本生母張夫人，一夕常夢絳衣人自言崔府君，擁一羊，謂之曰：「以此爲識。」已而有娠。及孝宗誕育之際，赤光照天，室中如晝。時秀王方爲秀州嘉興縣丞，郡人皆以爲丞廨遭火，久之，方知爲張夫人免身。是歲丁未，其屬爲羊，又有前夢之應，故孝宗小字曰「羊」。

祖宗時宗子無預于科舉。神宗始詔有官者許鎖應，未命者從其應舉，自是宗子始得預進士第。自元祐三年戊辰至嘉定元年戊辰，一百二十年間，已一千三百四十四人，而嘉王汝愚皆爲廷對第一。彦中以博學宏詞中選，亦可謂盛矣。初汝愚唱名時，洪文惠公适爲右相，侍立上側，奏言：「近歲宗子甚好學，前舉伯擴擢甲科，儒林以爲創見。今汝愚遂魁天下，可謂瞻前無鄰。本朝故事，科舉先寒畯，有官人退居第二，乞只依臚傳次序，勿令後來居上，以見麟趾之盛。」天顏有喜，良久曰：「姑循故事。」此事予得之于文惠所作《趙氏家録》跋語，因併記之。

太祖拜安陵，奠哭爲別，曰：「此生不得再朝于此也。」即更衣，服弧矢，登闕臺，望西北鳴弦發矢，指矢委處，謂左右曰：「即此乃朕之皇堂也，以向得石馬埋于中。」又曰：「朕自爲陵名曰『永昌』。」是歲果晏駕。

徽宗艮嶽，爲勝遊六七日。躍龍澗、漾春坡、桃花閘、雁池、迷真洞，其餘勝跡不可殫紀。工已落成，上名之曰華陽宮。○其宮室臺榭卓然著聞者，曰瓊津殿、絳霄樓、萼緑華堂。築臺高九仞，周覽都城，近若指顧，造碧虚洞天，萬山環之，門三洞，爲品字門，以通前後苑。○鑿池爲溪澗，疊石爲隄捍，任其石之性，不加斧鑿，因其餘土積而爲山，山骨虢露，峰稜如削，飄然有雲姿鶴態，曰飛來峰。高于雉堞，翻若長鯨，腰徑百尺，植梅萬本，曰梅嶺。○艮嶽接衆山之末，增土爲大坂，徙東南側栢，枝幹柔密，揉之不斷，華華結結，爲幢蓋鸞鶴蛟龍之狀，動以萬數，曰龍栢坡。○于洲上植芳木，以海棠冠之，曰海棠川。○艮嶽倚石排空，周環曲折，有蜀道之難，躋攀至介亭，此最高于諸山，前列巨石，凡三丈許，號排衙石。巧怪嶄巖，藤蘿蔓衍，若龍若鳳，不可殫窮。麓雲半山居右，極目蕭森居左，北俯景龍江，長波遠岸，彌十餘里，其上流注山間，西行潺湲，爲漱玉軒。○有巢雲亭，高出峰岫之上。○東則有高峰峙立，其下則植梅以萬數，緑萼承趺，芬芳馥郁，結構山根，號萼緑華堂。○西有停翠樓，青松蔽密，布于前後，號萬松嶺。○南則壽山嵯峨，兩峰並峙，列嶂如屏，瀑布下入雁池，池水清泚漣漪，鳧雁浮泳水面，棲息石間，不可勝計，其上亭曰雝雝。○北直絳霄樓，西則參术、杞菊、黄精、芎藭，被山彌塢，中號藥寮。

初隆祐太后升遐時，朝廷欲建山陵，兩浙漕臣曾公養謂：「帝后陵寢，今存伊洛，不日復中原，即歸祔矣。宜以攢宮爲名。」僉以爲當，遂卜吉于會稽，民間冢墓有附近者，往往多徙而之他。高宗思陵興役之際，孝宗嘗密敕無得輒壞人墳墓，其愛人卹物一至如此。文王之澤及朽骨，未足多也。

唐德宗初議改元，李泌曰：「本朝之盛，無如貞觀、開元」，各取一字，乃改號曰「貞元」。近時「隆興」，取建隆、紹興，「乾道」取乾德、至道，「淳熙」取淳化、雍熙，「紹熙」取紹興、淳熙，「慶元」取慶曆、元祐，「開禧」取開寶、天禧，皆析兩年號爲之。

州縣以年號爲名。興元府，唐天寶初曰漢中郡，德宗興元元年巡幸，遂升爲興元府。興國軍，本鄂州永興縣，僞唐建爲制置院，皇朝太平興國二年升爲軍。太平州，本南平軍，亦以是年改。後來如越州升爲紹興府，洪州爲隆興府，明州爲慶元府，皆取年號爲名。楚州寶應縣，光化軍乾德縣，原註：今爲光化縣。贛州興國縣，建寧府政和縣，處州慶元縣，亦以年號名也。原註：興國縣，《贛州圖經》云：興國八年，太守王協奏析贛縣激江鎮置【一】，以年名也。《九域志》同。而《太宗實録》乃見之于淳化二年十月，誤矣。

先朝脩内司，方團木計用三千三百條，再差職方員外郎陳昭素計之，只用三百條。京城侵竊之弊如此。昭素勾當三司條造案，半年減十五萬，議者云可罷陝西買木一年。雷大簡判設案御厨，每日支麪一萬斤，後點檢每日剩支六千斤，先宰羊二百八十，後只宰四十頭。原註：見孔平仲《談苑》。夫二事在國家一歲用度，特瑣瑣不足言者，其弊已如此，則其他可知矣。今東南賦斂已極，而歲常有經費不足之憂，徐而究之，不但養兵饋敵而已。其

【一】太守王協奏析贛縣激江鎮置　「激」，四庫本、清芬堂本作「潋」，是。

弊如方團木之類者，蓋不可勝言，安得如昭素、大簡者哉。

承平時，宰相入省，必先以秤稱印匣而後開。蔡元長秉政，一日，稱匣頗輕，疑之，摇撼無聲，吏以白元長。元長曰：「不須啓封，今日不用印。」復攜以歸私第。異日，入省，稱之如常日，開匣則印在焉。或以詢元長，元長曰：「是必省吏有私用者，倉猝不能入。倘失措急索，則不可復得，徒張皇耳。」此事見于王明清《揮麈後録》。然元長一時識見，亦可謂過人矣，殊不知元長實用裴度之法。

人之識見，固無間于士大夫與夫庸夫賤隸也。而士大夫貪榮嗜進，倒行逆施，反有不及者。當紹聖、崇寧時，姦人並進，排擊元祐諸公，不遺餘力。中外望風希旨，有以仆温公墓碑爲詞者，有請焚毁蘇、黄筆札者，言之惟恐後。《邵氏聞見録》云：初蔡京、蔡卞爲元祐姦黨籍，祐陵親書，刻石於文德殿門，又立于天下州治。長安當立，召鐫者安民刊字。安辭曰：「民愚人，不知朝廷立碑之意。但元祐大臣如司馬相公者，天下稱其正直，今謂之姦邪，民不忍鐫。」府官怒，欲罪之，民曰：「被役不敢辭，乞不刻『安民鐫字』于碑。」又李仲寧刻字甚工，黄太史題其居曰「琢玉坊」。崇寧初，詔郡國刊元祐黨籍姓名，太守呼仲寧，使劖之，仲寧曰：「小人家舊貧窶，因開蘇内翰、黄學士詞翰，遂至飽暖。今日以姦人爲名，誠不忍下手。」郡守義之曰：「賢哉！士大夫所不及也。」餽以酒而從其請。昔仁宗愛蔡君謨書，嘗命書《温成皇后碑》，君謨辭曰：「此待詔職也。」歐陽公嘗以是稱之。

予謂以君謨之賢，固當如是。彼二人者乃能如此，誠不易得。較當時希旨進言以覬寵榮者，詎止穹壤、冠屨之間哉。

靖康元年冬，高宗發京師，將至斡喇布軍前議事。案：斡喇布，原本作斡離不。今依《金國語解》改正。及至磁州，州有崔府君祠，府君或云唐人，其名不傳。或云乃後漢崔子玉也，封嘉應侯，號應王。上至，州人擁神馬謂應王出迎。守臣宗澤啓上謁其廟。上謁廟出，磁人力請上無北去，乃還泊于相州。明年遂即大位，高宗之應天，兆于此。

紹興中，洞庭漁人獲一印，方僅二寸，其制甚古，紐有運環四，兩兩相貫，上有一大環總之，蓋所以佩也。漁者以爲金，競而訟于官，辨其文，乃「漢壽亭侯」四字。關羽嘗爲漢壽亭侯，人疑必羽物也，遂留長沙官庫。守庫吏見印上時有光焰，因白于官，乃遣人送荆門軍羽祠中，光怪遂絶。淳熙四年，玉泉寺僧真慈將獻之東宫，印已函而未發，忽光焰四起，衆皆驚愕，遂不復獻。

皇甫履紹興中賜隱于江州廬山，高宗名其所居曰「清虚菴」。光宗在東宫日，嘗問履山中所乏，履曰：「山中無所闕，但去水差遠，汲取頗勞。」光宗因大書「神泉」二字遺之，云持歸隨意鑿一泉。履歸，乃于菴之側，穿一小井，方施畚鍤而泉已湧至，遂畢工。至今深纔二三尺，味甘洌，尤宜瀹茗。予頃遊廬山，履之門人與予同觀，因道其詳，奎畫今刻之泉上。

袁州仰山有二王神祠，其靈甚著，士大夫往來者，多祈夢于祠下。淳熙十一年，長沙湯璹經過，亦將乞靈。始至，宿於山下，是夜，夢一貴人姓蕭者召與之談，貴人自歎年老，若羨璹者。璹曰：「璹賤不足道，公由布衣而位至此，尚不滿耶？」貴人俯首曰：「否。」少焉，有徒御擁璹登車，曰：「召公赴宴。」至，則客主凡六人。明日伏謁祠庭，見廡間有碑記，讀之始知王蕭姓也。璹遂再禱，乃夢被旨使高麗。璹挾矢負弩，躍馬而行，方十餘步，忽聞後有歎聲，回顧視之，見二士，一王氏，一歐陽氏。璹復前行，道險，偶一矢墮地，璹亟下取之，矢已隨流水過前矣。須臾，見故仰山寺主僧本然，揖璹少憩，僧擁爐而坐，旁一侍者，欲撞鐘而復止。璹問何爲而不聲鐘，答曰：「未遇順風，擊之，聲只聞一方，待遇順風，聲可聞四方。」璹因謂僧曰：「是鐘未用耶？」僧曰：「爐亦未用。」璹曰：「洪鐘之用，在足下爾。」僧笑而止。翼日，且復得夢讀省闈前列文卷，殊莫曉其意。淳熙十三年，璹預薦名在第三，其上則王與歐陽也。次年試禮部，知貢舉乃洪邁景盧，璹遂爲首選。

沅州道間有古驛，曰「幽蘭鋪」。有徐珌者，凡兩經過，書二詞于其壁。一云：「秋欲暮，路入亂山深處。撲面西風吹霧雨，驛亭欣暫駐。　可惜國香風度，空谷寂寥誰顧？已作竹枝傳楚女，客愁推不去。」其二云：「春欲半，重到寂寥山館。脩竹連山青不斷，誰家門可款？　紅暈花梢未半，緑蘸柳芽猶短。金縷香消春不管，素蟾光又滿。」乾道中，先君曾寓是館，愛其語意悽惋，每舉似于人。珌字公飾，不知何許人也。

司馬温公元豐末來京師，都人奔趨競觀，即以相公目之，左右擁塞，馬至不能行。及謁時相于私第，市人登樹騎屋窺瞰之，隸卒或止之，曰：「吾非望而君，願一識司馬公耳。」至于呵叱不退，而屋瓦爲之碎，樹枝爲之折。及薨，京師之民罷市而往弔，鬻衣以致奠，巷哭以過車者，蓋以千萬數。上命户部侍郎趙瞻、内侍省押班馮宗道護其喪歸葬，瞻等還言，民哭公哀甚，如哭其私親，四方來會葬者，蓋數萬人。而嶺南封州父老相率致祭，且作佛事以薦公者，其詞尤哀。炷香于首頂以送公葬者，九百餘人。京師民畫其像，刻印鬻之，家置一本，飲食必祀焉。四方皆遣人購之京師，時畫工有致富者。蔡京南遷，道中市飲食之類，及知爲京，皆不肯售。至于詬罵，無所不道。州縣護送吏卒驅逐之【二】，稍息。人之賢不肖，于人心得失，一至如此。兒童誦君實，走卒知司馬，如温公者，蓋千載一人而已。

前輩讀書，所嗜各不同。司馬温公酷好揚子雲《太玄》，而作書疑詆孟子，謂揚子真大儒，孟與荀殆不足擬。自云少好其書，研精竭慮，歷年已多，始敢爲注。每閲《太玄》，必屏絶人事，讀必數十過，其嗜之也如是。而老蘇獨不喜揚子，云雄之《法言》，辯乎其不足問也，問乎其不足疑也。求聞于後世而不待其有得，君子無取焉耳。又曰雄于《太玄》，好奇而務深，故辭多夸大，而可觀者鮮。又曰使雄有孟軻之書，而肯爲《太玄》耶？二公所見不侔如此。

【二】州縣護送吏卒驅逐之「之」，説郛本作「不」，屬下句。

二疏之去非因韓、楊之死。陳君舉《史評》其論疏廣、疏受云：二疏出關于趙、蓋、楊、韓駢死之際，天下至今高之。是以二疏見諸公之死，始毅然有去志也。按元康三年戊午，廣、受去位，而蓋寬饒之死，在神爵二年辛酉，韓延壽死在五鳳元年甲子。楊惲死在五鳳四年丁卯。獨趙廣漢死在元康元年丙辰。乃二疏在位之時，餘皆去後始誅，相去幾十年，烏可謂之出關于駢死之際哉？緣温公《通鑑》論宣帝有「趙、蓋、韓、楊之死，皆不厭衆心」之語，陳不致審，遽然引用，遂至于誤。然東坡作《二疏圖贊》亦有「殺蓋、韓、楊，先生憐之，振袂脱屣」之語，其誤非特陳也。

岐陽石鼓，初散于野，鄭餘慶始移置孔子廟中。韋應物、韓退之皆有詩。韋曰：「宣王之臣史籀作。」韓曰：「周綱陵遲四海沸，宣王憤起揮天戈。大開明堂受朝賀，諸侯劍珮鳴相磨。蒐于岐陽騁雄駿，萬里禽獸皆遮羅。鐫功勒成告萬世，鑿石作鼓隳嵯峨。」歐陽文忠公云：應物以爲文王之鼓，至宣王刻詩爾。退之直以爲宣王之鼓，且云自漢以來，博古好奇之士皆略而不道。隋氏藏書最多，其志所録秦始皇刻石，婆羅門外國書皆有，而獨無石鼓文。遺近録遠，不宜如此。況傳記不載，不知二君何據而知爲文、宣之鼓也。然退之好古不妄，予姑取以爲信。至于字畫，亦非史籀不能作也。予謂石鼓經秦涉漢，其亦久矣，其間豈無好事者稱道之，歷時之久，書傳不存，後人不知耳。蘇勗《載記》云：石鼓謂周宣王獵碣，共十鼓，其文則史籀大篆。唐章懷太子注《後漢書》云：今岐州石鼓銘，凡重言者皆爲二字，以二書言之，則安知秦、漢間無稱道之者。蘇勗貞觀中嘗爲吏部侍郎，在退之之先，退之以爲宣王之鼓者，豈以勗所載爲據耶？歐陽公又云：其文可見者，四百六十五，磨滅不可識者過半。予得唐人所録本，凡四百九十七字，其文皆可讀，比他本最爲詳備。所言大率皆漁獵事，其文有「天子永寧，日維丙申」之語。既有天子之稱，則決非文王之詩也。近時韓公元吉以左氏言「成有岐陽之蒐」，又以鼓爲成王時物。然左氏雖言「成之蒐獵」，刻石紀事，初無明文，恐未可遽然便以爲成王時物也。又任汝弼云：籀與古文書以刀，刀故鋭，秦篆書以漆，漆故刓。石鼓之文，其端皆刓，以是知石鼓爲秦時也。夫千載之刻，磨滅剥落之餘，幸有一二可讀，亦僅存字體之髣髴爾。汝弼乃欲辨其刓鋭于筆畫之間，而斷爲秦人之作，非所敢聞也。

歐陽公《集古録目·楊震碑陰題名跋》云：此碑所書河間賈伯錡、博陵劉顯祖之類，凡百九十人，疑其所書，皆是字爾。蓋後漢時人，見于史傳者，未嘗名兩字者也。予按《前漢書·匈奴傳》：王莽秉政，令中國不得有二名，因使使者以風單于，宜上書慕化爲一名，漢必加厚賞，單于從之。上書言：幸得備藩臣，竊樂太平聖制，臣故名囊知牙斯，今謹更名曰知。莽大悦，白太后，遣使者答諭，厚賞賜焉。當莽時，固有明禁，暨光武即位以來，士大夫相循襲，複名者極少，但不可謂無也。蘇不韋字公先，有傳附于《蘇章傳》後。孔僖二子曰長彦、季彦，又有劉騊駼，嘗與劉珍校定東觀書。謝承《漢書》有雲中丘季智，名靈舉。《郭泰傳》有張孝仲、范特祖、召公子、許偉康、司馬子威，此數人者，出于芻牧、置郵、屠沽、卒伍，決非以字行者，其爲名無可疑。如此之類，見于書傳中，今可考也。

秦、漢以前字畫，多見于鐘鼎彝器間。至東漢時，石刻方盛。本朝歐陽公始酷嗜之，所藏至千卷，既自爲跋尾，又命其子棐撮其大要，而爲之説，曰：《集古録目》。晚年自號六一居士，集録蓋其一也。其門人南豐曾公，亦集古篆刻爲《金石録》五百卷。後來趙公明誠所蓄尤富，凡二千卷，其數正倍于歐陽公，著《金石録》三十卷。石林葉公夢得，又取碑所載事與史違誤者，爲《金石類考》五十卷。近時洪文惠公适集漢、魏間碑爲《隸釋續》凡四十八卷。昭武李公丙類其所有，起夏后氏竟五季著于録者，亦千卷，號《博古圖》。正訛謬，廣異聞，皆有功于後學。《隸釋》復刻其文，前代遺篇墜款，因得概見于方策間，尤可貴也。

韓魏公名德，爲遐邇所重。韓魏公之子忠彦聘遼，國主知其爲公子，問嘗使南朝者，形貌肖韓相公否？皆曰：「然。」遂圖忠彦之像。靖康間，金人至河南，所過蕭然，入相州傳孝寺，見公畫像，下馬羅拜，秋毫不犯而去。又覓公墓，拜謁而退。身後名德，猶爲敵國所重如此，昔所未聞也。原註：圖忠彦像，見樂咸《挽魏公詩》注。拜畫像及謁墓，見韓子蒼《魏公畫贊》及周紫芝《長短歌》。

東坡記韓定辭，不知何許人，爲鎮州王鎔書記，聘燕帥劉仁恭，舍于賓館，命幕客馬郁延接。馬有詩贈韓曰：「燧林芳草綿綿思，盡日相攜陟麗譙。别後巏嵍山上望，羨君還復見王喬。」郁詩雖清秀，然意在試其學問。韓即席酬之曰：「崇霞臺上神仙客，學辨癡龍藝最多。盛德好將銀筆述，麗詞堪與雪兒歌。」坐内諸賓靡不欽訝，稱爲妙句，然亦疑其銀筆之僻也。他日，郁從容問韓以雪兒、銀筆之事，韓曰：「昔梁元帝爲湘東王時，好著書，常記録忠臣義士及文章之美者。筆有三品，以金、銀雕飾，或用斑竹爲管。忠孝全者，用金管書之；德行精粹者，用銀管書之；文章贍麗者，以斑竹管書之。故湘東王之譽，振于江表。雪兒，李密之愛姬，能歌舞，每見賓、僚文章有奇麗中意者，即付雪兒叶音律以歌之。」又問癡龍出于何處，曰：「洛下有洞穴，曾有人誤墜于中，因行數里，漸明曠，見有宫殿人物，凡九處。又有大羊，羊髯有珠，人取食之，不知何所出，以問張華。華曰：『此地仙九館也。大羊名曰癡龍耳。』」定辭復問郁，巏嵍之山當在何處？郁曰：「此趙郡之故事，何謙遜而下問。」由是兩相悦服，結交而去。予按定辭，深州人，爲鎮、冀、深、趙等州觀察判官，檢校尚書祠部郎中兼侍御史，乃韓魏公四世祖昌辭之兄。好學能文，無所不覽。巏嵍山見《顔氏家訓》。柏人城東北有一孤山，古無載者，惟闞駰《十三州志》以爲舜納于大麓，即爲此山，其上今猶有堯祠焉。世呼爲宣務山，或呼爲虚無山，莫知所出。余嘗爲趙州佐，共太原王劭讀柏人城西門内碑。碑是漢桓帝時柏人縣民爲縣令徐整所立，銘云「土有巏嵍山，王喬所僊」，方知此巏嵍字也。巏字遂無所出，嵍字依諸字書即旄丘之旄字。《字林》一音亡付反，今依附俗名，當音權務耳。入鄴，爲魏收説之，收大嘉歎，值其爲趙州《莊嚴寺碑》，曰巏嵍之精，即用此。坡所引見《北夢瑣言》。今以《瑣言》校坡集，則坡集誤以幕客作慕容，銀筆之僻作銀筆之譬，從容作從客，江表作士表，李密作孝密，諸本皆然，遂至于不可讀。坡集艱得善本如此。

東坡《雪後書北堂壁》云：「試掃北臺看馬耳，未隨埋没有雙尖。」按北臺在密州之北，因城爲臺，馬耳與常山在其南，東坡爲守日，葺而新之。子由因請名之曰「超然臺」。偶閲注東坡詩，見注者不得其詳，因記之。

《邵氏聞見後録》：「韓熙載畜妓樂數百人，俸入爲妓爭奪以盡，至貧乏無以給夕，則敝衣屨作瞽者，負獨弦琴，隨房歌鼓以丐食。東坡《謝元長老衲裙詩》云：『欲教乞食歌姬院，故與雲山舊衲衣。』用其事也。然予未達東坡之意。」以上邵氏語。予按《北夢瑣言》：「裴休披毳衲于歌姬院，持鉢乞食，曰，不爲俗情所染，可以説法爲人。」東坡乃用此事，邵公濟蓋未嘗見此，宜其未達東坡之意也。

東坡云：「近世人輕以意改書，鄙淺之人，好惡多同，故從而和之者衆，遂使古書日就訛舛，深可忿疾。孔子曰：『吾猶及史之闕文也。』自予少時，見前輩皆不敢輕改書，故蜀本大字書皆善本。蜀本《莊子》云：『用志不分，乃疑于神』，此與《易》陰疑于陽，《禮》使人疑汝，于夫子同。今四方本皆作『凝』。」以上皆東坡語。予按：「用志不分，乃疑于神」之語，本出于《列子》。今《列子》皆作「疑」，則《莊子》之誤于此是可證矣，何待引《易》、《禮》，然後知其爲誤也。

東坡《過虔州鬱孤臺詩》，郡守霍漢英和之，東坡遂復用韻。有「行看鳳尾詔，卻下虎頭州」之句。虎頭，蓋指虔也。虔與虎皆從虍，原註：火呼反。俗以虔字之首有同于虎，故以虔爲虎頭州。紹興三十二年，校書郎董德元言：「虔州，俗謂之虎頭城，非嘉名也。今天下舉安，獨此郡有小警，意其名有以兆之。」遂改爲贛州。今注此詩者，乃云虎頭州以言常州虎頭顧愷之也。愷之，常州無錫人，蓋是時先生乞居常州也，借使如注者所云，則趙清獻公出知虔州，有詩云「乍辭龍尾道，來刺虎頭城」，此又當作何説？其謬妄一至如此，豈不大可笑。

前輩詩文中多用化鶴事。其事有二，雖若相類，其實不同。《神仙傳》：蘇仙公者，桂陽人。原註：《洞仙傳》云：蘇公名耽。漢文帝時得道。有白鶴數十，降于門，乃跪白母曰：「某當仙，被召有期。」即便拜辭，遂昇雲漢而去。後白鶴來，止郡城東北樓上，人或挾彈彈之，鶴以爪攫樓板似漆書，云：「城郭是，人民非。三百甲子一來歸，吾是蘇君彈何爲。」此一事也。《續搜神記》：遼東城門華表柱，忽有白鶴來集，人或欲射之，于空中歌曰：「有鳥有鳥丁令威，去家千歲今來歸，城郭猶是人民非。」原註：又《洞仙傳》云：令威，遼東人，少隨師學得仙道，分身任意所欲，嘗暫歸，化爲白鶴，集郡城門。餘同上。但「城郭猶是」作「城郭如舊」。此又一事也。山谷《戲書秦少游壁》云：「化作遼東白鶴歸，朱顏未改故人非。」此用令威事。《次韻宋楙宗觀東坡出遊》云：「人間化鶴三千歲，海上看羊十九年。」此用蘇耽事也。化鶴、看羊，皆蘇氏事，其工的如此。

山谷有《贈米元暉》詩云：「我有元暉古印章，印刓不忍與諸郎。虎兒筆力能扛鼎，教字元暉繼阿章。」任淵注其詩引《漢舊儀》曰：「銀印龜紐，其文曰章。」又曰：「元暉謂謝元暉。」淵之所引非也。虎兒蓋米芾之子友仁小字爾。曾慥《百家詩引》云：「友仁少俊早成，魯直有元暉古印章，因以爲字」，是山谷以古印偶有元暉二字，故贈之，令字元暉。以其父米芾字，故有「繼阿章」之語。淵既不得其實，闕之可也，乃强爲解釋，徒自纇其書。

涼寢，竹器，俗曰「竹夫人」。黄山谷謂趙子充曰：「憩臂休膝，似非夫人之職，冬夏青青，竹之所長，請名曰青奴。」故其詩云：「我無紅袖堪娱夜，正要青奴一味涼。」瑒花，荆公欲爲賦詩而鄙其名。瑒，蓋玉也。未爲不佳，但其音乃杖梗切，故公陋之。山谷復呼爲「鄭」，且謂野人採鄭花葉以染黄，不借礬而成色，乃以山礬爲名，而詩有「山礬獨自倚春風」及「山礬是弟梅是兄」之句，二名皆其所命，而作詩復自引用，其意蓋欲顯二者之名于人耳。王立之云：蠟梅，山谷初見，戲作二絶，緣此盛于京師。「青奴」、「山礬」，今藉藉于人，正以山谷之詩耳。

卷四

玉蘂花，宋景文《摘粹》云：維揚后土廟有花，色正白，曰「玉蘂」。王禹偁愛賞之，更稱曰「瓊」。宋敏求《春明退朝録》云：揚州后土廟有瓊花一株，即李衛公所謂「玉蘂」也。舊不可移徙，今京師亦有之。劉原父詩云：「淮海無雙玉蘂花」，東坡詞云「后土祠中玉蘂花」。蔡寬夫《詩話》云：李衛公玉蘂花，即今揚州后土祠瓊花乃是。詳以上所説，則玉蘂即瓊花也。曾南豐《白山茶詩》云：「瓊花散漫情終蕩，玉蘂蕭條迹更塵。」姚令威《西溪叢話》云：唐昌玉蘂花，今之散水仙。揚州瓊花，今之聚水仙，但樹老耳。如此又有是二物。今瓊花，后土祠及番陽洪文敏公花圃俱有之，而玉蘂，丹徒山間及霅川人家多有之，與瓊花實爲二物也。予始以曾端伯謂山礬爲玉蘂爲非，然猶未敢遽以爲是。後讀葛立方《韻語陽秋》，不覺爲撫卷，蓋所見闇合人意有如此者。又數年復得周文忠公《玉蘂辨證》，遂得以決玉蘂、瓊花，斷然爲二物。知楊汝上之帖爲僞曉然。《韻語陽秋》云：曾端伯《高齋詩話》云：瑒花，即唐昌玉蘂花。以予觀之，恐未必然。玉蘂，佳名也。此花唐流傳至今，不應捨玉蘂而名山礬，豈端伯別有所據？文忠《辨證》云：唐人甚重玉蘂，唐昌觀有之，集賢院有之，翰林院亦有之，皆非凡境也。予往因親舊自鎮江招隱來，遠致一本，條蔓如荼蘼，種之軒檻，冬凋春茂，柘葉紫莖，再歲始著花，久當成樹。花苞初甚微，經月漸大，暮春方入出，須如冰絲，上綴金粟，花心復有碧筩，狀類膽瓶，其中别出一英，出衆須上，散爲十餘蘂，猶刻玉然，花名玉蘂，乃在于此，羣芳所未有也。劉夢得「雪蘂瓊絲」之句，最爲中的。椮音陣，《南史》《劉杳傳》所謂椮酒者。予嘗得醖法，芳烈異常。山谷似不以杳傳爲據，徇俗訛椮作鄭，而江南鄉音又呼鄭爲瑒，復疑未安，于是創「山礬」之名。然二詩并序，初未嘗及玉蘂，祇因好事者僞作唐人之帖，故曾端伯、洪景盧皆信之，其實諸公偶未見此花，所謂信耳而不信目也。又云以玉蘂爲瑒，起于曾端伯。予與段謙叔之子元愷同里巷，往還至熟。其父初無楊汝士帖，小説難信類此。文忠之辨，其詳確若是，而獨不及椮字，豈偶不記及邪？但劉杳所謂椮者，恐别是一種。今花之芳烈者，皆可釀酒，如木犀、酴醾之類是也。似未可以其醖酒，使指山礬爲椮也。

又康駢《劇談録》云：長安唐昌觀，舊有玉蘂花，發如瓊林瑶樹。元和中，春物方妍，忽一日有女子，年可十七八，衣繡緑衣，乘馬，峩髻雙鬟，無簪珥之飾，容色婉娩，迥出于衆。從以二女冠，三小僕，既下馬，以白角扇鄣面，直造花所，異香芬馥，聞之數十步之外，觀者以謂出自宫掖，莫敢逼視。佇立良久，令小僕取花數枝而出，將乘馬，迴謂黄冠者曰：「曩有玉峰之約，自此可以行矣。」時觀者如堵，咸覺煙霏鶴唳，景物輝焕，舉轡百餘步，有輕風擁塵，隨之而去。須臾塵滅，望之已在半天矣。方悟神仙之遊，餘香不散者經月。時嚴給事休復、元相國、劉賓客、白醉吟俱有詩。曾端伯《高齋詩話》云：瑒花即玉蘂也。介甫以比瑒【一】，謂當用此瑒字。蓋瑒，玉名，取其白耳。魯直又更其名爲山礬，謂可以染也。廬陵段謙叔有楊汝士《與白二十二帖》云：唐昌玉蘂以少，故見貴耳。自來江南山山有之，土人取以供染事，不甚惜也。則知瑒花之爲玉蘂，斷無疑矣。又程文簡公《雍録》云：唐昌玉蘂花，長安惟有一株。或詠之曰「一樹瓏鬆玉刻成」，則其葩蘂形似，略可想矣。春花盛時，傾城來賞，至謂有仙女降焉。元、白皆賦詩，以實其事，則爲時貴重可知矣。山谷曰：江南野中有等小白花，木高數尺，春開極香，野人謂之鄭花。王荆公陋其名，改曰山礬。此花之葉，自可染黄，不借礬而成色，故以名。又《高齋詩話》云：玉蘂即今瑒花也。予按：瑒，玉珪名也。瑒、鄭音近而呼訛耳。吾鄉又呼烏朕花。朕、鄭、瑒，音亦相近，知一物也。江南凡有山處，即有此花。其葉類木犀，而花白心黄，三四月間著花，芬香滿野，人家籬園，皆斫其枝，帶葉束之，稍稍受日，葉遂變黄，取以供染，不藉礬石，自成黄色，則魯直之言信矣。至謂僅高三二尺者，蓋土人不以爲材【二】，稍可燃燎亟樵之，不容其長。惟長安以爲貴異，故其榦大于他處，非别種也。予家塾之西，有一種，高可五七丈，春花盛時，瓏鬆耀日，如冬雪凝積，闔一里人家，香風皆滿。比予辛未得第而歸，則爲人所伐矣。乃知唐昌玉蘂，正是人護養所致，非他處無此木也。又洪文敏公《容齋隨筆》云：物以希見爲珍，不必異種也。長安唐昌觀玉蘂，乃今瑒花，又名米囊，黄

【一】介甫以比瑒　「瑒」原作「場」，據四庫本改。

【二】蓋土人不以爲材　「土」原作「士」，據四庫本改。

魯直易爲山礬。在江東彌山亘野，殆與榛莽相似，而唐昌所産，至于神女下遊折花而去，以踐玉峰之期，是不特土俗罕見，雖神仙亦不識也。使如以上諸説，則是唐之玉蘂，斷然爲今之山礬也。予詳玉蘂在唐，亦不特見于唐昌觀而已。如内署既有之，翰林學士院及集賢院又有之，潤州招隱山又有之，李德裕平泉又有所謂連房玉蘂者。其載述則有李肇《翰林志》，賈氏《談録》，李德裕、劉禹錫、白樂天文集及沈傳師、楊巨源、張籍、王建諸公詩，亦不特見于《劇談録》，與夫嚴給事諸一時所賦而已。原註：唐李肇《翰林志》云：院内古槐、松、玉蘂署，學士至者，雜植其間，殆至繁隘。李德裕《招隱山觀玉蘂樹寄沈大夫》云：「玉蘂天中樹，金閨昔共窺。」其自注云：此樹吴人不識，因予賞玩，乃得此名。内署沈大夫所居門前，有此樹，每花落空中，回旋久之，方集庭際。大夫草詔之日，皆要予同玩。賈氏《談録》云：贊皇平泉莊，周四十里，天下奇花異草、珍松怪石，靡不畢至，今悉已絶。惟雁翅檜、珠子、連房玉蘂，僅有存者。連房玉蘂，每跗萼上花分五朵，而實同一房也。集賢院玉蘂，詳見劉禹錫《題集覽閣》詩，并白樂天《懷集賢王校書》詩中。其花在當時，自唐昌觀之外，惟内署翰苑及集賢院有之，則珍貴可知矣。今程文簡、洪文敏乃云：江南凡有山處，即有之，甚至彌亘山野，與榛莽相似。蓋二公俱祖曾端伯之説，而失于致審。且長安，唐都城也，四方之人，輻輳于是，曾無一人識其爲山礬，此固可疑。今花木稍異者，必窮幽及遠，百計以致之，豈有長安貴重幸爲僅有，而他處彌亘山野，乃與榛莽爲比，恐無是理。康駢云：其花發若瓊林瑤樹。李德裕云：每花落空中，回旋久之方集。今山礬花蘂細碎，枝葉麄疏，非可以瓊林瑤樹爲比，花落亦無回旋之態，只詳此數端，則玉蘂別是一花，非此山礬明矣。山礬所以名不一者，緣諸公不考究字書，其說遂致紛紛。殊不知字書中自有此一字，《集韻》⿰木朕，丈忍切。又作枏，木名，灰可以染，从朕，至今俗謂之烏朕。未有如程文簡所云。其音義分明如此，惜諸公之未見也。曾端伯所稱段謙叔所藏之帖，不知何自而得之，恐是好事者爲之。字書中又有桭，音陣，亦作棖，云木汁，可作酒。聲雖相近，恐別爲一種。聲既相近，他日必有以桭⿰木朕爲疑者，故詳及之。原註：⿰木朕，今有兩種。一種曰烏⿰木朕，木理堅密而瑩白，花極芳烈。一種曰白⿰木朕，枝葉與烏⿰木朕少異，而香亦少劣，染家亦用。

洪文敏公《容齋隨筆》云：「衡山有唐開元二十年所建《南岳真君碑》，衡州司馬頤貞撰，荆府功曹蕭成書，末云：『別駕賞魚袋上柱國光大晊。』賞魚袋之名，不可曉，他處未之見也。」予按《唐會要》開元二十五年五月三日勅，緋紫之服，班命所崇，以賞有功，不可逾濫。如聞諸軍賞借，人數甚多，曾無甄別，自今已後，除灼然有戰功，餘不得輒賞。又自永徽以來，正員官始佩魚，其離任及致仕即去魚袋。員外判試并檢校等官，並不佩魚。至開元八年九月十四日，中書令張嘉貞奏請致仕官及內外五品以上檢校判試，及內供奉官見占闕者，聽准正員例，許終身佩魚。自後恩制賞緋紫例兼魚袋，謂之章服。則賞魚袋正唐制也。蓋公偶不曾考及。

《容齋隨筆》：「唐世赦宥，推恩于老人絶優。開元二十三年耕耤田，耆老百歲以上，版授上州刺史。九十以上，中州刺史。八十以上，上州司馬。二十七年勅，百歲以上，下州刺史，婦人縣君。八十以上，縣令，婦人鄉君。天寶七載，京城七十以上，本縣令。六十以上，縣丞。天下耆老除官與開元等。國朝之制，百歲者始得初品官封，比唐不侔矣。」以上皆《容齋》云。予按：隋煬帝大業七年，自江都御龍舟，入通濟渠，遂幸于涿郡。詔河北諸郡及山西山北，年九十以上者，版授太守。八十者，授縣令。然則自隋已有版授太守者，非特絶優于唐也。高宗顯慶五年，如并州，勅并州民年八十以上，版授刺史、縣令。乾封元年，封于泰山，大赦改元。民年八十以上，版授下州刺史、司馬、縣令，婦人郡縣君。武后光宅元年，改元爲文明，賜文武官五品以上爵一等，九品以上勳兩轉，老人版授官。睿宗先天元年，大赦改元，版授九十以上，下州刺史。八十以上，上州司馬。玄宗開元十一年，版授耆老八十以上，上縣令，婦人縣君。九十以上，上州長史，婦人郡君。百歲以上，上州刺史，婦人郡夫人。是則由高宗以來行之屢矣，非始見于開元二十三年耕耤田時也。

《容齋續筆》：王氏《中説》所載門人，多貞觀時知名卿相，而無一人能振師之道者，故議者往往致疑。其最所稱高弟曰程、仇、董、薛。考其行事，程元、仇章、董常，無所見，獨薛收唐史有列傳，蹤跡甚爲明白。收以父道衡不得其死，于隋不肯仕。聞唐高祖興，將應義舉，郡通守堯君素覺之，不得去。及君素東連王世充，遂挺身歸國，正在丁丑、戊寅歲中。丁丑爲大業十三年，又爲義寧元年，戊寅爲武德元年。是年三月，煬帝遇害于江都，蓋大業十四年也。而杜淹所作《文中子世家》云：十三年，江都難作，子有疾，召薛收，謂曰：吾夢顔回稱孔子歸休之命。乃寢疾而終。殊與收事不合，歲年亦不同，是大爲可疑者也。淏嘗考之，當有兩薛收，遊王氏之門者曰河南薛氏，其人曠而肅，《中説》以理達稱，又以其妙于言理，方之莊周。原註：王績《遊北山賦》。《文中子》述《元經》收爲之傳，未就而歿。原註：予嘗見阮逸所作《元經》有薛氏傳，此不待識者，已知其僞矣。而諸公多惜其亡。故王凝曰：夫子得程、仇、董、薛，而六經益明，四生之力也。董仇早歿，而程、薛繼殂，文中子之教，其未作矣。又王績嘗謂馮子華云：「亂極則治，王途漸亨。房、杜諸賢，肆力廊廟。吾家魏學士亦申其才，所恨姚義不存，薛生已歿，使雲羅天綱，有所不該，以爲歎恨耳。」原註：見績《答馮處士書》。是則收蓋不遇而歿，究其蹤跡，與河東道衡之子，固判然爲二人矣。然《中説》乃有内史薛公見子于長安，退謂子收曰：「河圖、洛書盡在是矣。汝往事之無失。」阮逸謂薛道衡嘗爲此官，遂指内史爲道衡，如此則薛收乃道衡之子也。或者疑其書爲後人所附益，故牴牾如此。蓋龔鼎臣嘗得唐本于齊州李冠家，則以甲乙冠篇，而分篇始末皆不同。又本文多與阮逸異，則附益之説，庸或有之。按《隋》本傳云：道衡有子五人，收最知名。出繼族父孺，收初生即與孺爲後，養于孺宅，至于長成，不識本生。是道衡爲煬帝所殺，收竟不及識之，安得尚有「河圖、洛書盡在是矣，汝往事之」之語，此最可疑者。

《容齋續筆》云【三】：十干「戊」字只與「茂」同音，俗輩呼爲「務」，非也。吴中術者，又稱爲「武」。偶閲《舊五代史》，梁開平元年，司天監上言，日辰内「戊」字請改爲「武」，乃知有所自也。朱温父名誠，以戊字類誠字，故諂之耳。予按温曾祖名茂琳，戊正其諱耳。今紹興府城隍廟有梁開平二年所刻廟記，稱城隍曰牆隍，歲次曰武辰。城、戊皆以朱氏正諱而易。《容齋》謂戊類成字，故司天諂之，非也。

王觀國《學林》云：自古未有以年號鑄錢者，惟唐乾封元年鑄「乾封重寶」，原註：「重」字當爲「泉」字。以一當十。予按宋孝武孝建元年鑄四銖，文曰「孝建四銖」。廢帝景和元年鑄二銖，文曰「景和」。後魏孝莊永安二年鑄五銖，文曰「永安五銖」。是皆以年號鑄于錢者，非始于唐之乾封也。

《學林》云：「皇祐中，京師試《止戈爲武賦》，張弼首選，頗以此賦馳名。第七韻曰：『亦猶日並月以爲明，紀天之象；王居門而曰閏，重歲之餘。』今按字書，明從囧，不從日，賦誤用之，害理之甚。」以上皆《學林》語。予按《説文》：明字有二，其一從囧，其一從日。是從囧從日皆可，其字顯顯，初非隱奥，而《學林》乃謂從日者爲害理，殆不可曉，豈讀《説文》不熟耶？殊可一笑。

《學林》云：「矢以木爲之，亦以竹爲。北方以木，南方以竹，各因其土俗所生之物而

【三】容齋續筆云　「容」原作「客」，據四庫本改。

爲之也。所謂箭者，竹箭也。竹箭，其材可以爲矢。《周禮》：揚州其利金錫竹箭。《爾雅》：東南之美者，有會稽之竹箭。自古惟弓矢，未嘗謂矢爲箭，後世乃或謂之弓箭，夫呼矢爲箭，則不當其義。若唐薛仁貴三箭定天山之類是也。」予按揚雄《方言》：「自關而東謂之矢，關西曰箭。」郭璞注云：「箭者，竹名，因以爲號。」《説文》曰：「箭，矢也。」《列子》曰：「烏號之弓，綦衛之箭。」《韓非子》曰：「智伯將伐趙，趙襄子召張孟談而問之曰：『吾城郭已治，甲兵有餘，奈無箭何？』」司馬相如云：「左烏號之雕弓，右夏服之勁箭。」則秦漢以前，箭矢已通稱。魏、晉以下，見于傳記不可具紀，而謂呼矢曰箭爲非，斯言失之矣。

陳正敏《遯齋閒覽》云：「傳云中流失船，一壺千金，乃今所謂浮環者。明州昌國縣在海島，往來船有二環，舟人云壺也。」予按：今浮環以杉木爲之，而塗以漆，腰之可以渡水，但《鶡冠子》謂一壺千金，非指此也。壺，蓋瓠屬。莊子曰：「今子有五石之瓠，何不慮以爲大樽而浮乎江海？」司馬彪曰：「縛于身，浮于江海，可以自渡，所謂腰舟。」《鶡冠子》所指正此耳。故劉子《隨時篇》徑作中流失船，一瓠千金。

吴曾《能改齋漫録》載：王安國夢遊靈芝宫。予按此事本曾子固所記，後來魏泰《東軒雜録》全用子固之文，但于末後添太常丞曾阜夢平甫一節爾【四】。又《冷齋夜話》亦記之，而略于二書。子固文見于《南豐雜識》中，蓋吴曾未嘗見此書也。《雲齋廣録》乃政和

【四】但于末後添太常丞曾阜夢平甫一節爾　「末」原作「未」，據四庫本、清芬堂本改。

中李獻民所作，其載平甫此事，乃合曾、魏二書併爲一段，是吴曾非但不見《南豐雜識》，于《東軒雜録》，亦未嘗見也。

《能改齋漫録》：葬者墓路稱神道，自漢已然，引《襄陽耆舊傳》：光武立蘇嶺祠，刻二石鹿夾神道。楊震碑首題「太尉楊公神道碑銘」爲證。予按《漢書·高惠文功臣表》云：戚圉侯季信成坐爲太常丞縱丞相侵神道爲隸臣。又《霍光傳》：光薨，光夫人侈大其塋制，起三出坎，築神道。此二事皆在前，當以爲據，蓋不始于後漢，但表所謂神道，疑宗廟之路也。

《苕溪漁隱叢話》曰：「《雪浪齋日記》云：退之聯句，古無此法，自退之斬新開闢。」予觀《謝宣城集》有聯句七篇，陶靖節有聯句一篇，《杜工部集》有聯句一篇，則諸公已先爲之，至退之亦是沿襲其舊，「自退之斬新開闢」則非也。今考之《漁隱》所言，亦未爲得。聯句實起于漢柏梁臺，非始于靖節諸人也。又何遜、李白、顔真卿，皆有是作，亦不特謝宣城、杜工部而止耳。

《苕溪漁隱叢話》云：「沈存中《筆談》云：真宗時，向文簡敏中拜右僕射，麻下日，李昌武爲翰林學士，當對，上謂之曰：『朕自即位以來，未嘗除僕射，今日以命敏中，此殊命也，敏中應甚喜。』對曰：『臣今日早候對，亦未知宣麻，不知敏中何如？』上曰：『敏中門下，今日賀客必多，卿往觀之。明日卻對來，勿言朕意也。』昌武候丞相謝歸，乃往見丞相，門闌悄然無一人。昌武與向親，徑入見之，徐賀曰：『今日降麻，士大夫莫不歡慰，朝野相慶。』公但唯唯。又曰：『自上即位，未嘗除端揆，此非常之命，自非勳德隆重，眷倚殊越，何以至此。』公復唯唯，卒無一言。既退，復使人至庖廚中，問今日有親戚賓客，飲食宴會，亦寂無一人。明日再對，上問：『昨日見敏中否？』對曰：『見之。』『敏中之意如何？』乃具以所見對，上笑曰：『大耐官職。』故吕居仁《寄向縣丞》詩云：『耐官丞相風流在，坐守簞瓢不訴窮。』張仲宗作《向伯恭薌熙堂》詩亦云：『家世從來耐官職，百年猶見典刑存。』然本朝《名臣傳》乃云：李文靖沆其初相也，真宗密使人覘之，曰：『朕首命沆爲相，汝私往觀其忻戚。』中人還，言其門無車馬，蕭然如常。上歎曰：『李沆大耐官職。』豈非《名臣傳》所記之誤耶？」予按《續通鑑長編》：天禧元年八月壬申，中書侍郎兼吏部尚書平章事向敏中加右僕射門下侍郎。注云：沈括《筆談》載：向敏中拜右僕射云云。按此時宗諤已死五年矣。自上即位至今，左右僕射凡有六人爲之，敏中乃第七人也。今不取詳，此則存中之誤。《苕溪》復不能詳考，反以誤爲是。予又按真宗以至道三年即位，明年改元爲咸平，十月吕端免，以張齊賢、李沆爲同中書門下事。然齊賢太宗時已嘗相，獨沆自參知政事除，蓋真宗即位以來，除相者實首于沆，則《名臣傳》可考，信不誣矣。原註：《長編》註稱宗諤者，即昌武之名也。

程氏《考古編》云：奏劄言「取進止」，猶言此劄或留或卻，合稟承可否也。唐中葉遂以「處分」爲「進止」。德宗貞元末，昭義李長榮薨，遣中使察軍情立帥，言面奉進止，令此軍取大將拔與節鉞者是也。按此既得命令，徇軍情所向，則有定旨無復可否矣，其言進止，非也。敬宗時，諫官劉栖楚叩額龍墀，諫上晏朝作樂，牛僧孺宣曰：「所奏知，門外候進止。」栖楚出金吾仗待罪，已而宣慰令歸。當栖楚待罪時，處分未出，其曰進止，是也。而不曉文義者，習而不察，概謂有旨爲進止，如堂底所載，凡宣旨皆云有進止者，相承之誤也。予按隋高祖開皇八年伐陳，詔將士糧仗水陸資，須期會進止，一准別勅。又煬帝大業十一年詔【五】：往年出軍，將屆遼濱【六】，廟算勝略，具有進止。又《裴蘊傳》云：「大小之獄，皆詔付蘊，憲部大理，莫敢與奪，必稟承進止，然後決斷。所謂進止者，候蘊之可否也。當是時不特用于奏御，雖臣下亦通用之。唐高宗永淳元年，郭待舉、岑長倩、郭正一、魏元同與中書門下同受進止平章事，此正以進止爲處分，唐初已然，非始于中葉也。

程氏《考古編》：「國史《王貽孫傳》：太祖嘗問趙普，拜禮何以男子跪而婦人不跪？普訪禮官，無有知者，貽孫曰：『古詩云長跪問故夫，即婦人亦跪也。唐天后朝，婦人始拜而不跪。』普問所出，對云：『太和中，有幽州從事張建章著《渤海國記》，備言其事。』普大重之。予按後周天元大象二年，詔内外命婦皆執笏，其拜宗廟及天臺，皆俛伏如男子。據此詔，特令于廟朝跪，其他拜不跪矣。張建章所著武后時婦拜始不跪者，豈至此始并與廟朝跪禮去之，而建章紀之不詳耶？周昌諫帝，呂后見昌爲跪謝曰：『微君，太子幾

【五】又煬帝大業十一年詔　案《隋書》卷四本紀，此詔在大業十年。

【六】將屆遼濱　「屆」原作「居」，據四庫本、《隋書》卷四本紀改。

廢。』又《戰國策》：蘇秦過洛，其嫂跪行，匍匐四拜，自跪而謝。《隋志》：皇帝册后，后先拜後起，皇帝後拜先起。則唐以前婦拜皆跪伏也。」以上皆程氏云。予按男女之拜，其初本一，其後遂别。《禮》曰：「男拜則尚左，女拜則尚右。」是男女之拜皆一也。漢劉熙《釋名》云：「拜于丈夫爲趺，趺然屈折下就地也，于婦人爲扶，自相扶持而上下也。」是則當熙時男女已異拜矣。《世説》：「賈充前婦是李豐女，豐誅【七】，離昏徙邊，後遇赦得還，充已取郭配女【八】，武帝特聽置左右夫人。李氏别住，不肯還充舍，郭氏欲就省，于是盛威儀，多將侍婢。既至，入户，李氏起迎，郭不覺脚自屈，因跪再拜。」則晉已異于漢。孫甫《唐書》云：「武后欲尊婦人，始易今拜。」蓋婦人拜，昔嘗不屈膝矣。武后時特復其制耳，非創始于武后也。

方勺《泊宅编》云：「東坡就逮下御史獄，張安道上書，力陳其可貸之狀。劉莘老、蘇子容同輔政，子容曰：『昨得張安道書，不稱名，但著押字。』莘老曰：『某亦得書，尚未啟封。』令取視之，亦押字也。其事人罕知，故記之。」予按《東觀餘論》云：唐文皇令羣臣上奏，任用真草，惟名不得草，遂以草名爲花押，韋陟五朵雲是也。魏、晉以來法書，至梁御府藏之，皆是朱异、姚懷珍題名于首尾紙縫間，故謂之「押縫」，或謂之「押尾」，祇是書名耳。後人花押，乃以草書記其自書，故謂押字。蓋沿襲此耳。唐人及國初，前輩與人書牘，或只用押字，與名用之無異。上表章亦或爾。近世遂施押字于移檄，或不書己名字，

【七】豐誅 《世説新語》「誅」上有「被」字。

【八】充已取郭配女 《世説新語》「充」下有「先」字。

而別作形模，非也。又《孫公談圃》云【九】：先朝人書狀簡尺，多用押字，非自尊也，從簡省以代名耳。今人不復識，見押字便怒，則書用押字，其來亦久矣。劉、蘇二公與方勺偶不知之也。予頃在武陵，于畢文簡公諸孫處，見文簡與寇萊公一帖，尾用押字，押字之下卻有「拜咨」二字，此正以押字代名也。景德間士大夫質厚，故此風尚存。至元豐間相去方七十餘年，已爲罕見，今固不復有矣。

馬永卿《懶真子録》：山濤見王衍，曰：「何物老嫗，生寧馨兒。」寧作去聲，馨音亨，今南人尚言之，猶言恁地也。宋前廢帝悖逆，太后怒，語侍者曰：「將刀來剖我腹，那得生寧馨兒？」此兩寧馨，同爲一意。吳曾《能改齋漫録》：唐張謂詩：「囊無阿堵物，門有寧馨兒。」以寧爲去聲。劉夢得《贈日本僧智藏詩》云：「爲問中華學道者，幾人雄猛得寧馨。」以寧爲平聲。蓋《王衍傳》云：「何物老嫗，生寧馨兒。」山濤叱王衍語也。又《南史》宋王太后疾篤，使呼廢帝，帝曰：「病人間多鬼，那可往？」太后怒謂侍者：「取刀來剖我腹，那得生寧馨兒？」按二説，知晉、宋間以寧馨兒爲不佳也。故山濤、王太后皆以此爲詆叱，豈非以爲兒非馨香者耶？雖平去兩聲皆可通用，然張、劉二詩，義則乖矣。東坡亦作仄聲。《平山堂詩》云：「六朝文物餘丘隴，空使姦雄笑寧馨。」晉、宋間人語助耳。予按寧馨，自是晉、宋間一時之語，今浙人往往尚有此談，晉人亦有單以馨爲言者。《世説》：劉惔謂殷浩田舍兒，强學人作爾馨語。又謂桓温曰：「使君如寧馨地，寧可鬬戰求

【九】又孫公談圃云　「孫」原作「宋」，據商務本《説郛》改。

勝？」王導云：與何次道語，惟舉手指地曰：「正自爾馨。」以上因文自可見義，無勞解說。然寧馨乃書傳間假此二字以記一時俗語。吴曾以爲有非馨香之義，此誣鑿之甚。使如曾言，則爾馨等語，當作何説。馬永卿云猶言恁地，已得其義，而欲以馨音亨以協南人之音，又近于好奇矣。馬雖得其義，尚恨其無證據。予嘗讀《金樓子》，見其亦載宋廢帝、王太后事，云：太后遣人召帝，帝曰：「病人多鬼，不可往。」太后怒曰：「引刀破我腹，那得生如此兒？」乃悟寧馨即如此也。是書梁湘東王蕭繹所纂，宋、梁相去不遠，故知所謂寧馨者，即是如此。又《語林》云：王仲祖好儀形，每覽鏡自照，曰：「王仲開那生如此寧馨兒？」以此二者爲證，則義理自昭然，可以無辯矣。

鮑欽止《王略帖贊》云：昭回于天垂英光，跨頡歷籀化大荒。烟華淡濃賦低昂，一噫萬古稱天章。鸞夸虬引鵠序行，洞天九九歸遼陽。茫茫十二小劫長，璽完神訶命芾藏。欽止自注云：九九，謂帖有八十一字。十二小劫，謂自晉至今十二代也。帖乃米元章所藏，故欽止于末句及之。此文辭語俊逸，筆力超詣，非後人所可企及，惜乎以洞天爲九九爾。按道家洞天，自十大洞天之外，有三十六小洞天，故世有洞天六六之語。欽止記之不審，誤謂六六爲九九也。

賈黯以慶曆丙戌廷試第一，謝杜祁公。公無他語，獨以生事有無爲問。賈退，謂公門下客曰：「黯以鄙文魁天下而謝公，公不問，而獨在于生事，豈以黯爲無取耶？」公聞而言曰：「凡人無生事，雖多顯宦，亦不能不俯仰，由是進退多輕。今賈君名在第一，則其學不問可知。其爲顯宦，則又不問可知。衍獨懼其生事不足，以致進退之輕，而不得行其志焉。何怪之有？」賈爲之歎服。温公爲相，每詢士大夫私計足否。人不悟而問之，公曰：「儻衣食不足，安肯爲朝廷而輕去就耶？」二公惟灼見人情如此。徐師川云：山谷赴官姑熟，既至，未視事，聞當罷不去，竟俯就之。七日符至，乃去。問其故，曰：「不爾，無舟吏可還。」士之進退，大體欲分明，不可苟也，豈以舟吏爲累耶？予謂山谷豈不知此，困躓道塗，不得不爾。觀山谷之事，則二公之言真有味也。

史浩淳熙四年以少傅除保寧軍節度使，奉祠，賜第都下。明年二月，孝宗自德壽宫回，幸佑聖觀，蓋舊建邸也。召公同宴，曰：「去此十七年，今得與卿爲豐沛故人之飲，可謂盛事。昔甘盤卻無此樂。」公曰：「臣何人，敢比甘盤。」上曰：「朕心術之正，學有自得，實由卿力，此他人所不能知也。」公頓首謝。公母冀國夫人洪氏，上間必問動静，又特于洪夫人誕日，拜公爲相。尋又有御札，徑賜之曰：丞相今日正謝，今賜酒果，爲太夫人之慶，可與丞相同領此意。後公歸四明，歲必遣賜金帛香茶爲壽。眷遇之厚，近世無與比者。

太學士人黄檦以舍選當釋褐。一日，忽夢閱廷試榜，己之上有「宣義郎」三字。檦在學舍，素負雋聲，益以自喜，意必爲首選也。及赴淳熙十四年廷試，揭榜，檦在第三甲，上一名乃宣義郎史彌遠。書榜者于彌遠名下書宣義郎字，偶連屬標姓名，怳然夢中所見也。

李莊簡公光作詩，極清絶可愛。予嘗見其《越州雙雁道中》一絶云：「晚潮落盡水涓涓，柳老秧齊過禁煙。十里人家雞犬靜，竹扉斜掩護蠶眠。」後在政府，與秦檜議不合，爲中司所擊，命下送藤州安置。差樞密院使臣伴送，公戲贈之云：「日日孤村對落暉，瘴煙深處忍分離。追攀重見蔡明遠，贖罪難逢郭子儀。南渡每憂鳶共墮，北轅應許雁相隨。馬蹄慣踏關山路，他日重來又送誰。」亦婉而有深意。

李孟博，莊簡公光之子也，苦學有文。紹興五年進士第三人及第。莊簡南遷，隨侍至貶所，遂卒于瓊州。未卒數月前，忽夢至一處，海山空濶，樓觀特起雲霄間，有軒榜曰「空明」。先世諸父皆環坐其間，顧指其一，曰：「留以待汝。」既寤，知非其祥也。未幾，遂屬疾，臨終，有雲氣起于寢，冠服宛然自雲中冉冉升舉，瓊人悉見之。莊簡有詩悼之云：「脱屣塵寰委蜕蟬，真形渺渺駕飛烟。丹臺路杳無歸日，白玉樓成不待年。宴坐我方依古佛，空行汝去作飛仙。恩深父子情難割，淚滴千行到九泉。」

李文簡公《續通鑑長編》：「明道元年二月丁卯，以真宗順容李氏爲宸妃。注云：宸妃之號，前此未見，恐是創置。」予按《唐·武后紀》：高宗立武氏爲昭儀，進號宸妃。又《來濟傳》：武后被寵，特號宸妃。濟與韓瑗諫云：「妃有常員，今别立號，不可。」則宸妃之號，創于唐高宗，明肅之封，章懿蓋據于此耳。

乾道五年廷試，未唱名之先，參政鄭公僑夢升梯至一所，梯傍皆雲氣繞之，自念世所謂雲梯者，兹其是歟？未至間，有大石横亘于梯之表，不復可進。有頃，疾風驟至，石已在下，僑遂履石直上。及唱名，僑爲第一，次名乃石起宗也。先是，考官用分數編排，石當居上，臨唱名，始易之云。

近時閩中書肆刊書，往往擅加改易，其類甚多，不能悉紀，今姑取一二言之。睦州，宣和中始改爲嚴州，今所刊《元豐九域志》，乃徑易睦州爲嚴州。又《廣韻》桐字下注云：桐廬縣在嚴州，然易去舊字，殊失本書之旨。將來謬亂書傳，疑誤後學，皆由此也。

文士厭于求索，人以才藝名世者，未嘗不役于人，久之，亦自以爲厭。魏韋仲將善書，時起凌雲閣，忘題榜，乃使仲將懸櫈上題之，比下，鬚髮盡白，裁餘氣息，還語子弟云：「宜絶楷法。」文與可妙于墨竹，四方之人持縑素而請者，足相躡于其門。與可厭之，投諸地而罵曰：「吾將以爲韤。」士大夫傳之，以爲口實。此一藝名于時尚如此，況乎文章議論，足以榮辱千古者乎？嘗見歐陽公與劉道原手簡云：某今日不入，正爲凌晨稍涼，爲江氏作誌，幸語其家勿相煎。又一簡云：承見諭，某爲之翰家遺僕坐門下，要誌銘，所以兩日全不能至局。大熱如此，又家中小兒女多不安，更爲人家驅逼作文字，何時免此老業。江氏，鄰幾之家；之翰，孫甫也。杜甫云「能事不受相促迫」，二家子弟豈知此乎？

王象先于鵝溪絹上作山水，不如意，急湔去故墨，再三揮染，即有悟。後作畫多復滌去，或以細石磨絹，令墨色入絹縷。沈珪作墨，亦因搗和墨，蒸去故膠，再入新膠，及出灰池，而墨堅如石，遂悟李氏對膠法。

蜀中有一種木，彼人呼爲蒑芝。其樹常高丈餘，不甚增長。花小而白，每一歲開花。次年方結子，又次年方熟，蓋歷三歲，子如楮實，有文如龜背，味甘酸可食，今青城山范仙觀、邛州蒲江縣崇真觀皆有之。故俗傳以爲仙果。蟠桃三千年一實，世謂方士誇誕之言。以此推之，六合之外，世人所不及，安知無三千年一實者哉。原註：蒑，烏恢切。或呼爲瓌芝，蓋語之訛也，故《臨邛記》只作蒑芝也。

沅湘間多山，農家惟植粟，且多在岡阜。每欲布種時，則先伐其林木，縱火焚之，俟其成灰，即布種于其間，如是則所收必倍。蓋史所謂刀耕火種也。

卷末

張右史特薦狀

朝議大夫、直龍圖閣、權知安慶軍府兼管内勸農營田屯田事臣張嗣古。臣猥以迂愚，繆當郡寄，補苴罅漏，粗竭瑣材，退念簿書澒涊，不足仰圖報稱，惟有搜採人材，上備選擇，庶幾不負公朝甄録之意。臣伏覩迪功郎、監安慶府樅陽鎮監轄倉庫兼煙火公事張淏，資稟粹明，學問該洽，當官而行，惟義之適，廉介公勤，不激不隨，蒞事三年，備罄勞能。凡本府委送剖決民訟，毫分縷析，多得其情，而退然無營，不自表暴。前守楊楫、漕臣錢文子皆器遇之，稍加識拔，必有可觀。臣愚欲望睿慈，特賜旌擢，如後不稱所舉，臣甘坐繆舉之罰。須至奏聞者，右謹録奏聞，伏候勅旨。嘉定六年正月日奏狀。

章尚書舉充學問該博可備顧問科奏狀

寶謨閣學士、太中大夫、提舉隆興府玉隆萬壽宫、建安郡開國侯、食邑一千二百户臣章穎。准格節文，職自觀文殿大學士至待制，每歲聽丁十科内舉三人者。右臣伏覩迪功郎、監潭州永豐倉張淏，學術該通，記問宏博。今保舉堪充學問該博可備顧問科，如蒙朝廷擢用後不如所舉，臣甘伏繆舉之罪。臣契勘嘉定十年分未曾舉人，所舉張淏，係是嘉定十年合舉第一員之數，本官見在任，謹録奏聞，伏候勑旨。嘉定十年正月十一日奏狀。

蕭尚書舉充學問該博可備顧問科奏狀

寶文閣直學士、正議大夫、提舉隆興府玉隆萬壽宫臣蕭逵。准格節文，職自觀文殿大學士至待制，每歲許于十科内舉三人。右臣伏覩迪功郎、監潭州永豐倉張淏，性姿恬靜，學問該深，博考羣書，多所是正，尚淹常調，未決公言。臣今保舉堪充學問該博可備顧問科，如蒙朝廷擢用，後犯正入己贓，臣甘伏朝典。其人在朝，無食人禄，臣照得嘉定十年分合于十科内舉三人，已舉過一員外，今來舉張淏，係第一員合舉之數，謹録奏聞，伏候勑旨。嘉定十年十二月十四日奏狀。

趙尚書舉充學問該博可備顧問科奏狀

宣奉大夫、天永郡開國侯、食邑一千四百户、食實封一百户臣趙善堅。准慶元令格節文，應寄禄官自特進至太中大夫，每歲許于十科内舉三人者。右臣伏覩迪功郎、前監潭州永豐倉張淏，學問淵深，操履端潔，俾居獻納，必有可觀。今保舉充學問該博可備顧問科，照得張淏前任監潭州永豐倉，三考滿罷，如蒙朝廷擢用，後不如所舉，及犯正入己贓，臣甘伏朝典，伏候勅旨。嘉定十一年五月十七日奏狀。

昔王原叔辯婁碑，劉原父言入閤儀，雖歐陽公亦歎服之。則知博物洽聞之士，世不易得，而自昔以爲重也。嘉定庚午，予假守龍舒，始識張君清源。一見知其非碌碌餘子比。時愧倥偬，不暇與之款曲。他日，以職事之郡，試與之言。凡予平生所得，而未嘗與人言者，清源悉能道之。其于書傳間辯正譌謬，旁證遠引，博而且確，非胸中有萬卷書，未易至此。予既嘉其爲人，且慮其溺心于是，反緩其所當行者。因謂之曰：「士之于學，非徒曰聞見博而已。今既從仕，要當究心政事，以行其所學，毋專于誦説可乎？」清源曰唯。會旁郡有訟析貲者，幾二十年不決，部使者下之郡，予因以屬之清源，一閲文牘，曰：「得之矣。」即呼二人者叩之，甲曰：某三衢人也，紹興十三年從兄嘗鬻祖産，得銀帛楮券若干，悉輦而商，且書約期他日復置如初。兄後以其貲買田于淮，不復歸。今兄雖亡，元約固存，于法當析。乙曰：父存而叔未嘗及此，父死之後忽稱爲約，實爲不可。清源曰：「此固然也，抑豈足以折其姦而服其心哉。」復呼甲至，謂之曰：「按國史，紹興三十年後方用楮幣，不應十三年汝家已預有若干，汝約僞矣。」甲不能對，其訟遂決。又有訟田者餘五十年，屢置對而不得其理。清源驗其券，乃政和五年龍舒民與陶龍圖者爲市，因詰之曰：「此呼龍圖者，謂何人？」曰：「祖父也。」清源曰：「政和三年五甲登第，于法不過簿尉耳。不應越二年已呼龍圖，此券紹興間僞爲以誣人，尚何言哉。」其人遂俯服，衆皆駭歎。其他類此者甚多，雖其敏識過人，亦平時記問爲之助，予始愧前之知清源者猶淺也。會予持憲湘南，欲請于朝，以清源自隨，清源以不便親爲辭，予亦不敢强。相別于宿松道中，清源有詩云：「今朝執手難言處，此去傾懷更有誰。」讀之殊不勝懷。因取其所著雜紀識于後，庶知予與清源非苟相知者也。嘉定五年三月長樂楊楫書。

春秋之世，諸國交聘之際，莫不觀應對于言辭之間，覘賢否于威儀之頃。問事以不知爲恥，歌詩以不類爲非。絳縣老人甲子之疑，吏走問于朝，師曠知其爲狄伐魯之年。史趙以亥有二首六身爲言，而士文伯知其爲二萬二千六百有六旬。晉之諸賢，各致其所聞，而鄰國之諸侯，皆知晉之有人。噫！學識于人不可無也如此。金華張君清源，年方盛而學愈進，如百川之方至，而不可禦。郎中楊公通老，篤學力行之士也。一見而器之，爲識其《雲谷》之編，其所以期望于清源者，豈止此哉？穎嘗謂自伏羲始畫八卦，由是文籍生焉。夫子屋壁之藏，固已多于河洛之圖書，諸子鼓吹之作，尤盛于洙泗之簡編。自科斗而爲隸古，由傳授而失本真，字畫之差殊，篇章之淆亂，與夫方言南北之殊，地志古今之異，鳥獸草木之夥，器用名物之瑣細，記録之紛紜，傳寫之脱略，或一物而異名，或一事而互見，或一書成而糾繆繼之，或一説出而辯誤隨之。史籍所載，不同于金石，耳目所接，或殊于簡牘，清源悉從而纂輯之，加訂正焉。其爲書，亦博矣。穎自志學以來，年少氣鋭之時，涉獵閎博，浩無津涯，蓋晚而後悔其日力之可惜也。清源以爲學之餘力，致意如此，它日之所編，當且十倍于今。雖然，清源方策足榮途，官無崇卑，皆有職業，君子思不出其位，則吾之所職者，皆在所深長思也。研覈事情之隱賾而握其機，審稽利害之源委而求其實，清源必優爲之，穎蓋以此書而占之矣。嘉定甲戌臘日，寶謨閣學士、太中大夫、提舉隆興府玉隆萬壽宮章穎序。

張清源篤志苦學，出入羣書，援據殫洽，欲于周丞相、洪内翰中間，更展一席地，非凡材也。余素以寡陋自媿，垂盡殘年，僅得親近其論，日聞所未聞，不亦快哉。《泊宅編》載張安道花書名事，恐誤，當更考正。葉適題。

予自幼無他好，獨嗜書之癖，根著膠固，與日加益。每獲一異書，則津津喜見眉宇，意世間所謂樂事，無以易此。雖陰陽方伎、種植醫卜之法，輶軒稗官、黄老浮圖之書，可以娱閒暇而資見聞者，悉讀而不厭。至其牴牾訛謬處，輒隨所見爲辯正之。獨學孤陋，詎敢自以爲然，以故棄而弗録。他日閲洪文敏公《容齋隨筆》，往往多予所欲言者，乃知理之所在，初何間于智愚哉。而公以戊爲武，謂司天之諂朱温。以秋寺雨聲之句，爲李頎所作。怪賞魚袋之名不可曉，言玉蘂花至彌亘山野。如此之類，亦疑公考之未詳。深恨其生也晚，不得陪公談麈，丐一言以袪所惑。太息之餘，曩之貯積于方寸間者，于是悉索言之，非敢以千慮一得爲誇，蓋將識所疑而求諸博聞之士，相與質正焉。凡同于隨筆者不録，又往歲嘗紀所聞雜事數條，因取而合爲一編，雜然無復詮次，故目之曰《雜紀》。時嘉定歲在玄默涒灘仲春，單父張淏清源識。

佚文

臚句傳

《叔孫通傳》：羣臣朝十月儀設九賓臚句傳，按字書聲絶爲句，外此無它義。云臚句傳者，即臚傳也，句字乃衍文。故《史記》注但云傳從上，下爲臚而已。蘇林注《漢書》，乃析臚句爲二事，云上告下爲臚，下告上爲句。不知何據而云。鄭康成《儀禮注》謂臚爲衆，則臚傳蓋衆相遞傳也。《國語》云：風聽臚言於市，辨妖祥於謡。又《莊子》有「大傳臚得」之語，此最可據。以二書證林説，其妄可知矣。（自此以下二十二條，據商務本《説郛》補。）

玉帳

杜子美《送嚴公入朝》云：空留玉帳術，愁殺錦城人。又《送盧十四侍御》云：但促銅壺箭，休添玉帳旂。王洙於玉帳術句注云兵書也。後來增釋者，不過曰《唐藝文志》有玉帳經一卷而已。至玉帳旂句，則云見空留玉帳術注。然玉帳術謂之兵書則可，句中無術字，則不當引前事。蓋洙與增釋者，俱不得其詳也。按顔之推《觀我生賦》云：守金城之湯池，轉絳宮之玉帳。又袁卓《遁甲專征賦》云：或倚其□使之游宮，或居其貴人之玉帳。蓋玉帳乃兵家厭勝之方位。謂主將於其方置軍帳，則堅不可犯，猶玉帳然。其法出於黄帝遁甲，以月建前三位取之，如正月建寅，則巳爲玉帳，主將宜居。李太白《司馬將軍歌》云：身居玉帳臨河魁。戌爲河魁，謂主將之帳在戌也，非深識其法者，不能爲此語。

月令字誤

《月令》仲夏云：令民毋艾藍以染，毋燒灰。鄭氏注爲傷火氣也。火之氣於是爲盛，火之滅者爲灰。按文全無義理。若謂傷火氣，故仲夏之月，令民毋得燒灰，則當若古者太原寒食不舉火然後可，是可一笑耳。季秋乃有草木黄落，乃伐薪爲炭之語，意灰字必是炭字。但無它據，未敢斷以爲是。後讀吕不韋《春秋》十二月紀仲夏云：無刈藍以染，無燒炭。高誘注草木未成，不欲夭物。季秋云：草木黄落，乃伐薪爲炭。注草木節解，斧入山林，伐林作炭。詳二注，其義甚曉。然則灰當爲炭，可無疑也。灰炭二字相類，一時書寫之誤。鄭氏注書之時，略不致審，遽任意爲解，殊可恨。不韋之書，漢人於文字間多所引用，非特記禮者取以爲《月令》。如班固《律歷志》中伶倫取竹嶰谷等事，皆本其書。今人罕讀之，惜哉。

太祖達生知命

太祖創業垂統，其睿謀英略，盛烈豐功，刻之琬琰，昭若日星，已不待言。但達生知命，了然不惑。親卜山陵於優游豫暇之日，處分大事於頃刻談笑之間，此是唐虞以來，未有之也。初，太祖生於西京甲馬營，開寶九年，西幸，還其廬駐蹕，以鞭指其巷曰：「朕憶昔得一石馬兒爲戲，羣兒屢竊之，朕埋於此，不知在否？」劚之，果然。上愛山川形勝，樂其土風，有遷都之意。李懷忠爲雲騎指揮使，諫曰：「東京正得皇居之中，黄汴環流，漕運儲廩，可仰億萬，不煩飛輓。況國帑重兵，宗廟禁掖，若太山之安，根本不可輕動。」遂寢議。拜安陵，奠哭爲别，曰：「此生不得再朝於此也。」即更衣，服弧矢，登闕臺望西北，鳴弦發矢，指矢委處，謂左右曰：「即此乃朕之黄堂也。」以向得石馬埋於中。又曰：「朕自爲陵，名曰『永昌』。」是歲，果晏駕。又潛耀日，常與一道士游於關河，無定姓名，自曰混沌，或人曰真無。與祖宗三人者，每劇飲爛醉，生善歌，能引其喉於杳冥之間，作清微之音。時或一二句隨天風飄下，惟祖宗聞之，曰金猴火頭四，真龍得真位。至醒，詰之，則曰：「醉夢豈足憑邪？」至膺圖受禪之日，則庚申正月初四日也，自御極不再見。下詔草澤徧訪之，或見於轘轅道中，或嵩洛間。後十六載，乃開寶乙亥歲也。上已祓禊，駕幸西洛。生醉坐於岸木陰下，笑揖太祖曰：「别來喜安。」上大喜，即遣中人密引至後掖。恐其遁，急回蹕見之，一如平時，抵掌浩飲。上語生曰：「吾久欲見汝，決剋一事。無他，我壽還得幾多在？」生曰：「但今年十月二十日夜晴，則可延一紀，不爾則當速速措置。」上酷留之，俾泊後苑。夜或見宿於木末鳥巢中，止數日不見，常切切記其語。至所期之夕，上御太清閣以望氣，是夕果晴，星斗明燦，上心方喜。俄而陰霾四起，天地陡變，雪雹驟降。移仗下閣，急傳宫鑰開門，召開封尹，即太宗也。延入大寢，酌酒對飲，宦官宫妾悉屏之，但遥見燭影下，太宗時或避席有不可勝之狀。飲訖，禁漏三鼓，殿雪已數寸。上引拄斧戳雪，顧太宗曰：「好好做。」遂解帶就寢，鼻息如雷。是夕，太宗留宿禁内，將五鼓，周廬者寂無所聞，帝已崩矣。太宗受遺詔於柩前即位。逮曉，登明堂，宣遺詔罷，聲慟，引近臣環泉以瞻聖體。玉色温瑩，如出湯沐。二事可謂夐絶前古，而實録正史，雖粗載登闕臺發矢事，而極簡略。至顧命之詳，則皆不記。雜見於他書，故特表出之。

上祭于畢

《史紀》周紀：武王上祭于畢。馬融云：畢，文王墓地名也。司馬貞《索隱》曰：案文有上字，當作畢星。予按《後漢·蘇竟傳》：畢爲天亡，主網羅無道之君，故武王將伐紂，上祭于畢，以求天助也。據此則畢爲畢星甚曉然。馬融墓地之説非矣，惜乎《索隱》不能引此爲證。

登聞鼓

《文昌雜録》：「登聞鼓院，未知起於何代。因讀《唐會要》，顯慶五年，有抱屈人齎鼓於朝堂訴，遂令東西都各置登聞鼓。自此始。」予按《世説》晉元帝時，張闓私作都門蚤閉晚開，羣小患之，詣州府訴。不得理，撾登聞鼓。又《晉·范堅傳》，邵廣二子撾登聞鼓乞恩，又《後魏·刑罰志》，世祖闕左懸登聞鼓，人有窮寃則撾鼓，公車上奏其表。又《隋·刑法志》，高祖詔四方有枉屈詞訟縣不理者，令以次經郡及州省，仍不理，乃詣闕申訴。有所未愜，聽撾登聞鼓。是登聞鼓其來已久，非始於唐也。吕不韋《春秋》，堯置欲諫之鼓，鬻子禹治天下，門懸鍾鼓鐸磬而置鞀爲銘於簨簴曰：「教寡人以獄訟者揮鞀。」二事當爲登聞鼓之始。

壽山艮嶽

徽宗登極之初，皇嗣未廣，有方士言京城東北隅地協堪輿，但形勢稍下，倘少增高之，則皇嗣繁衍矣。上遂命工培其岡阜，使少加於舊，已而果有多男之應。自後海内乂安，朝廷無事，上頗留意苑囿。政和間，遂即其地大興工役，築山，號壽山艮嶽。命宦者梁師成專董其事。時有朱勔者，取浙中珍異花木竹石以進，號曰花石綱，專置應奉局於平江，所費動以億巨萬計。諸民搜巖剔藪，幽隱不置，一花一木，曾經黃封。護視稍不謹，則加之以罪，斸山輦石，雖江湖不測之淵，力不可致者，百計以出之。至名曰神運，舟檝相繼，日夜不絕，廣濟四指揮，盡以充輓士猶不給。時東南監司郡守二廣市舶，率有應奉。又有不待旨，但進物至都，託宦者以獻者。大率靈壁太湖諸石，二浙奇竹異花，登萊文石，湖湘文竹，四川佳果異木之屬，皆越海渡江，鑿城郭而至。後上亦知其擾，稍加禁戢，獨許朱勔及蔡攸入貢，竭府庫之積聚，萃天下之伎藝，凡六歲而始成，亦呼爲萬歲山。奇花美木，珍禽異獸，莫不畢集，飛樓傑觀，雄偉瓌麗，極於此矣。越十年，金人犯闕，大雪盈尺，詔令民任便斫伐爲薪，是日百姓奔往，無慮十萬人。臺榭宮觀，悉見毁拆，官不能禁也。余讀國史及諸傳記，得始末如此，每恨其它不可得而詳。後得徽宗御製記文，及蜀僧祖秀作華陽宮記讀之，所謂壽山艮嶽者，森然在目也。因各摭其略，以備遺忘云。《御製艮嶽記》曰：云云。

於是按圖度地，□徒僝工，累土積石，設洞庭湖口絲谿仇池之深淵，與泗濱林慮靈壁芙蓉之諸山。取環奇特異瑶琨之石，即姑蘇武林明越之壤。荆楚江湘南粤之野，移枇杷橙柚橘柑榔栝荔枝之木，金蛾玉羞虎耳鳳尾素馨渠那末利含笑之草。不以土地之殊，風氣之異，悉生成長養於雕闌曲檻。而穿石出罅，岡連阜屬，東西相望，前後相續，左山而右水，後溪而傍隴，連綿而彌滿，吞山懷谷，其東則高峯峙立，其下則植梅以萬數。綠萼成蹊，芬芳馥郁，結構山根，號萼綠華堂。又旁有承嵐崑雲之亭，有屋，外方内圓如半月【二】，是名書館。又有八仙館，屋圓如規。又有紫石之巖，祈真之嶝，攬秀之軒，龍吟之堂。其南則壽山嵯峨，兩峯並峙，列嶂如屏。瀑布下入雁池，池水清泚漣漪，鳧雁浮泳水面，棲息石間，不可勝計。其上亭曰噰噰，北直絳霄樓，峯巒崛起，千疊萬複，不知其幾千里。而方廣無數十里，其西則參朮杞菊，黃精芎藭，被山彌塢，中號藥寮。又□禾麻菽麥，黍豆秔秫，築室若農家，故名西莊。上有亭曰巢雲，高出峯岫，下視羣嶺。若在掌上，自南徂北，行岡脊兩石間，綿亘數里。與東山相望，水出石口，噴薄飛注如獸面，名之曰白龍沼。濯龍峽蟠秀練光跨雲亭羅漢巖，又西半山間樓曰倚翠，青松蔽密，布於前後，號萬松嶺。上下設兩關，出關下平地有大方沼，中有兩洲。東爲蘆渚，亭曰浮陽；西爲梅渚，亭曰雲浪。沼水西流爲鳳池，東出爲研池，中分兩館，東曰流碧，西曰環山。館有閣曰巢鳳，堂曰三秀，以奉九華玉真安妃聖像。東池後結棟山下曰揮雲廳，復由嶝道盤行縈曲捫石而上，既而山絕路隔，繼之以木棧。倚石排空，周環曲折。有蜀道之難，躋攀至介亭，此最高於諸山。前列巨石，凡三丈許，號排衙，巧怪嶄巖，藤蘿蔓衍，若龍若鳳，不可殫窮。麓雲半山居右，極目蕭森居左，北俯景龍江，長波遠岸，彌十餘里。其上流注山間，西行潺湲爲漱玉軒，又行石間，爲煉丹亭、凝觀、圌山亭。下見高陽酒肆清斯閣，北岸萬竹蒼翠蓊鬱，仰不見日月，有勝筠菴、躡雲臺、消閒館、飛岑亭。無雜花異木，四面皆竹也，又支流爲山莊，爲回溪，自山蹊石罅搴條下平陸，中立而四顧，則巖峽洞穴，亭閣樓觀，喬木茂草，或

【一】外方內圓　按《續資治通鑑長編拾補》卷四四宣和四年正月辛酉作「內方外圓」。

高或下，或遠或近，一出一入，一榮一凋，四面周匝，徘徊而仰顧。若在重山大壑幽谷深巖之底，而不知京邑空曠坦蕩而平夷也，又不知郛郭寰會紛華而填委也。真天造地設，神謀化力，非人所能爲者。此舉其梗槩焉。祖秀《華陽宮記》曰：政和初，天子命作壽山艮嶽於禁城之東陬。詔閹人董其役。舟以載石，輿以輦土，驅散軍萬人，築岡阜高十餘仞。增以太湖靈壁之石，雄拔峭峙。功奪天造，石皆激怒觝觸。若踶若齧，牙角口鼻，首尾爪距，千態萬狀。殫奇盡怪，輔以蟠木癭藤，雜以黄楊對青蔭其上。又隨其旋斡之勢，斬石開徑，憑險則設磴道，飛空則架棧閣。仍於絶頂增高樹以冠之，搜遠方珍材，盡天下之蠹工絶技而經始焉。山之上下，致四方珍禽奇獸。動以億計，猶以爲未也。鑿地爲溪澗，疊石爲堤捍。任其石之性，不加斧鑿。因其餘土，積而爲山。山骨謶露峯稜如削，飄然有雲姿鶴態，曰飛來峯。高於雉堞，翻若長鯨，腰徑百尺，植梅萬本，曰梅嶺。接其餘岡，種丹杏鴨脚，曰杏岫。又增土疊石，間留隙穴，以栽黄楊，曰黄楊巘。築修岡以植丁香，積石其間，從而設險，曰丁香嶂。又得赬石，任其自然，增而成山，以椒蘭雜植於其上，曰椒崖。接衆山之末，增土爲大坡，徙東南側柏，枝幹柔密，揉之不斷，華華結結，爲幢蓋鸞鶴蛟龍之狀，動以萬數，曰龍柏坡。循壽山而西，移竹成林，復開小徑，至數百步，竹有同本而異幹者，不可紀極。皆四方珍貢，又雜以對青竹十居八九，曰斑竹麓。又得紫石，滑淨如削，面徑數仞，因而爲山，帖山卓立，山陰置木櫃，絶頂開深池，車駕臨幸，則驅水工登其頂，開閘注水而爲瀑布，曰紫石壁。又名瀑布㟼，從艮嶽之麓。琢石爲梯，石皆温潤淨滑，曰朝真磴。又於洲上植芳木，以海棠冠之，曰海棠川。

壽山之西，别治園囿，曰藥寮。其宫室臺榭卓然著聞者，曰璚津殿、絳霄樓、萼緑華堂。築臺高九仞，周覽都城，近若指顧，造碧虚洞天，萬山環之，開三洞，爲品字門，以通前後苑。建八角亭於其中央，榱椽窗楹，皆以瑪瑙石間之，其地琢爲龍礎，導景龍江東出安遠門，以備龍舟幸東西擷景二園。西則溯舟造景龍門，以幸曲江池亭，復自瀟湘江亭開閘通金波門，北幸擷芳苑。隄外築壘衛之，瀕水蒔絳桃、海棠、芙蓉、垂楊，略無隙地。又於舊地作野店，麓治農圃，開東西二關，夾懸巖磴道隘迫。石多峯稜，過者膽戰股栗，凡自苑中登羣峯，所出入者，此二關而已。又爲勝游六七，曰躍龍澗、漾春陂、桃花閘、雁池、迷真洞，其餘勝迹，不可殫紀。工已落成，上名之曰華陽宫。然華陽大抵衆山環列於其前，得平蕪數十頃，以治園圃，以闢宫門於西入徑廣於馳道，左右大石皆林立，僅百餘株，以神運昭功敷慶萬壽峯而名之。獨神運峯廣百圍，高六仞，錫爵盤固侯。居道之中，束石爲小亭以庇之。高五十尺，御製記文，親書，建三丈碑，附於石之東南陬。其餘石若羣臣入侍幃幄，正容凜然不可犯，或戰栗如敬天盛威。或奮然而起，又若傴取，其怪狀餘態，娱人者多矣。上既悦之，悉與賜號守吏，以奎畫列於石之陽，其它軒榭庭徑，各有巨石，棋列星布，並與賜名。惟神運峯前羣石，以金飾其字，餘皆青黛而已。此所以第其甲乙者也。乃命羣峯，其略曰：朝日昇龍望雲坐，龍矯首玉龍萬壽。老松棲霞捫參銜，日吐月排雲衝斗。雷門月窟蹲螭坐，師堆青凝碧金鰲。玉龜疊翠獨秀抽，煙彈雲風門雷穴。玉秀玉竇銳雲巢，鳳雕琢渾成登封。日觀蓬瀛須彌老，人壽星卿雲瑞靄。溜玉噴玉蘊玉琢，玉疊玉積玉叢秀。而在於渚者曰翔鱗，立津涘者曰舞仙。獨踞洲中者曰玉麒麟，冠於壽山者曰南屏小峯。而附於池上者曰伏犀怒猊儀鳳烏龍，立於沃泉上者曰留雲宿霧。又爲藏煙谷滴翠巖摶雲屏積雪嶺，其間黃石仆於亭際者，曰抱犢天門，又有大石二枚，配神運峯。異其居以壓衆石，作亭庇之。置於寰春堂者曰玉京獨秀太平巖，置於萼緑華堂者曰卿雲萬態奇峯，括天下之美，藏古今之勝，於斯盡矣。靖康元年閏十一月，大梁陷，都人相與排牆避虜於壽山艮嶽之上。時大雪新霽，丘壑林塘，粲若畫本，凡天下之美，古今之勝在焉。祖秀周覽累日，咨嗟驚歎，信天下之傑觀，而天造有所未盡也。明年春，復遊華陽宮，而民廢之矣。

無置錐地

今俗謂人之至貧者，則曰無置錐之地，此語蓋自古有之。《韓非子》云：「堯無膠膝之約於當世而道行，舜無置錐之地於宇内而德結。」又《史記·優孟傳》：「孫叔敖爲楚相死，其子無立錐之地。」又《後漢·郭丹傳》、《蜀·諸葛亮傳》，俱有此語。

斷屠

高承《事物紀原》：「《唐刑法志》：『武德二年，詔斷屠日不行刑。』《會要》曰：『武德二年正月二十四日，詔自今以後，每年正月、五月、九月【二】，及每月十齋日，並斷屠。』按此，則斷屠之始起於唐高祖也。」承所紀非也。隋高祖仁壽三年詔：「六月十三日，是朕生日，宜令海内爲武元皇帝元明皇后斷屠。」則此制隋已有之，不始於唐也【三】。

劉歆顔游秦有功於漢書

葛洪云：「洪家世有劉子駿《漢書》百卷，歆欲撰《漢書》，編録漢事，未得締構而亡，故書無定本，止雜記而已。試以此考校班固所作，殆是全取劉書，亦小有異同耳，固所不取，不過二萬許言。」顔游秦，師古之叔也，嘗撰《漢書決疑》十二卷，時稱爲大顔。後師古爲太子承乾注《班書》，多資取其義，是二公有功於《漢書》多矣。今人但知班固、師古而已，知歆及游秦者鮮，故余因表出之，以示好事者。游秦事，《唐史》略載於《師古傳》末，其詳則見於《顔真卿集》也。

【二】五月九月　兩「月」字原作「日」，據《全唐文》卷一《禁行刑屠殺詔》、《唐律疏議》卷三〇《斷獄律》改。

【三】本則見於正文卷二，而《説郛》所載詳於正文。

檄書露布所始

文章緣起，漢陳琳作《檄曹操文》，謂檄文起於琳也。以《文心雕龍》考之，已有張儀《檄楚書》、隗囂《檄亡新文》矣。又司馬相如《喻蜀文》，《文選》作《喻蜀檄文》，則檄不起於陳琳。《隋・禮儀志》：「後魏每攻戰尅捷，欲天下知聞，迺書帛建於竿上，名爲露布，其後相因施行。」如《隋志》所言，則露布始見於後魏時。《事物紀原》引《世説》袁虎倚馬爲桓温作北伐露布，云見於晉，二者俱未爲得。漢賈□爲馬超作《伐曹操露布》，則露布自後漢已有之。豈書帛揭竿，實自後魏始邪。然露布之語，其來亦久矣。《漢官儀》：「凡制書皆璽封，惟赦贖令司徒印露布州郡也。」

魚雁傳書

陳勝、吴廣皆舉事，因卜者言，遂以丹書帛曰陳勝王，置入所罾魚腹中。其卒買魚烹食，果得書。古辭烹鯉得素書，雖非引用此事，而意實本此。蘇武留匈奴，昭帝求武，匈奴詭言武死，後漢使用常惠教，言天子射上林中得雁，足有帛書，言武實在，以讓單于，于驚謝。二者皆出於一時之僞，後來遂以魚雁傳書爲之實。

黄庭經

程文簡《演繁露》云：「王羲之本傳以書换鵝者，《道德經》也，文士謂作《黄庭》，人皆謂誤。張彦遠《法書要録》載褚遂良《右軍書目正書》第二卷，有《黄庭經》六十行，與山陰道士，其時真迹故在，既可以見其爲《黄庭》無疑。又武平一《徐氏法書記》，親在禁中，見武后暴太宗時法書六十餘函，所記憶者，扇書樂毅告誓《黄庭》。徐浩《古迹記》，玄宗時，大王正書三卷，以《黄庭》爲第一，不聞《道德經》。」則傳之所載卻誤，程云晉書傳誤者，蓋不詳太白之詩，故不知爲二事者也【四】。

竹之異品

竹之異品頗多，《成都古今注》對青竹，竹黄而溝青，故每節若間出云。此竹，今浙中亦有之，惟會稽頗多，彼人呼爲黄金間碧玉。辰州有一種小竹，曰龍孫竹，生山谷間，高不盈尺，細僅如針，凡所以爲竹無不具，前輩詩有小竹如針能具體，即此也。武陵桃源山有方竹，四面平整如削，堅勁可以爲杖，余頃在湖湘間見有以竹根爲桶者，其徑幾二尺。《羅浮山記》云：「第三峯有竹，大徑七尺圍，節長丈二，葉若芭蕉，謂之龍公竹。」《松窗雜録》有異竹篋長百尺餘。《玉篇》云：「簩竹可爲舟。」龍公竹及簩竹雖未親覩，以前所見

【四】本則原附録於「黄庭經」條後，而正文不載。

推之，詎不信哉。

佛書

佛書見於中國，世謂起於漢明帝時。今考之明帝之前已有，劉向《列仙傳》曰：「歷觀百家之中，以相檢驗，得仙者百四十六人，其七十四人，已在佛經。」今世傳《列仙傳》佛經字多作仙經，惟梁劉孝標注《世説》殷中軍見佛經事全引此文，隋顔之推《家訓》所引《列仙傳贊》亦云七十四人，出佛經，方知仙字是後人以意易之。《霍去病傳》：「收休屠祭天金人。」張晏曰：「佛徒祀金人也。」顔師古曰：「今佛像是也。」《漢武故事》曰：「昆邪王殺休屠王，以其衆來降，得其金人之神，置之甘泉宫。金人皆長丈餘，其祭不用牛羊，惟燒香禮拜，上使依其國俗祀之。」魚豢《魏略·西戎傳》曰：「哀帝元壽元年，博士弟子景盧受大月氏王使伊存口傳浮屠經，此皆明帝未遣使取經之前也。」使明帝之前，未有佛書，則傅毅對明帝所言，何從而得之。《隋書·經籍志》云：「其書久已流布，遭秦之世，所以湮滅。」其説必有所據也。

燕脂

燕脂，今或書作燕支，又作烟支、烟脂，然各有所據。《中華古今注》：「燕脂蓋起於紂，以紅藍花汁凝作【五】，以其燕所生，故曰燕脂。」《蘇氏演義》曰：「燕支葉似薊，花似

【五】以紅藍花汁凝作　「以」字原脱，據《中華古今注》卷中補。

蒲，出西方，土人以染名爲燕支，中國亦謂爲紅藍。以染粉，爲婦人面色，謂之燕支粉。」《北户録》載習鑿齒書云：「此有紅藍，北人採取其花作燕支。婦人裝時作頰色，殊覺鮮明。匈奴名妻作閼氏，言可愛如烟支也。」

五大夫

秦始皇下泰山，風雨暴至，休於樹下，因封其樹爲五大夫，初不言其爲何樹也。後漢應劭作《漢官儀》，始言爲松，蓋樹在泰山之小天門，至劭時猶存，故知其爲松也。五大夫蓋秦爵之第九級，如曹參賜爵七大夫，遷爲五大夫是也。後人不解，遂謂松之封大夫者五，故唐人松詩有「不羨五株封」之句，皆循襲不考之過也。紹興上虞縣有村市曰五夫，故老云：「有焦氏墓於此，後五子皆位至大夫」，因而得名。近世好事者或異其説曰：「此秦封松爲五大夫之地也。」紹興間，王十朋爲郡幙官，搜訪所聞，作《會稽風俗賦》，遂以爲然。故賦中有「楓挺千丈，松封五夫」之句，疏於下云：「上虞有地名五夫，始皇封松爲五大夫之處。」蓋越人但知始皇嘗上會稽刻石頌德，初不知封松乃在泰山時，非在會稽時也。而十朋復失於致審，遂以爲實。予嘗過其處，見道旁有古石塔，有刻字尚可讀，乃會昌三年余球所記。云草市曰五夫，因焦氏立塋於此，孝感上聖而爲名焉。乃知五夫之名，實由焦氏，惜乎十朋之不見也。

二洪崖先生

洪崖先生有二，其一，三皇時伶倫得仙者，號洪崖。《神仙傳》：「衛叔卿與數人博戲於華山石上，其子度世曰：『不審與父並坐者誰也？』卿曰：『洪崖先生許由巢父耳。』」郭璞詩：「左挹浮丘袖，右拍洪崖肩，即此是也。」其一，唐有張氳，亦號洪崖先生。按本傳及《豫章職方乘》云：「氳，晉州神山縣人，隱姑射山，開元七年，召至長安，見玄宗於湛露殿。十六年，洪州大疫，氳至施藥，病者立愈，州以上聞。玄宗意其爲氳，驛召之。果氳也，常服烏方帽，紅蕉衣，黑犀帶，跨白驢，從者負六角扇，垂雲笠，鐵如意，往來市間。人莫知其幾歲。」今人好圖其像者，即此是也。豫章有洪崖，蓋古洪崖得道處也。後張洪崖亦至其處，豫章人立祠於洪井，洪崖遂至無辨。

阿堵

《嬾真子録》：「古今之語，大都相同，但其字各别耳。古所謂阿堵者，乃今所謂兀底也。王衍口不言錢，家人欲試之，以錢繞牀不能行，因曰：『去阿堵物。』謂口不言去卻錢，但云去卻兀底耳。後人遂以錢爲阿堵物，眼爲阿堵中，皆非是。蓋此阿堵同一意也。」予按晉人所稱，不止此兩事而已。殷浩見佛經云：「理亦應阿堵上。」桓温止新亭，大陳兵衛，呼謝安及王坦之，欲於坐害之。安舉目徧歷温左右衛士，謂温曰：「安聞諸侯有道，守在四鄰，明公何須壁間著阿堵輩。」温笑曰：「正自不能不爾，且若更以二者爲證。」其義尤見分明。

酒名齊物論

唐子西謫居惠州，嘗醖酒二種，其和者名養生主，其稍勁者名齊物論。

蔗字

《東觀餘論》跋《右軍甘蔗帖》後摹本云：「蔗似竹，於文從焉，俗從草非是。」予按《説文》蔗字在艸部，注云：「藷蔗也。」《玉篇》有蔗字，在竹部，音失御切，方筐也。《集韻》亦載此一字，音同，云箕屬，是蔗與蔗自古兩字，右軍正誤。黄氏見蔗有節似竹，遂以從草爲非，謬矣。蔗字見於《説文》，豈可謂之俗字也。

避忌諱字

晉、宋以來，士大夫多以父祖名諱爲重，習以成風，拘忌太過，至於迂怪可笑。齊王亮父諱攸，遷晉陵太守，沈巑之好犯亮諱，亮不堪，遂啟代之。巑之快快，乃造坐云：「下官以犯諱被代，未知明府諱若爲攸字，當作無骹尊旁犬，爲犬旁無骹尊。《太平御覽》載此云：「當作酋傍安犬猶爲犬傍安酋」，與今《南史》小異。若是有心悠，無心攸，乞告示。」亮不履跣而走，巑之撫掌大笑而去。北齊熊安生將通名，見徐之才和士開二人相對，之才諱雄，士開諱安，乃稱觸觸生，羣公哂之。此與巑之甚相反，然觸觸生之稱，此尤迂怪可笑也。

⊙釋道融 撰

叢林盛事

夏廣興 整理

點校説明

《叢林盛事》二卷，釋道融撰。道融，臨濟宗黄龍派第六代法孫，塗毒智策禪師的弟子。《叢林盛事》付梓於宋寧宗慶元五年（一一九九），收於《卍續藏》第一四八册。全書共輯録禪林逸事一百四十一則，主要是北宋初年到南宋中葉禪宗各脈禪師與士大夫的嘉言善行，其中許多禪宗故事都僅見於是書。是書問世後，爲禪林所重，南宋以來的佛教史家也都十分重視此書，常常引用作爲資料，如本覺纂集的《釋氏通鑒》即將它列入《采摭經傳録》中。

書首有作者的自序，記述了受曉瑩《羅湖野録》的啓發而編纂此書的經過和全書的目録。書末有宋慶元五年華藏遁庵宗演禪師作的《跋》和日本「元禄辛未」聖信梅峰禪師作的《跋新鋟叢林盛事》。所載禪宗人物的故事，有的是從以前的禪籍（如燈録等）胎脱演化而來的。正因爲《叢林盛事》有這些獨特的記載，在禪林廣爲傳誦。有注釋書《叢林盛事别考》一卷，其作者不詳。

此次整理，以《卍續藏》爲底本，校以相關史籍。

序

余厠身叢林僅三十年，所見當代諸大老多矣。厭世掩扃丹丘中峰之下，日與艸木俱脱，而陳習未忘。瞌睡之餘，信手抽骨董箱，得江西瑩公所著《羅湖野録》一帙。及開卷，首乃無著師之爲序引，有曰：「前哲入道機緣，禪書多不備載，其過在當時英俊失於編次，是無衛宗弘法之心而然，遂致有見賢思齊者徒增嘆息。」細味其語，誠可箴吾輩懶慢之病。因追憶平日在衆目見耳聞前輩近世可行可録之語，共成一編。書成，將呈鄮峰佛照老人，見而悦之，謂侍僧道權曰：「此真吾門盛事也，胡不刊木以傳後世？」因以《叢林盛事》目之，知我罪我，毋加哂焉。歲丁巳慶元三年仲秋日　道融序

綱目

卷上

程大卿參南禪師，南令看生緣話。法昌一日問曰：「何不直下與伊勦絶去？」南曰：「也曾爲蛇畫足来，是伊自不瞥地。」昌曰：「和尚如何爲他？」南曰：「咬盡生薑呷盡醋。」昌曰：「流俗阿師又與麽去？」南云：「法昌作麽生？」昌拈拂子便打，南曰：「者老漢得與麽無人情？」昌休去。

佛印一日入室次，忽東坡至。印云：「此間無榻座，不及奉陪居士。」坡云：「暫借和尚四大爲榻座。」印曰：「山僧有一問，居士若道得即請坐；若道不得即輸却玉帶。」坡欣然曰：「便請。」印曰：「居士適来道，借山僧四大爲榻座，只如山僧四大本空，五陰非有，居士向什麽處坐？」坡擬議，不能加答，遂解玉帶，大咲而出，印却以雲山衲衣贈之。坡有偈云：「百千燈作一燈光，盡是恒沙妙法王。是故東坡不敢惜，借君四大作禪牀。」又云：「病骨難堪玉帶圍，鈍根仍落箭鋒機。會當乞食歌姬院，換得雲山舊衲衣。」又云：「此帶閲人如傳舍，流傳到此亦悠哉。錦袍錯落渾相稱，乞與徉狂老萬回。」印以二偈謝云：「石霜奪得裴休笏，三百年来衆口誇。爭似蘇公留玉帶，長和明月共無瑕。」又云：「荆山卞氏三朝獻，趙國相如萬死回。至寶只應天子用，因何留在小蓬萊。」

楊次公提刑一日問芙蓉楷禪師曰："某與師相别幾年？"楷曰："七年。"楊云："者七年參禪耶？學道耶？"楷曰："不打者鼓笛。"楊曰："與麽則空遊山水，百無所成？"楷曰："相别未久，善能高鑑。"楊呵呵大咲。韓魏公夏日来訪，楷出接，韓遂曰："禁足不出，因甚破戒？"楷曰："官不容針，私通車馬。"韓大喜之。

真淨禪師居筠之大愚，太守錢公弋来遊，怪禪者驟多，衆以師有道德者，奔隨而至。錢公即入其室，未有以奇之。翌日，命齋，師就席。俄有犬逸出屏帷間，師少避之。錢嘲曰："大善知識固能降龍伏虎，豈畏犬耶？"師應聲曰："易伏偎巖虎，難降護宅龍。"錢大喜，乃移居聖壽問道焉。

承天宗行脚時，爲泉州棲隱和尚馳書到京師李駙馬宅。相看，都尉問曰："因甚到京師？"宗曰："專爲院門馳書。"尉曰："適来悔伸一問。"宗曰："都尉慣得其便。"尉便喝。宗曰："放過一著。"尉云："再犯不容。"宗曰："三十年後大有人舉在。"尉大咲。

興陽剖禪師初在大陽作園頭，種瓜次。陽問："甜瓜何時熟？"剖云："即今熟了也。"陽云："揀甜底摘来。"剖云："摘来與什麽人喫？"陽云："與不入園者喫。"剖云："未審不入園者，還喫也無？"陽云："汝還識伊麽？"剖云："雖然不識，不得不與。"陽咲而去。剖因卧病，陽問曰："是身如幻泡，幻泡中成辦。若無箇泡幻，大事無由辦。若要大事辦，識取箇泡幻作麽生？"剖云："猶是者邊事"。陽云："那邊事作麽生？」剖云：「匝地紅輪秀，海底不開華。」陽咲曰：「乃爾惺惺耶？」剖喝云：「將謂我忘却。」後竟不起，陽遂以直裰并偈付浮山遠。遠後接投子青，起洞上一宗耳。

法雲圓通秀禪師，初習《華嚴》。一日，嘆曰：「吾觀善財始見文殊，復過百十城，事五十三善知識。又聞達磨西来，老盧南去，教外別傳，無上心印。吾豈止方隅，滯性相之宗耶？」因棄所業，束裝南遊，至無爲謁懷禪師。懷問曰：「座主講甚麽經？」秀曰：「粗習《華嚴》。」懷曰：「《華嚴》以何爲宗？」秀曰：「以法界爲宗。」懷曰：「法界以何爲宗？」秀曰：「以心爲宗。」懷曰：「心以何爲宗？」秀不能答。懷曰：「毫釐有差，天地懸隔。汝當自肯，會有省發。」後十七日，聞僧舉白兆問報慈云：「情生智隔，想變體殊。情未生時如何？」慈云：「隔。」師於此大悟，直到方丈陳所得，懷喜曰：「前後座主見吾者多，唯汝一人堪承大法，吾宗異日在汝一人行矣。」師遂服勤八年，懷推爲上首，出世舒之四面。後居東京法雲，雲門正宗由兹大闡。

芙蓉楷在投子作典座。子一日問：「厨司勾當不易。」楷云：「不敢。」子云：「煑粥耶？蒸飯耶？」楷云：「人力淘米著火，行者煑粥蒸飯。」子云：「汝作甚麽？」楷云：「和尚慈悲，放佗閑去。」投子駭之。

淨因成枯木，問僧：「甚麽處人？」僧云：「西川。」成云：「幾時離鄉？」僧云：「前年二月。」成云：「未離本國一句作麽生道？」僧云：「通身是口，難爲祇對。」成云：「猶是離家失業句。」僧無語。成打一拂子云：「枉蹈破許多艸鞋。」

鼓山佛心才禪師，閩人。初參死心，心問：「鄉里甚處？」才云：「福州。」心云：「玄沙不出嶺，保壽不渡河。因甚到這裏？」才云：「因行不妨掉臂。」心云：「左手掉，右手掉。」才放下兩手掉出，心大喜。及許挂搭已，被侍僧所擠，云：「才到處吵人叢林，和尚不得留之。」於是心遂不納，云：「聞汝到處吵人叢林，且往他處。」才云：「大善知識眼在甚麼處？」拂袖而出，見昭默。昭默納之。未幾，遂契黃龍之道，昭默以大法任之。

樂全先生張安道，慶曆中守滁州。至一僧舍，見梵夾齊整，怪取閱之。乃《楞伽阿跋多羅寶經》，恍然如獲舊物，細觀筆畫手迹，宛然如自所書者，悲喜太息，從是悟入。嘗以經首四偈發明心要。東坡過南都，親見公説，且以錢三十萬託云，印施於江淮間。東坡親書，令佛印刻石金山。故《贈樂全詩》有曰：「樂全居士樂於天，維摩丈室空翛然」之句。

雪堂行，括蒼人。少登上庠，因見殺生者，盡然有感，遂棄家，直抵泗州普照王寺出家，以掃塔爲務。既剃髮，乃往舒之龍門，依佛眼禪師爲侍者。一衲度寒暑，又且養蝨，隣肩皆厭之。每於殿堂僻處坐禪。一日，看玄沙築著脚指頭話，大有發明。佛眼乃川人，上堂次，因行侍立，戲曰：「川僧藞苴，浙僧瀟灑，諸人若也不信，看取山僧侍者。」一衆大咲。後見其父從太常博士出守三衢，行時母老来歸。閽者見其繿縷，再三不與進，行乃解衣與之，纔通覆。而其母聞之，不覺仆地曰：「我兒猶在耶？」遂迎入宅堂，逼令換衣澡浴。及浴，其衣盡换去，只得著其新衣。行泣曰：「我幾年與他爲眷屬，豈一旦遽相捨耶？」即抵吉祥寺作宿。次日，父母兄弟俱来報謁，而行以黎明去矣。竟不及見，但見壁間留偈云：「莫嫌心似鐵，自己尚爲冤。掃盡門前雪，方開火裡蓮。萬般休更問，一等是忘缘。箇事相應處，金剛種現前。」其母因憶師失明。行再歸括蒼，其父逼令出世南明，遷衢之烏巨，其道大振。終於饒之薦福，紗喜親爲撰語録序，流傳于世。

典牛和尚，成都人。姓鄭氏，名天游。本仕族，初試郡庠，復試梓州，二處俱發，游不敢承受，竄名出關。適山谷道人西還，因見其風骨不凡，論議超卓，迺同舟而下，竟往廬山剃髮，不改舊名。首參死心，不契，乃依湛堂於泐潭。時紗喜爲侍者，游居書司，旦夕相從。後往古藥山，發明大事，出世廬山小寶峰，後居雲巘。嘗和忠道者牧牛頌曰：「兩角指天，四蹄蹈地。拽斷鼻圏，牧甚屎屁。」初，張無盡見其坦率不事事，嘗慢之，謂之顛游。後紗喜持此頌獻之，無盡撫几稱賞。紗喜曰：「相公且道者頌是甚麼人做？」無盡曰：「此非彌勒大士，安能發此言？」紗喜曰：「此乃前日顛游所作。」無盡曰：「奇哉！奇哉！湛堂乃有此兒耶！臨濟一宗其在此矣。但將去質庫中典也？典得一百貫。商英肉眼不别，幾乎蹉過此人。」遂燒香望雲巘悔過。游後退雲巘，過廬山棲賢，長老見其堅老又且川氣，不肯挂搭。却云：「老老大大，正是質庫裡典牛耶？」游聞之，乃述偈而去，曰：「質庫何曾解典牛，只缘價重實難酬。想君本領無多子，爭解能容者一頭。」因菴于武寧，四十年終身不出，塗毒見之，已九十三矣。

佛燈珣，號罵天，湖之安吉人。嗣佛鑑，住禾山口。嘗上堂，僧問：「如何是賓中賓？」答曰：「客路如天遠，侯門似海深。」「如何是賓中主？」云：「長因送客遠，憶得別家時。」「如何是主中賓？」云：「相逢不下馬，各自有前程。」「如何是主中主？」云：「一朝權祖令，誰是出頭人？」「賓主還有向上事也無？」云：「向上問將来。」「如何是向上事？」云：「大海若知足，百川應倒流。」僧禮拜珣云：「此是珣上座三十年學得底。」

開福寧道者，歙州人。參五祖演，演見其立作高卜，識趣超卓，每當衆譽之，復令入堂司。同學妬之，夜引寧山行道話。因毆之，傷其面目，赴衆不得。演聞之，躬往省問，曰：「聞汝被那一輩無禮？何不至方丈雪？屈聽老僧與汝趕逐？」寧竟不忍顯，但云：「某自喫撲傷損，不干他事。」演淚下曰：「吾忍力不如汝，他日豈奈汝何？」後出世開福，容五百衆，將示寂預定日時坐化。以大法授月菴果，果陸沈衆底，人莫能識，唯圓悟知之。後成褫其出世，以頌送之曰：「歙山老人末後句，的的親傳四絶堂。正令已行風凜凜，斗間劍氣燭天光。」

應菴初依蔣山圓悟會中，與此菴元爲友，及元住處之連雲，華從虎丘隆會中来。初到，便令作首座。未久，令立僧，元上堂云：「西河有師子，連雲出虎兕。親從猛虎窟中来，文彩爪牙悉皆備。雖未及驚羣，已有食牛志。痛念楊岐宗令之如掃地，豎起鐵脊梁，與先師出氣。諸人還識麽，兩眼大如環，當頭立底是。」後出世紗巖，爲虎丘燒香，自後住十年，其道與紗喜相抗。李浩侍郎與師游久矣，嘗贊師真云：「平生波波挈挈，纔得箇院子住便打脱，而今又向幀子上出来，知他是死是活。」

木菴永禪師，福州章聖者小師，棄儒從釋，與法弟安分者爲友，同參懶菴需於洋嶼，皆有大發明。因作《水篔頌》云：「路繞懸崖萬仞頭，擔泉帶月幾時休。箇中撥轉通天竅，人自安閑水自流。」紗喜見之，曰：「鼎需有此兒，楊岐法道未至寂寥。」後住鼓山，江浙兄弟盡入嶺，松源、無用、息菴諸老皆在座下。後終於泉南。

直道者，安州人。初參紗喜於回鴈峰下，喜問曰：「上座甚麽人？」直云：「安州人。」喜曰：「我聞你安州人會厮撲，是否？」直便作相撲勢，喜曰：「湖南人喫魚，湖北人著鯁。」直打翻筋斗而出。喜曰：「誰知冷灰有粒豆爆？」竟辭喜過江浙。嘗與三衢、陞式二人爲同行。後住金陵保寧，嗣妙喜，法道大振。因留守陳丞相俊卿會諸山茶次，陳舉「有句無句，如藤倚樹」，令諸山批判，諸山皆尖言巧語以取丞相之意，惟師最後頌曰：「張打油，李打油，不打渾身只打頭。」丞相大喜。未幾，遷住蔣山。

或菴體和尚，台州黄巖人。賦性麤糙，遇事敢爲，受業上下號體亂擾。參此菴元於護國。一日，在羅漢殿行道，忽聞庫下毆行者，大叫一聲，豁然契悟，走見元，元曰：「這十一郎今日如病得汗。」未幾，充典客。後令化塗田，頌送之曰：「豎亞頂門三隻眼，放開肘後驗人符。杖頭殺活無多子，截海須還大丈夫。」爾後依瞎堂，首衆于虎丘，出世蘇之覺報，嗣此菴，法道大振。後遷焦山，郡守曾侍郎仲躬常問道焉。師既入滅，以石硯寄曾，曾以偈吊云：「翩翩隻履逐西風，一物渾無布袋中。留下陶泓將底用，老來無筆判虚空。」體之辭世云：「鐵樹開華，雄雞生卵。七十二年，摇籃繩斷。」可謂真臨濟種艸也。

瞎堂遠初住婺州金鱗山，後赴建上禪寂請，道過三衢。時雪堂行住烏巨，遠往講法眷，行與語，奇之，且留遠旬欵，亟往郡中，見超然居士，曰：「師伯圓悟和尚有晚子川遠，昨至山中，將赴建上請。惜其居處山深地僻，居士能爲稟郡守以一院留之，可乎？」超然即白郡守，俾其住子湖定業禪寺。師受請，示衆云：「甘分金鱗困守株，誤他禪寂遠招呼。中途再領賢侯命，定業難逃住子湖。」未幾，遷報恩。時尠喜居衡陽，聞師名，以法衣并偈寄曰：「這川藞苴，無真無假。一條白棒，佛来也打。更有一般長處，解向鉢盂裡走馬。」後歷住諸山，奉詔居靈隱。

密菴傑禪師，閩人。初出嶺，至婺州智者，偶負暄次。有老宿問曰：「上座此行何處去？」曰：「四明育王見佛智和尚去。」老宿云：「世衰道喪，後生家行脚，例帶耳不帶眼。」傑曰：「何謂也？」老宿云：「今育王一千来衆，長老日逐接陪不暇，豈有工夫著實與汝輩發機？」傑下淚曰：「若如此，某今往何處？」宿云：「此去衢州明果，有華匾頭，雖後生，見識超卓，汝宜見之。」傑依教，往明果依華。華家風難入，傑不憚辛苦。一日，室中問：「如何是正法眼？」傑云：「直甚破沙盆。」華再追云：「虚空消殞時如何？」傑云：「著著穎脱。」華云：「罪不重科。」華即升堂告衆云：有「大徹堂前崩裂石裂」之句。傑依華四年，窮盡千聖命脈。母老歸鄉，華以偈送曰：「大徹投機句，當陽廓頂門。相從經四載，徵詰洞無痕。雖未付鉢袋，氣宇吞乾坤。却把正法眼，唤作破沙盆。此行將省覲，切忌便躁跟。吾有末後句，待歸要汝遵。」後出世衢之烏巨，學者雲擁，上堂，「從来不唱脱空歌，把火燒山拾田螺，白骼樹頭魚産子，急水灘頭鳥作窠」。皆謂在明果夜聞樵者歌，因打破漆桶，蓋師之密機莫測。前後七住大刹，終于太白，應菴之道，藉若大行。信之行脚見人，固宜帶眼莫帶耳，雖籬脚下有箇漢，也須驗過始得。不可以院子大小，衆之多寡，趑讚過時。須知此事若不負志，雖從釋迦老子肚裏過，也只是箇屎橛，可不擇哉！

且菴仁和尚，越之上虞人。少習天台教，初自括蒼隨雪堂過衢之烏巨，因見雪堂普説曰：「今之兄弟做工夫，正如習射，先安其足，從習其法。後雖無心，以久習故，箭發皆中。」喝一喝，云：「即今箭發也，看看。」仁不覺身倒作避箭勢，豁然大悟。夏罷，以母老歸鄉，辭雪堂。堂以偈送之曰：「儼老昔年窮事相，脱履南游扣宗匠。石頭路滑不辭勤，腦後一槌曾兩當。仁禪勁志許誰儔，訪我蒼山白練州。萬浪千波洶涌處，果然呼唤不回頭。西山積老期同住，又説重尋越山路。歸時應是歲華深，趙州更有爐頭句。」仁從是歸梅山菴十六年，後天童覺和尚出隊至上虞，夜宿其菴，連榻與語，大奇之。既歸，夏末不請首座，主事白覺，覺云：「我首座早晚来也。」乃遣侍者往越邀仁，仁纔至，即請歸首座寮，衆訝之。未幾，令秉拂挂牌，衆服膺。後二年，宏智入滅，玅喜主後事，兩班皆衣布，唯仁不肯成服。喜怪問之，仁乃密啓其事，玅喜曰：「元来是見雪堂来。」後住長蘆，法席大振。嘗頌臺山婆子話，學者爭誦之，曰：「開箇燈心皁角鋪，日求升合度朝昏。只因霖雨連綿久，本利一空愁倚門。」顯謨吕公正已嘗問道於師，既别覔偈，師援筆贈曰：「君今親切到長蘆，抖擻衣衫一物無。此去逢人如借問，但言風急浪華麤。」

白楊順和尚，綿州人。依佛照数年，因普説，舉《傅大士心王銘》曰：「水中鹽味，色裏膠青。決定是有，不見其形。」豁然有省。次日，入室，照問：「真佛住在甚處？」順曰：「住在不定處。」照曰：「既是真佛，因甚不定？」順曰：「若定，即非真佛。」照頷之。後居臨川，其道大振。上堂曰：「犬吠黄昏月，風吹半夜燈。屋頭猫捕鼠，世上道嫌僧。藞苴招人怪，孤高舉世憎。山林真實處，凡事百無能。任他霜雪上眉稜。」又曰：「水洗溪邊石，風吹古殿旛。於斯知落處，何必在靈山。」

月菴果和尚，信州鉛山人。初見寧道者，寧問曰：「上座鄉里？」曰：「信州。」「受業甚麽處？」曰：「鉛山七寶。」寧曰：「還帶得寶来麽？」果展兩手，寧震聲一喝，便下參堂。後見死心。心舉雲門話墮話，深徹法源，然不忘開福。後室中舉此話，以頌示學者。叢林盛誦曰：「萬仞龍門勢倚空，懸崖撒手辨魚龍。時人只看絲綸上，不見蘆華對蓼紅。」

谷山旦，初參佛性泰和尚。一日上堂，舉趙州云臺山婆子已爲諸人勘破了也，意作麽？生良久，云：「就樹撮將黄葉去，入山推出白雲来。」旦於言下釋然。次日入室，泰問：「前百丈不落因果，因甚麽墮野狐身？後百丈不昧因果，因甚脱野狐身？」旦曰：「好與一坑埋却。」泰徵之，語皆不凡。未幾，令立僧名動一時。玅喜南行，旦呈頌云：「異類中行世莫猜，故教佛日暫雲霾。度生悲願還無倦，方作南安再出来。」玅喜賞之。

懶菴需和尚，依佛心才。才居大乘，需已首衆挂牌，後問學者即心即佛因緣。時玅喜菴于洋嶼，需之友號光狀元者，與需書云：「菴主手段與諸方别，可来此少欵。」需唉而不答。光以計邀師飯，需往赴之。及門，會玅喜開室，需隨衆。喜問曰：「僧問馬祖如何是佛？祖云：即心即佛作麽生？」需下語，喜詬之曰：「汝見解如此，敢妄爲人師也？」嗚鼓普請，揭其平生所得力處，排搗邪解。需淚交頤，不敢仰視，默計之曰：「我之所得，既所排搗，西来不傳之旨，豈止如此耶？」遂歸心弟子之列。一日，喜問曰：「内不放出，外不放入，正當恁麽時如何？」需擬答，喜拈竹篦劈脊連打数下。需豁然大悟，曰：「和尚已多了也。」喜又打一下，需作禮喜唉曰：「今日方知不汝欺。」遂以偈印曰：「身心一如，身外無餘，咄這瞎驢，付與鼎需。」自是名振叢林。出世住泉之延福，遷西禪。嘗示衆云：「太虛挂劒，用顯吾宗。據坐禪威，如何近傍？縱具地回天轉、雷卷星飛底手段，要且不堪勍敵，而今莫有別休咎底麽？出来相見，稍涉遲回，一搥直教粉碎。」喝一喝，下座。又至節示衆云：「二十五日已前，羣陰消伏，泥龍閟户。二十五日已後，一陽来復，鐵樹開華。正當二十五日，塵中醉客，騎驢騎馬，前街後巷，遞相慶賀。物外閑人，衲被蒙頭，圍爐打坐。風蕭蕭，雨蕭蕭，冷湫湫，誰管你張先生、李道士、胡達磨？」又示衆云：「横按鏌鎁，虛張意氣，穿開碧落，徒費精神。直饒不動神鋒，坐致太平，堯舜之君，猶有化在。」

紹興間，有一仕宦至焦山，題風月亭曰：「風来松頂清難立，月到波心淡欲沈。會得松風元物外，始知江月似吾心。」前後觀者，莫不稱賞。唯月菴果行脚到此，觀之曰：「詩好則好，只是無眼目。」同坐者曰：「那裏是無眼目處？」果曰：「小僧與伊改兩字，即見眼目。」同坐曰：「改甚字？」果曰：「何不道『會得松風非物外，始知江月即吾心』？」坐者大服，信之。做工夫眼開底人，見處自是別，況月菴平昔不曾習詩，而能點化如此，豈非龍王得一滴水，能興雲起霧者耶？兄弟家行脚，當辨衣單下本分事，不在攻外學。久久眼開，自然點出諸佛眼睛，況世間文字乎？

宏智禪師住圓通時，夜夢作一聯云：「松徑蕭森窈窕門，到時微月正黄昏。」自是数年杳不省此。建炎間，避虜。一笠過東浙，抵天童，適主者退席。師自舟中破曉入山，恰是天明時節，見松逕蕭森，月蒙烟靄，忽省向来夢中之句。及歸旦過，雖不言名字，而兄弟已有識者曰：「此乃長蘆長老也，胡爲至此？」密報主事。主事即申使府，府喜不自勝。葢夜夢神人報云：「天童主人乃隰州古佛也。」即出帖差官，至旦過請之。師堅不肯，乃被旦過兄弟硬舁歸方丈。一住三十年，洞上之宗，由兹大振。信人之住院緣法自定，初不在苟求也。

圓極岑和尚，台之仙居人。抱節孤高，近世罕及。久依雲居如和尚，在書司十七載。如還寂，一錫回浙，依正堂辨於道場。未幾，令董座元出世霅之卞山，乃石林先生講《易》之地。辨意具此一瓣香爲拈出，而岑竟嗣雲居如，叢林多高之。後歷董大刹，然福緣蹭蹬，涉世多艱。岑終不以介意，平生施利未嘗經眼。後退常之華藏道場而終焉。有語録二十卷行于世，侍郎曾公仲躬爲序其首。岑有《贊長蘆旦菴》，其贊云：「夜半推出日輪，天明把住桂轂。拈將四部洲，放在一粒粟。奏無絃而非履霜之樂，唱胡歌而非白雪之曲。大冶煆絶鑛之金，痛鎚碎無瑕之玉。東湖赤梢鯉魚，生出金毛鐵犢。」

混源密和尚，住紫籜，上堂云：「雲山漠漠，喬木森陰。古屋耿耿，叢林閴寂。混源於此栽荆棘，布蒺藜，劄硬塞，誰敢正眼覷著？忽有箇漢，向這裏轉得身，吐得氣，釃茶三五椀，意在钁頭邊。其或未然，青尖路險瞰空碧，莫謂公公不道来。」又曰：「春日暖，黄鶯鳴，更聽斷崖流水聲。春山疊翠款作步，歸来烟島與誰爭？且歸来一句作麽生舉？

曲肱拳作枕，卧聽夕陽鐘。」

富鄭公弼，參投子顒禪師，盡弟子禮，謹厚如初學者。後因張比部隱之以勢位陵衲子，公乃與之書曰：「禪家者流，凡見説事枝蔓不徑捷者，謂之葛藤，往往鄙誚，遂著《葛藤歌》。載于集中。弼因嘗思其所以，今試與隱之商確，不知何如？大抵俗士與僧人，性識初無纖毫差别，其事蹟甚有不同處。且僧人自幼出家，早以看經日久，聞見皆是佛事。及剃髮後，結伴行脚，要到處便到。參禪問道之外，羣衆見聞博約，又復無限。耳目薰蒸既熟，忽遇一明眼人摘掇，立便有箇見處，却將前後凡所見聞，自行證據，豈不明白暢快者哉！吾輩俗士，自幼小爲俗事浸漬，及長大又娶妻養子，經營衣食，奔走仕宦，黄卷赤軸未嘗入手，雖乘閑翫閲，只是資談柄而已，何嘗徹究其理？且士農工商，各爲業資纏縛，知有禪林法席，假使欲去參問，何由去得？何處更有結伴游山參禪問道及衆中博約之多乎？萬一明眼人因事遭際，且無一味工夫，所聞能有多少？所得能有幾何？復無問之所見所聞，自作證據，更不廣行採討深加鑽仰。才得一言半句，殊未明了，便乃目視雲漢，鼻孔遼天。自謂我超佛越祖，千聖齊立下風，佛經禪册都不一顧，以避葛藤之誚。弼之愚見，深恐未然也。弼不學則已，若以辯身心學之，須是周旋委曲，深鉤遠索透頂透底，徹骨徹髓，一切見成，光明潔淨，絶一點塵許凝翳，方敢下隱之。隱之，此之一事不是小小，直要脱却無始以来生死根本，與管生死底閻羅老子作抵敵始得，不可取人閑言長語以當參學，便自瞞去。祝祝弼啓上比部執事。」

艸堂清禪師，見晦堂有所得。後遍游江浙，歸居廬山。去見真淨於泐潭，淨問：「甚麽處来？」清曰：「下江。」淨曰：「將得什麽来？」清曰：「和尚要什麽？」淨曰：「一切盡要。」清乃提起坐具。淨曰：「閑家具。」清曰：「莫要急切底麽？」淨曰：「試拈出看。」清摵一坐具便行，淨大駭之。後出世黃龍，上堂曰：「昨日林間爲野客，今朝堂上住持人。放開捏聚都由我，萬象之中獨露身。」越明年，即退院事，結茆於寺之東隅，久之再住。上堂云：「掩息茅堂過六冬，心忘境寂萬緣空。不知定業從何起？依舊令教繼祖宗。」後居曹山、踈山，殆居泐潭，已八十三矣。諸方龎鴻絶物之士皆歸焉。

慈航朴禪師，閩人。稟質脩黑，狀若應真，嗣無示諶。初住明之蘆山，遷育王。未幾，被有力者移居海下萬壽應菴，歸寂於天童。太守聞其風，命朴繼席。是夜，太白耆舊皆夢有鐵羅漢自舟中而歸方丈，有同衣者上一啟曰：「昔去鄮峰而身輕一葉，我無靦顔；今上長庚而道重三山，人有喜色。快離佛髻，利涉鯨波。出幽谷而遷喬木，光乎此道；登東山而小魯邦，允也其時。」自此以還，未知所措，一住二十二年。皇子魏王并史魏公皆重其道德。淳熙初，孝宗皇帝親書「太白名山」四字以賜之。朴住蘆山，有上堂云：「德山入門便棒，臨濟入門便喝。德山棒頭耳聾，臨濟喝下眼瞎。雖然一搦一擡，就中全生全殺。」遂喝一喝，卓拄杖一下，「敢問諸人，是生是殺」。良久，云：「君子可入。」

深巳菴，永和人。嗣鈔癡禪，嘗有頌送之曰：「送君還憶深師叔，兩眼依前聽轆轤。」後住温州報恩，有冬至小參云：「一二三四五，五四三二一。寒風劈面来，籬頭吹觱栗。」下座，余時在旦過中聞其舉揚，便知其得雲門向上之旨，惜無人嗣續之。韶陽之道，遂湮没於此人焉。

月堂昌和尚，嗣鈔湛，孤風嚴冷，學者罕得其門而入。歷董名刹，後終于南山淨慈。智門祚禪師法衣傳下七世，昌既没，則無人可擔荷。遂留擔頭交割，今現存焉。故晦堂遠爲起龕，有「三十載羅龍打鳳，勞而無功，佛祖慧命如塗足油，雲門正宗如折襪線」之句。嗚呼！可不悲哉！

龜山光和尚，參鈔喜於洋嶼時，凡半年無啓口處。一日入室，喜問曰：「喫粥了也，洗鉢盂了也。去却藥忌，道將一句来。」光曰：「裂破。」喜莊色曰：「又来者裏説禪那。」師於言下大悟，遍體汗下，遂禮拜。喜以偈印曰：「龜毛拈得咲哈哈，一擊萬重關鎖開。慶快平生是今日，孰云千里賺吾来。」光作《投機頌》云：「當機一拶怒雷吼，驚起法身藏北斗。洪波浩渺浪滔天，拈得鼻孔失却口。」喜見之，曰：「此正是禪中狀元也。」因號爲「光狀元」。

自得暉和尚，在長蘆祖照席下。時一窩蜂發，衆皆散去，唯師與宗白頭者不動。私謂曰：「參禪本爲敵生死，豈可因此難便逃避？況我色身又弱，若至中路，也則落他手。

賊既至，見衆僧俱散，唯暉在堂中坐禪，爭以箭射之，俱不中。暉寂然不動。末後一箭從袖射透函櫃，暉方驚覺，因此成顫病。宗白頭者坐庫司，賊見，遂縛之，欲射殺。傍有直歲僧再三近前白賊乞代，賊曰：「汝是他何眷屬？」僧曰：「此僧已參得禪了，他時可出来爲大善知識，教化衆生。我未曾參得，便死無緊要，故乞代之。」賊奇其言，二人俱放。後宗居明之翠巖，其道大振，向所代命者亦来座下。宗常謂曰：「此乃再生父母也。」信之，參憚若具正因般若，豈無驗哉？

開善謙和尚，建寧人。初之京師，謁圓悟，無所省發，後隨玅喜菴于泉南。喜領徑山，謙亦侍行。未幾，喜令往長沙，通紫巖居士張魏公書。謙自惟曰：「我參禪二十年，迥無入處，更於此行，決定荒廢，意欲無行。」友人竹原菴主宗元者，乃責曰：「不可，在路參禪不得，吾與汝俱往。」謙不得已而往，在路泣謂元曰：「我一生參禪，殊無得力處。今又途路奔走，如何得相應去？」元告之曰：「但將諸方參得底、悟得底，圓悟玅喜與汝説得底，都不要理會，途中可替底事，我盡替得你。只有五件事替你不得，你自家衹當。」謙曰：「甚五件事？願聞其説。」元曰：「著衣、喫飯、屙屎、送尿、拖箇死屍路上行。」謙於言下大悟，不覺手舞足蹈，曰：「非兄，某甲如何得此田地？」元乃曰：「汝這回方可通紫巖，書吾當回矣。」元即歸建上。謙到長沙留半載，秦國夫人亦因師打發大事，乃還雙徑。玅喜策杖倚門而待。一見謙曰：「建州子，這回別了也。只管怨老僧，自是你時節未到。」

於是日益玄奥，後出世玄沙，示衆云：「竺土大仙心，東西密相付。如何是密付底心？」良久，云：「八月秋，何處熱？」又云：「説佛説法，誑惑盲聾，論性論心，自投穽陷。行棒行喝，倚勢欺人，瞬目揚眉，野狐精魅，總不與麽。大似揚聲止響，別有奇特也。是望空啓告，畢竟如何？白雲盡處是青山，行人更在青山外。」

辨正堂，嗣佛照。初，道價不振，蓋初機罕識之，渠家風嚴冷，衆皆畏憚之。凡遇供日，但挂牌一次，主事有白之者，辨曰：「我已挂牌了也，如何又虚費？常住金剛圈、栗棘蓬。且又不會吞透，恰要家常飯。」主事不敢進語。後因贊達磨云：「昇元殿前懡㦬，洛陽峰畔乖張。皮髓傳成話霸，隻履無處埋藏。咦！不是一番寒徹底，爭得梅華撲鼻香。」雪堂見之，奇之曰：「先師猶有此人在，只消此贊，可以坐斷天下人舌頭。」由是衲僧競奔湊。後居雪之道場山，衆盈五百。

竹原菴主，建寧人。出參竗喜，得旨之後，竟歸桑梓。結茆韜晦，諸方累請不出。嘗垂語云：「諸方爲人皆是抽釘拔楔，解粘去縛。我這裏爲人一味添釘添楔，加粘加縛。送向深潭裏，教你自理會。」又曰：「參禪須透徹這一著子始得，悟了大法不明者，固有之。大法雖明，脚跟下紅線不斷者，比比皆是。諸方聞恁麽道盡罵老僧云：『既是大法明了，又安得脚跟下紅線不斷？』也怪他不得，爲渠欠這一解在，儘教他疑著。」又曰：「者一些子，恰如撞著殺人漢相似。你若不殺他，他便殺你。」奇哉！大丈夫見解如此也。

水菴一和尚，婺之東陽人。外行犓糙，叢林謂之一糙。久參月菴果，果嘗舉雲門話墮詰之。一日，下語云：「靈山受記，須是和尚始得。」又嘗頌曰：「二八佳人美態嬌，繡衣輕整暗香飄。偷身華圃徐徐立，引得黄鶯下柳條。」月菴器之。後與同列不和，遭人暗計擠之。月菴信其言，擯出院。臨行，書偈譏之曰：「稽首月菴藏裏佛，黄金紗相實堪觀。白面夜叉七八箇，推轉如珠走玉盤。」後出世台之慈雲。爲佛智嗣，蓋從參政錢公之請。錢公於佛智爲俗門弟昆。然叢林中亦有短之者，室中常以西天胡子因甚無髭鬚話驗學者。

如無明，三衢人。參雲蓋智，悟汾陽十智同真話。凡説禪，便説十智同真，叢林號爲「如十智」。後住道場，水菴、圓極皆依之。故圓極嘗贊之曰：「生鐵面皮難湊泊，等閑舉步動乾坤。戲拈十智同真話，不負黄龍嫡骨孫。」後終思溪圓覺，其塔存焉。

西禪淨此菴，參紗喜有大發明，宗眼明白。嘗示衆云：「善鬭者不顧其首，善戰者必獲其功。其功既獲，坐致太平；太平既致，高枕無憂。罷拈三尺劒，休弄一張弓。歸馬于華山之陽，放牛于桃林之野。風以時，雨以時；漁人歌，樵人舞。然雖與麼，堯、舜之君猶有化在，爭似乾坤收不得。堯、舜不知名，渾家不管興亡事，偏解和雲占洞庭。」又曰：「閉却口，時時説，截斷舌，無間歇，最奇絶，眼中屑，既是奇絶，爲什麼却成眼中屑。

了了了時無可了，玄玄玄處亦須呵。」

顔卍菴，川人。久參圓悟。一日，商確古今，師每當仁不讓，悟喝云：「汝參禪不求正悟，只管信口亂道。」顔不覺汗下，歸堂坐禪，徹旦不寐。忽然猛省，走見圓悟，議論鋒發，略無礙滯。悟即點頭，顔曰：「昨日亦如是祗對，和尚爲甚不肯？今日亦如是，又却點頭。」悟叱之曰：「癡漢！你昨日雜妄想心也。」顔作禮云：「元来釋迦老子無神通也。」悟歸蜀後依竗喜，徹證向上巴鼻，首衆於徑山，名播叢林。後出世卞山，次居東林，嘗示衆云：「祖師巴鼻，列聖鉗鎚。駈耕夫牛，奪飢人食。眈眈虎視，凛凛全威。如商君法，如孫武令。有犯有死。除非久戰沙場，具七四機，望風決勝，知進退存亡者，聊通一線。若是己眼未門，以蝦爲目者，只管趂隊喫飯，無自在分。如今莫有定奪底衲僧麽？山僧性命盡在諸人手裏。」又曰：「法無定相，遇物斯彤。事無固必，功成不宰。有時風高寥廓，不可得而親踈；有時退己屈他，不可得而玩狎。恁麽則易，不恁麽則難。世法佛法，俱成戲論，須知老僧不在这裏，且道在甚麽處？披簑側立千峰外，引水澆蔬五老前。」

全無菴，姑蘇人。冶父川金剛小師，久依育王佛智，與慈覺真爲友。商確古今無不明，唯室中機緣不發，晝夜哀泣不睡，未嘗與人説世間話。如是者累年。一日，在室中擒住問曰：「有句無句，如藤倚樹，道！道！」全擬開口，智擘面一拳，豁然大悟。連叫数聲屈屈，智便放。有頌曰：「鼓笛轟轟祖半肩，龍楼香噴益州船。有時著脚弄明月，蹈破五湖波底天。」出世遍匡大刹，終于虎丘。

尤延之侍郎於宗門甚注意。初自郎中出守台州，朝覲次，孝宗忽問曰：「卿去南台，地里圖中有何勝槩？」尤奏曰：「國清萬年。」孝宗大喜。又戲問曰：「朕聞方廣有五百應真大士，元来是强人，忽然一時出現，卿以何法治之？」尤不覺豎起拳頭云：「臣有金剛王寶劒。」孝宗喜動天顔。尤既至台，以寬慈御民，民甚愛之。但南台旱澇易得尤嘗作詩曰：「来雨一朝成汙漫，纔晴三日人憂乾。向来盡道天難做，天到台州分外難。」然黄堂政暇，多過報恩與佛照論道。佛照後赴冷泉之請，繼請伊菴權住持，衆常四五百。

無著道人玅總，蘇太師之孫女。偏參諸大老，後謁玅喜于徑山，因上堂，舉石頭道，恁麽也不得，不恁麽也不得，恁麽不恁麽總不得。時馮濟川侍郎在座下，忽有省，趍方丈告曰：「和尚舉石頭話，揖會也。」喜曰：「侍郎作麽生會？」馮云：「恁麽也不得，蘇嚕娑婆訶；不恁麽也不得，悉唎娑婆訶；恁麽不恁麽總不得，蘇嚕悉唎娑婆訶。」適總自外至，喜舉馮語似之。總咲曰：「向来郭象注莊子，然有識者謂莊子注郭象。」喜私識之。次日入室，喜問云：「古德不出門，因甚在莊上喫糍。」總云：「和尚放某過，即向和尚道。」喜曰：「我放過你，試道看。」總云：「某甲放和尚過。」喜曰：「爭奈油糍何？」總喝一喝而出，乃作投機頌曰：「驀然撞著鼻頭伎倆，冰消瓦解。達磨何必西来，二祖枉費三拜。更問如何若何？一隊艸賊大敗。」喜搥鼓印證曰：「汝既悟得祖師意，一刀兩段直下了。臨機一一任天真，世出世間無欠少。我作此偈爲證明，四聖六凡盡驚撓。休驚撓，碧眼胡僧猶未曉。」

瓊首座，四明人。偏見諸老，留象骨四十年不出山，唯占禪悦寮一板頭。冬夏一衲，人莫能親踈之。侍鐵菴，閩帥趙汝愚仰其風，累虚大刹，請其出，堅卧不應。然須欲一見，託鐵菴以計誘其入府，大作供養。面囑其受請，瓊秉志不渝。趙公愈敬，乃以詩送歸山，云：「萬仞峰頭雪作堆，一枝寒木倚巖隈。青青不改四時操，任待春風吹不回。」府判以下幕職，皆賀其光大法門不少。與夫今之持書覔院住者，不可同日語之也。

李侍郎德邁，守南台日，以鴻福、萬年、薦善請拙菴、伊菴、鐵菴三大老出世，一時龍象駢集。後以國清請密菴，密菴當時住衢之烏巨，是皆專爲應菴之故。及開堂，各有所稟，信之。此事各在當人，故不可以人情取悦士大夫也。後李公歸番陽，閑居日，嘗語人曰：「浩平生雖在仕路，家貧不足以自給，無資可以濟人。唯在丹丘請得三員善知識出世，續佛慧命，其功德不可思議哉。」

佛照光，初在仰山璇野菴會中，受台州鴻福之命，道游三衢，抵烏巨。密菴以偈送之，以謂必承應菴也。偈曰：「瞎驢生得瞎驢兒，齷齪聲名徹四維。更把少林無孔笛，逢人應是逆風吹。」及抵婺之寶林，時月菴弟子遠和尚住，復舉雲門話墮語令判之，意謂其承嗣月菴也。及来丹丘開堂，恰嗣玅喜，叢林皆短之，以謂玅喜門户高大而然。初不知冤有頭債有主也。知亭祖璇，嗣月菴果，歷住潙、仰二山。佛照光嘗爲其首座，璇與超萬卷爲昆仲。超，曜菴也。博通經史，與竹菴珪、雲卧瑩爲友。天童宏智目爲超萬卷，了堂十世祖也。堂，陵虚谷弟子也，慧朗之孫也。《淡居集》。

塗毒和尚，住常之華藏。一日，忽頭痛如刀劈，連三日不已。門弟子以謂其生腦癰矣。既痛止，乃見伏犀骨聳起如插。不旬日，詔下領雙徑，蓋人晚成，果有換骨之兆。將行，有雪林慈光者，久依佛智，歲晚雙瞽，寓止慧山，以三偈送上五峰。其一曰：「塗毒離微及盡，典牛佛祖俱亡。咲捧天書南去，叢林千古耿光。」二曰：「台嶺危峰壁立，大湖雪浪華飛。試問五湖禪衲，如今天下有誰。」三曰：「衰殘正賴餘潤，紫泥掇我賞音。附驥觀光喝石，攀龍徒有此心。」

歸雲本和尚，南台人。嗣瞎堂遠，自金陵長干遷疎山，道聲籍甚。狀元劉堯夫嘗問道於本，氣義相得。有上堂云：「一棒下痛領將去，樹頭驚起雙雙魚，一句下折合得来，石上迸出長長笋。便乃用無所用，常轉無盡法輪，爲無所爲，普現無邊身相。古人無著力處便了，劃箇影子道：『一月普現一切水，一切水月一月攝。』佛法若如此。又要歸雲出来作什麽？大衆。」良久，卓拄杖云：「如今坐立儼然，向千鈞不立錐處立地證得麽？大海若知足，百川應倒流。」下座。有《叢林辨佞》篇，論議當世揺尾乞憐者，詞意甚超卓。圓極岑禪師親爲跋之。後輩入衆不可不知，其文曰：「本朝富鄭公弼，問道於投子顒禪師。書尺、偈頌凡一十四紙，碑於台之鴻福兩廊壁間，灼見前輩主法之嚴，王公貴人信道之篤也。鄭國公，社稷重臣，晚歲知向之如此，而顒必有大過人者。自謂於顒有所警發，士大夫中諦信此道，能忘齒屈勢，奮發猛利期於徹證而後已。如楊大年侍郎、李和文都尉，見廣慧璉、石門聰并慈明諸大老，激揚酬唱，斑斑見諸禪書。楊無爲之於白雲端，張無盡之於兜率悦，皆扣關擊節？徹證源底，非苟然者也。近世張無垢侍郎、李漢老參政、吕居仁學士，皆見玅喜老人，登堂入室謂之方外道友。愛憎逆順，雷揮電掃，脱略世俗拘忌，觀者斂衽辟易罔窺涯涘。然士君子相求於空閑寂寞之濱，擬棲心禪寂，發揮本有而已。後世不見先德楷模，專事諛媚，曲求進顯，凡以住持薦名爲長老者，往往書刺以稱門僧，奉前人爲恩府。取招提之物，苞苴獻佞，識者憫咲而恬不知耻。嗚呼！吾沙門釋子一缾一盋，雲行鳥飛，非有凍餒之迫，子女玉帛之戀，而欲折腰擁篲，酸寒跼蹐，自取辱賤之如此耶！稱恩府者，出一己之私，無所依據。一妄庸唱之於其前，百妄庸和之於其後，擬爭奉之，自卑小之耳。削弱風教，莫甚於佞人佞敏，實姦邪欺僞之漸。雖端人正士，巧爲其所入，則陷身於不義，失德於無救，可不哀歟？破法比丘，魔氣所鍾，誑誕自若，詐現知識身相，指禪林大老爲之師承，媚當路貴人爲之宗屬。申不請之敬，啓壞法之端。白衣登牀，膜拜其下。曲違聖制，大辱宗風，吾道之衰極至於此。嗚呼！天誅鬼録，萬死奚贖其佞者歟？嵩禪師原教有言：古之高僧者，見天子不名，預制書則曰公曰師。鍾山僧遠，鑾興及門而牀坐而不迎；虎溪慧遠，天子臨潯陽而詔不出。當世待其人，尊其德，是故聖人之道振之。後世之慕其高僧者，交卿大夫尚不得預下士之禮，其出其處，不若庸人之自得也。況如僧遠之見天子乎？況如慧遠之自若乎？望吾道之興吾人之脩，其可得乎？存其教而不須其人，存諸何以益乎？惟此未嘗不涕下。禪師没於熙寧十五年【一】，其書以大法衰替，無人荷負爲憂。頗如波旬今日入我法中，詐妄自欺以諛佞爲得計，如師子身中虫，自食師子身中肉。此書不作可也哉！《首楞嚴》曰：『我滅度後，末法之中，多此妖邪，熾盛世間，潛匿姦欺，稱善知識云云。』又曰：『云何賊人假我衣？服裨販如来，造種種業，皆言佛法，却非出家具戒比丘，爲小乘道。由是疑誤無量衆生，墮無間獄。』淳熙丁酉，余謝事顯恩寓居平田西山小塢，以日近見聞事多矯僞，古風彫落，吾言不足爲之重輕，聊書以自警云。」歸雲如本書，圓極岑跋云：「佛世之遠，正宗淡薄。澆漓風行，無所不至。前輩彫謝，後世無聞。叢林典刑幾至掃地，縱有扶救之者，返以爲孿子也。余觀踈山本禪師《辨佞》，詞遠而意廣，深切著明，極能箴其病，第爲妄庸輩知識暗短，醉心於邪佞之域，必以醍醐爲毒藥也。淳熙壬寅上巳，圓極彥岑書于江左五峰。」

懶菴樞和尚，黄龍下尊宿，承嗣道場慧。初，孝宗皇帝雖向佛乘，未知有宗門下奇特事，皆是此老引進，故瞎堂、拙菴然後印可之。要知其来歷，皆樞之力也。樞謝事靈隱，後居于明教永安蘭若，逍遥自適，有絶句題于壁曰：「雪裏梅華春信息，池中月色夜精神。

【一】禪師没於熙寧十五年　按：熙寧無十五年，疑當作「元豐五年。」

年来不是無嘉趣，莫把家風舉似人。」可見其胸次也。

辣空谷者，餘杭人。在象田演座下充維那。爲人清苦貧甚，冬則蘆華當絮，自非本色叢林，斷不放複。故演爲頌其道號曰：「谷空空谷谷空空，空谷全超萬象中。流水落華渾不見，清風明月却相容。」後在天童沿流縛屋，號曰「吊古」，多有兄弟陪其勝遊。余時在玉几拙菴老人會中，以頌寄之曰：「聞君縛屋傍山阿，遠吊龍湫諾詎羅。未必將身潛碧嶂，且圖蹺足向清波。韻傳空谷人難到，門掩山華雪不過。我待秋風洗巘壑，杖藜相與傲烟蘿。」竦以清氣入骨，成烟霞痼疾，遂終于太白。

五臺艸衣文殊像，始自本朝元豐間，太尉呂惠卿因戍邊遊臺山，見其貌嚴童子，體黑而被髮，以蒲自足纏至肩，袒右膊，手執梵夾，與呂論《華嚴》大旨。而呂不知其大士，洎呵呂以凡情測于聖意，呂方寤，下拜。而童子乃化文殊形，跨金毛隱隱入雲中矣。呂從是悔恨，歸家逾月，鬱鬱不樂。後家人告以至誠懇惻，聖容必現。呂如其言，乃竭誠悔過，期於必現而後已。一日早起，乃見大士現於香几間，呵云：「胡爲住相，貪著之甚邪？」呂曰：「正欲世人咸見大士示化之真容耳。」急命畫工圖之。頃刻不見，其像遂傳于京洛間。今在處或見之，余蓄一本，乃吳僧梵隆之筆，期終身以奉之。嘗記典牛和尚一贊最佳，其詞曰：「潦倒南泉，不識道理。大小曼殊室利，貶向鐵圍山底。至今頭又不梳，面又不洗，一箇渾身坐在艸裡，鈍根呂公猶不瞥地。指出金毛，當下迷己。靠倒了也，蘇盧悉唎。」

水墨觀音像，自唐吴道子、李伯時，後惟吴僧梵隆茂宗者尤爲玅絶。故孝宗嘗贊之曰：「水波不動，火光不興，梵隆玅絶，授之德明。」蓋賜中官黄德明也。隆有小師至叶，亦善作此。近有閩僧德源，筆猶臻玅，故當時鉅公如謝丞相、趙太師彦逾皆有贊其像曰：「收視返聽，結跏趺坐。邈出筆端，以色見我。千百億身，無可不可。重説偈言，依然話墮。」趙曰：「出意作觀音，筆間造玄玅。會得真面目，慧光應徧耀。若以相貌求，覩相生善念。念念既純全，真相縱斯現。」

柏堂雅禪師，閩人。嗣懶菴需。初住紫籜，以佛照居冷泉，叔姪之故，特往輔佐之。居座元二年，兄弟多歸之。然雅剛正，佛照憚之。後住龍翔靈巖，其道大振，示衆云：「瑞峰頂上，棲鳳亭邊。一杯淡粥相依，百衲蒙頭打坐。二祖禮三拜，依位而立，已是周遮，達磨老臊胡，分盡髓皮，一場狼藉。自餘之輩，何足道哉？柏堂與麽道，還免諸方撿責也無。具眼者辨取，洎合停囚長智。」又曰：「紫蕨伸拳笴破梢，楊華飛盡緑陰交。分明西祖單傳句，黄鳥留鳴燕語巢。箇裡見得徹，信得及。若到諸方，決定明窻下安排，龍翔門下，直是一槌槌殺。何故？不是與人難共住，大都緇素要分明。」

廣教會和尚，川人。嗣石頭回，初依此菴于護國，因行者、幹鐵板，皆有頌送行，會曰：「空奮雙拳與麽去，打成一片早回頭。歸来挂在三峰頂，惱亂春風卒未休。」兄弟皆愛之。後住雲居、薦福，常安三二百衆。葢根本端正，下梢決定殊勝也。

三峰印禪師，婺州人。見地超絶。嘗頌百丈野狐話曰：「不落不昧，誣人之罪；不昧不落，無繩自縛。可憐柳絮逐春風，到處自西還自東。」叢林多傳之。淳熙初，余在山陰能仁，與今瑞巖葦堂潤公同住，見渠舉之，恨不見其人。後因見《塗毒老人頌》曰：「秉大火炬，燒太虛空達磨不會，眼瞎耳聾。」尤在印之頂顙之上打筋斗耳。

自得暉頃在長蘆祖照會中，衆寮栽竹，暉忽成一頌云：「高節深雲藏不得，幽人移向矮窗前。靈根瑞葉驚羣目，將著清風動碧天。」一時之作，出自偶然，人已爭誦之。迨晚年，居乳竇已八十餘。忽奉旨住淨慈，人皆以爲語讖。及辭衆上堂云：「一住山中四十年，老来無日不思閑。今朝誤被君王詔，珍重禪流出故關。雲無心而出岫，鳥倦飛而知還。他年得意歸来也，賓主相忘松石間。」及来南屏，人興曹洞之道。後歸雪竇雙塔，作終焉計。果應去時之語，所謂在心爲志也。

鑑咦菴與賢在菴，俱嗣心聞賁。鑑嘗頌罽賓國王斬師子尊者公案云：「尊者何嘗得藴空，罽賓刃下斬春風。桃華雨後恣零落，染得一溪流水紅。」叢林爭傳之。乃賢頌勘婆話曰：「冰雪佳人貌最奇，常將玉笛向人吹。曲中無限華心動，獨許東君第一枝。」玅喜一見，大稱賞曰：「賁老有此兒，黄龍法道未至委地。」觀夫前輩之汲引後進，唯是公論，初無宗黨之分耳。

佛性泰頌龍牙參翠微臨濟公案曰：「『子卿不下單于拜，始末常遵漢帝儀。雪后始知松栢操，事難方見丈夫兒。』可謂親切明白。余頃在玉几，嘗見佛照舉此，必再三稱賞曰：『此乃頌古樣子也。』後觀其語録，又愛其頌婆子偷趙州筍話云：『櫻桃初熟筍穿籬，林下相逢老古錐。忍俊不禁行正令，得便宜是落便宜。』」

開善謙頌心不是佛，智不是道云：「太平時節歲豐登，旅不賫粮户不扃。官路無人夜無月，唱歌歸去恰三更。」竗喜最喜之。金山奇道者，别峰印之嗣，亦嘗以「遲日江山麗，春風華艸香。泥融飛燕子，沙暖睡鴛鴦」頌之，亦不易得。時以爲超師之作也。

圓通旻和尚，興化仙遊人也。見泐潭乾，左丞范公致靈初自内翰出帥豫章。過侯溪，因語次范歎曰：「行將老矣，墮在金紫行中，知此事稍遠。」旻即呼内翰，内翰應諾。旻曰：「也不遠。」翰曰：「好！好！更望指示。」旻曰：「此去洪都有四程。」翰佇思。旻曰：「見即便見，擬思即差。」翰大喜，從此有所入。

樞密吴公居厚，擁節歸鍾陵，見旻曰：「頃赴省試，過圓通趙州關，因問前住訥老：『透關底事如何？』訥曰：『且去做官，今不覺五十餘年。』」旻曰：「曾明得透關底事麽？」吴曰：「八次經過常存念，然未脱灑在。」旻舉扇與之曰：「請使扇。」吴揮扇，旻曰：「有甚不脱灑處？」吴大喜曰：「便請末後句。」旻乃摇扇兩下，吴曰：「親切！親切！」旻曰：「咕嘹舌頭三千里。」

陳諫議彭公汝霖手寫《觀音經》施旻。旻拈起曰：「這箇是《觀音經》，那箇是諫議底。」彭曰：「此是某親書。」旻曰：「寫底是字，那箇是經。」彭咲曰：「却了不得也。」旻曰：「即現宰官身而爲説法。」彭曰：「人人有分。」旻曰：「莫謗經好。」彭曰：「如何即是？」旻舉經示之，彭撫掌大咲曰：「嗄。」旻曰：「又道了不得。」彭乃頂禮。

安相國南遷，經過見旻，嘆曰：「一生做官，今日被謫，覺見從前但一夢耳。」旻曰：「相公覺耶？」安曰：「此皆是本有，但未甚明了。」旻即召相公。公舉首，旻曰：「了也。」安曰：「奈被事使得？」旻曰：「離京幾程至此？」安曰：「四十二日。」旻曰：「甚處得来？」安咲曰：「得力！得力！」旻曰：「直下受用去。」安曰：「如何受用？」旻曰：「朝朝相似，日日一般。」安乃合掌。旻曰：「但空諸有，勿實所無。大率如此，真得大自在也。」

二靈菴主，蘇人也。初見真淨，後參泐潭乾，有所證。回東浙居雪竇之中峰，菴常有虎蹲伏座下。初與天童交和尚同行，二人稟誓，斷不出世。後交爽其盟，出尸太白，和遂與其絶交。居中峰歲久，其山秀絶，凡居不久，即有他山之命。和乃鉏斷山骨，竟爲待制陳公以詩誘出。住二靈菴，不一二年，禪衲麐至，遂成小小法社，名聞九天，屢詔不起，至今遺蹟尚存。多有偈語行于世，二靈乃居鄞江月波之中。淳熙中，別峰印自乳竇赴徑山，徑從其所，偈云：「萬頃湖光瀲灩中，二靈山色翠重重。片帆我欲天邊去，回首和公有媿容。」可想見其高風也。

仁宗皇帝，因大覺禪師入内論心法，有御製賜之曰：「初祖安禪在少林，不傳經教但傳心。後人若悟真如性，密印由来玅理深。」

孝宗皇帝，因詔徑山濬禪師入内，亦有頌賜之曰：「信手拈来説，宗乘数百句。僧歸寺寂寥，一字無著處。」

校勘記

卷下

寶峰祥叉手爲童子時，聞二老宿夜話，舉古德頌云：「征輪軋軋過江南，暫把遺骸寄泐潭。秦嶺烟沙猶未息，月明空鎖定僧菴。」祥不覺感悟泣下。老宿問其故，祥云：「某近夢中得此句，當是前身之所爲者。」宿云：「審爾，他日必居泐潭主人。」祥後爲僧，入衆有年，果出世泐潭，屢住名刹。續以靖康之亂避地天台，與高菴悟相繼示寂于蓮華峰。此地乃韶國師入定之所，前後皆如前頌所言。教中云：「凡報士皆夙昔願力所現，舉有定分，豈偶然哉？世流庸妄，求院區區，苟合於聲利之域，雖老且死，而莫知安分者多矣。」余昔在太白密菴會中，夜夢作一聯，書于壁間，云：「雪點欄干，寺在翠瑠璃之下；雲横霄漢，人歸紅菡萏之中。」已彌年，猶世中轉圜抑，不知報士果現於何方耶？咄！切忌説夢。」

普慈聞禪師，豫章人，姿貌不凡。初見雪堂行于衢之烏巨，次入湖湘，見竗喜於回鴈峰前，備歷烟瘴。與狀元汪聖錫厚善。汪，上饒人。舉以住懷玉，乃南禪師受業所。汪後帥閩，即以象骨招之。乾道間，奉詔尸雙徑，累詔入内，大悦龍顔，特賜「慧日禪師」，暮年，再奉旨歸雪峰。鼓山昇老次山作疏云：「璇璣不動，斯須回天上風雲；大用現前，縱橫挂域中日月。喜百世一時之遇，冀千齡再會之亨。德又日新，人惟求舊。某人道在南閩二浙，緣符雪嶠五峰。前兄後弟，而自得嘉聲。昔去今歸，而皆奉詔旨。中興佛法，九州四海悉見天心，獨受主知，名公鉅卿咸尊師譽。方逐丹墀鳳翥，俄驚合浦珠還。好看白馬来東，何待青衫拂地。一千餘龍象衲子，竚觀象軾言旋；三百年祖師道場，又見木毬再輥。請提密印，同副芹誠。聞福緣甚勝，近世罕及，但向上一著，叢林不全取信，抑身滅而名殞耳。」

鐵菴一大禪師，建昌人。與佛照曇道者俱同行。初見月菴果，次見應菴華。住歸宗時，嘗爲侍者，華頗喜之。其孤耿不與世接，嘗題其頂相曰：「掛拂豎拂，全機出沒。一喝耳聾，三日屈屈。且道是馬祖屈，百丈屈，宗一侍者但恁麽拈出。」乾道間，出世住台之慶善，遷衢之祥符，竟嗣月菴，蓋不忘所得也。有贊其像曰：「揭翻四大五蘊，徹證向上一竅。傾心吐膽爲人，暗裏返遭怪咲。眼裏瞳人吹鐵叫，持蠡酌海謾勞神，熨斗煎茶不同銚。」其後，自嘉禾遷疎山、仰山，兩住雪峰而終。

雪堂行有法語示行者元友曰：「雲居高菴老人在龍門作首座時，凡臨衆，必曰：『須知有識者在，他日侍誨次。嘗請聞其説，語曰：廣衆之中，鄙者常多，而識者常寡，鄙者易習，識者難親。自奮志於其間，如一人與萬人戰。庸鄙之習力盡，真挺特没量漢也。余從是終身誦其言，氣勝志，則爲小人志；勝氣，則爲端人正士。惟志與氣齊，爲得道賢聖。

有人於剛狠不受諫曉者，氣使之然也。耆婆將死，百艸皆泣曰：『耆婆在世，我等有用；耆婆死後，世間無有識我者。』此喻世間諸法。未出家時，將冠之年，見獨居士嘗謂余曰：『中無主則不正，外無主則不行。』余從是終身踐其言。在家立身，出家學道，以至終年撫衆，倚此如衡石之定輕重，規矩之成方圓，舍此則事事失準。元友其勉之。」

潁濱先生蘇子由，嘗謫筠陽，與真淨道契。嘗有頌寄香城順和尚曰：「融却無窮事，都成一片心。此心仍不有，從古至如今。」又曰：「如見復如亡，相逢咲幾場。此間無首尾，尺寸不須量。欲識東坡老，堂堂一丈夫。近来知此事，也不讀文書。」東坡亦在貶所，聞公深向此道，榜其所居曰「東軒」，以詩戲之，有「盛取東軒長老来」之句。子由答之曰：「縱使盛来無用處，雪堂自有老師兄。」又嘗和淵明一詩云：「佛法行中原，儒者耻論兹。功施冥冥中，而何負當時。此方舊染雜，渾渾無名緇。治生守家室，坐使斯人疑。未知酒肉非，寧與生死辭。熾然吾閩中，佛事不可思。生子多潁悟，得報不汝欺。時有正法眼，一出照曜之。誰謂邑中豪，請誦我此詩。」

晁光禄逈，精窮内外教典，晚年自著《法藏碎金》，流行儒釋中。其語甚敦教化。儒曰：「士之有志，不可無學。」故佛書云：「無學者，其理無別；若會其語，因循自棄。」猶可惜也。余觀三教之書，粗見必學之意，儒《周易》曰：「君子進德修業。」道教老聃曰：「上士聞道，勤而行之。」釋《寶積經》曰：「猶如大龍所作已辦，捨於重擔，殆得己利。」余因會同參究，雖知其文句不類，而必德從於學無疑矣。加以耆年之志深，流施至窮，最後一說，雖萬劫之不可易也。

大圓智禪師，四明人，嗣道林一。一見祐山宕，宕見黃龍南，故其親得黃龍宗旨。有三關頌并拈古盛行叢林。初，玅喜聞其坦率不事事，不甚樂之。及觀其拈古，乃撫几稱賞善曰：「真黃龍正傳也。」援筆大書四句於後曰：「七佛命脈，諸祖眼睛。但看此録，一切現成。」由是學者方知二師用處初無二致，然智嘗謂人曰：「杲玅喜作用，不減巖頭、死心，可謂百世之師也。但未與老僧商確那事。若見老僧一回，定教他光前絶後。」然二師竟不相見，智終于石霜。預旬日受弟子生祭，就法座上端然化去。方知玅喜不輕肯人也。

玅道道人，延平黃氏女也。偏見尊宿，後謁玅喜于徑山。因玅喜室中問僧：「不是心，不是佛，不是物，是什麽？」僧罔措。道立門外聞之，豁然明契，乃告喜，喜曰：「桑樹著箭，楮樹出汁。」因印其所解。後開堂於洪福，示衆曰：「禪非意想，立意乖宗，道絶功勛，建功失分，聲外句不向意中求。持照用機關，握佛祖鉗鎚。有佛處互爲賓主，無佛處風颯颯地。心寧意泰，響順聲和。似恁麽人？且道向什麽處安著？」良久，曰：「披簑側立千峰外，引水澆蔬五老前。」又曰：「眨上眉毛蹉過，大似開眼尿牀。現成公案放行，正是黏兒落節。恁麽不恁麽總不得，曳尾靈龜，不是心，不是佛，不是物。虚空釘橛，離得許多閑門破户，猶是死水裏藏龍，傾湫倒嶽一句作麽生道？巨靈擡手無多子，分破華山千萬重。」後水菴見僧舉似，以手加額曰：「箇事可謂非男女等相，多少丈夫漢十年五年在衆中討頭不著。他雖是箇女人，宛有丈夫之作，勝却多少杜撰長老也。」

機簡堂，初住饒之筦山，十七年火種刀耕，備嘗艱苦。其所住者，皆四方本有，故能同受寂寥，不以世間榮耀爲事，而布素一節，故世謂之機道者。後居九江圓通，大行此菴之道。示衆有云：「圓通不開生藥鋪，單單只賣死猫頭。不知那箇無思算，喫著通身冷汗流。」自是遷太平之隱靜，衆雖多，堂厨淡薄，兄弟罔敢言之者。凡請執事，必遵老黄龍之法，粥罷挂鉢向堂，令侍者白槌曰：「請某人執其職。」兄弟靡不從之者，倘有違者，即叱之曰：「簡堂這裏不做，爾向甚處做？」噫！前輩道重，用人如此容易，豈若今時，七跪八拜，下情無任，猶被渠踍跳上三十三天去，苦哉佛陀耶！

證西林，號老衲，長沙人，月菴之嗣。月菴居道林，證爲寮元，已爲兄弟挂牌入室。其爲人至誠鄭重，雖處暗室，如臨大賓。兄弟見之，其容必莊。後居西林道行，有頌話隨公案曰：「石火光中立問端，不能透脱幾多難。頂門若具金剛眼，肯被傍人把釣竿。」蓋其親得月菴説話，又且甚脱窠臼耳！始，保安封亦見月菴，見地尤别，亦嘗頌曰：「歲暮抱琴何處去，洛陽三十六峰西。生平未識先生面，不得一聽烏夜啼。」可謂善學柳下惠，終不師其迹。頂門具爍迦羅眼者，分明辨取。

詢罵天，見地明白。嘗侍佛鑑，鑑以其形容醜黑而談天者，又曰其福寡。一日，偶謂詢云：「可惜一顆明珠，被你者乞兒拾得。」詢云：「和尚且牢收取。」又一日，謂曰：「一切衆生何嘗悟来？」詢曰：「一切衆生何嘗迷来？」忽有一行者面前過，鑑曰：「如何是祖師西来意？」行者罔措，鑑曰：「何嘗悟来？」詢亟呼行者曰：「放參也未？」者曰：「放參了也。」詢曰：「何嘗迷来？」鑑叱曰：「業種出去。」詢曰：「和尚且低聲，恐外人聞得我，父子二人在此説，送説悟。」鑑大咲。

劍門分菴主，閩人。早歲於道自有發明，竟剃髮走鄉里。時人謂之狂僧。分不恤，初見懶菴需，後謁玅喜。雙徑聞其風顛，決不令參堂。分乃乘憤下山，將求歸計。因抵錢塘江上買舟，竚立於浙江亭畔，泣下曰：「我波波吒吒出嶺来見玅喜，又不得預衆，是夙無般若緣也。」忽聞喝道者云：「侍郎来。」分豁然大悟，乃有頌云：「幾年箇事挂胸懷，問盡諸方眼不開。今日肝腸忽然破，一聲江上侍郎来。」徑歸洋嶼，依懶菴，懶菴印其所得。未幾，忽辭去。懶菴以偈送之曰：「江頭風急浪華飛，南北相逢不展眉。獨有分禪英俊手，等閑奪得錦幖歸。」後徉狂七閩，或入酒肆，或在魚行，人莫能測，唯同參木菴永每見必以師事之。嘗示衆云：「這一片田地，汝等諸人且道天地未分已前在什麽？處直下徹去，已是鈍置分上座了也。更若擬議思量，何啻白雲千里萬里？」驀拈拄杖，打散大衆。又曰：「十五日已前，天上有星皆拱北；十五日已後，人間無水不朝東。已前已後總拈却，到處鄉談名不同。」乃以手指屈云：「一、二、三、四、五、六、七、八、九、十，十一、

十二、十三、十四。」復云：「諸兄弟，且道今日是幾？」良久云：「本店賣買，分文不賒。」

伊菴權，臨安昌化人，嗣無菴全。出世萬年，一坐九年，法席大振。然權律身奉衆，言行俱有準繩。大率効佛智裕、誰菴粹之爲人，座下常安五百衆。有自贊云：「鼻如鷹觜，對面千里。要識萬年，只這便是。」叢林俱愛之。後遷常之華藏，結夏示衆云：「今朝結却布袋口，明眼衲僧休亂走。心行滅處解翻身，噴嚏也成獅子吼。栴檀林，任馳驟。剔起眉毛頂上生，剜肉成瘡露家醜。」

高宗、孝宗皆有《彌勒大士贊》，叢林有道之士無不和之者，少有愜二帝意者。贊曰：「碧落片雲，長天孤月。能棲物外，玅兮幽絶。慣隱市廛，奇哉英傑。隨行兮惟有拄杖布袋，充飢兮何妨酒肉腥血。別！別！玉殿瓊楼更加雪。」又云：「袋貯乾坤，杖挑日月。嚞嚞薑薑聖中絶，憨憨癡癡僧中傑。令行兮一棒一條痕，逗機兮一摑一掌血。別！別！恰似紅爐一點雪。」乾道間，直道者住保寧，嘗和之曰：「量包太虛，眼懸日月。往天宮兮天中之絶，居人間兮人中之傑。放下布袋兮坐斷四大部洲，拈起拄杖兮直得大地流血。別！別！明明有理難分雪。」范使李公爲奏上，孝宗大喜之，賜錢五百萬、米五百斛，以助供衆。

別峰印自金山遷乳峰，有毉生陸安者，夜夢神人報云：「師即達觀穎之後身也。」師天資閑暇，嗣華藏珉。自出蜀，即抵雙徑見妙喜。喜問云：「甚處來？」印云：「西川。」

喜云：「未離劍關，與你三十棒。」印云：「合起動和尚。」喜舘於楞伽室，待之甚厚。後歷居大刹，晚奉詔居徑山，一住九年，每以華嚴作佛事。紹興庚辰，示寂於菖蒲田。辭徑山塗毒，毒曰：「和尚幾時行止？」印曰：「水到渠成。」即更衣，端坐而逝，其年臘月八日也。臨行，門人覔偈，即大書曰：「千偈萬偈，總是熱荒。我有一句，死後舉揚。」塗毒亟捧龕返歸法堂正寢，七日以當代禮送之，時感之。後二年，塗毒示歸寂，人懷報德之心。印《有山中書懷》：「一味林間飽黑甜，儘教氣焰日炎炎。不將無病自求病，多是解粘添得粘。粗有芋煨如懶瓚，更無錐卓似香嚴。枕邊留得青山在，雨後層層翠滴簷。」又嘗題《農夫醉打圖一絕》：「農夫何事損天和，醉後依前擊壤歌。不似當年劉、項飲，胸中各自有干戈。」

塗毒老人居鑑湖日，與放翁最厚。紹興壬午七月二十七日示寂。放翁以詩哭之曰：「岌岌龍門萬仞傾，翩翩隻影又西行。塵侵白拂繩牀冷，露滴青松卵塔成。遥想再来非四大，應當相見是三生。放翁大欠修行在，未免人間愴別情。」又贊其真云：「骨格清奇，精神瀟灑。貌肅而和，語盡而簡。畫得者，英氣逼人；畫不得者，頂門上一隻眼。」

石窻恭禪師，偏參諸方，久依黄龍忠道者，後依宏智。靖康中，自湖湘歸東越，忠以頌送之曰：「閑思昔日戲沙洲，屈指于今四十秋。君到石窻閑借問，許多風月付誰收，恭出世越之報恩。」後居瑞巖，其道大振。然克苦爲人，布素以禦寒暑，事無細大必親臨之。

叢林整齊，衲子望風而服。嘗有佛生日頌曰：「五天一隻蓬蒿箭，攪動支那百萬兵。不得雲門行正令，幾乎錯認定盤星。」叢林沸傳之。有徹白頭者，三衢人，與恭同出宏智門，操履孤潔，不與世接。嘗典賓於太白，竗喜見大俊敏，私喜之，以計誘其過玉几，徹秉志不渝，竟依老天童。乾道初，恭欲羅籠之以爲嗣，退明之報恩，與之出世。住二年，四方龍象每歸之，然徹竟嗣宏智，恭以不樂，徹亦不卹。後遷婺之華藏，將發而示寂。臨行書遺偈云：「當陽一句，更無回互。月落寒潭，烟迷古渡。」是真得洞上之宗，惜其不久住世間耳。

孝宗皇帝在位二十七年，每宣諸山長老論道，唯佛照禪師最爲知遇。淳熙初，住冷泉，宣入選德殿論宗門事，五宿禁闈，從古未有也。故佛照嘗奏曰：「陛下前後宣諸山長老論道，如何？」孝宗曰：「難得似長老直捷。」佛照又奏曰：「臣生長山林，語言麤疎。伏乞陛下寬貸。」孝宗曰：「不妨，這裏與長老忘懷論道。」前後賜諸山偈語不爲不多，賜佛照者最爲尊敬。聖語曰：「大暑流金石，寒風結凍雲。梅華香度遠，自有一枝春。」佛照嘗和之。一日，又批問佛照曰：「世尊雪山修道六年，所成者何事？請師明說。」時佛照坐施主家齋。天使忽到，便請回奏。照著語云：「將謂陛下忘却，可謂無師自然之智也。」

誰菴演，閩人。初參竗喜於回鴈峰下，洞明宗旨。喜曰：「這猢猻子以後須聒搔人去在。」後辭𢁞喜，偈曰：「倒騎鐵馬度瀟湘，碉屮巖華不覆藏。回鴈峰高親到頂，更無佛法可商量。」後住江上龍翔，兄弟多依之。水菴有偈曰：「江上如今得白眉，爲人偏用截流機。」然演善作偈語，宗眼端正，《題新昌石佛》曰：「積念有年瞻石佛，今朝一見絶疑猜。都盧面目只如此，却謂三生鑿出来。」又《題龍湫》曰：「詎羅坐斷大龍湫，伎倆却無錯路頭。只見高巖傾瀑布，那知碧嶂外清幽。」

別峰雲，嗣少溪淨。淳熙間，住福之支提，江浙志道者，罔不依之。嘗有《善財南詢頌》云：「髽角分明者小兒，肚皮好待你聞知。賺他五十三知識，敗闕都盧納向伊。」叢林競傳。後遷莆陽華嚴而終。

洪首座，臨川人，嗣佛照。出世洪之光孝，葢應漕使尤延之之命。次任太守，旦望公參，須要諸山就公廳下長揖而退。洪聞之不樂，以謂天下無此道理，即擊鼓升堂，退院而去。頌曰：「祖翁活計元来大，誰敢區區謾折腰。珍重豫章賢太守，芒鞋竹杖任逍遥。」太守聞之慚甚，遣使再請，洪竟不回，江西諸山從此增氣。後住吉之祥符，還開福而終。尤延之侍郎親爲作傳。

雪巢一和尚，自號「村僧」，嗣屮堂清。久住平田，後長蘆力命不赴，以皎如晦一疏而往，其詞曰：「這般梵刹，固非些小叢林。箇樣村僧，豈是尋常種屮？要得門當户對，還他境勝人奇。某人生鐵面皮，潑天聲價。盡大地捏成院子，未稱全提，將河沙都做衲僧，不消一喝。且看光火菩薩面，掉却跺距羅漢家。来撑没底船，激起蘆華千尺浪；宜舉向上句，祝延玉葉萬年人。」巢既住一葦，次年復歸萬年。未幾，示寂于觀音院。先自入龕落鏁，説偈曰：「今年七十五，歸作菴中主。珍重觀世音，泥蛇吞石虎。」居平田，衆常五百。時江西泐潭有化士修大寂塔，兄弟皆作頌。時有一座主，初更衣入衆，因成一頌曰：「寄語江西老古錐，從他日炙與風吹。兒孫不是無料理，要見冰消瓦解時。」又作《冬日即事》云：「朔風也解知人意，吹落巖前古樹枝。惠我一爐深夜火，轉教心性懶趍時。」雪巢見之，大稱賞曰：「禪和子三十年在衆噇飯，未必有此作，他日必成大器。」後果如言住東掖大與南台之教，是謂神照師也。

松源在東湖日，幹他殿者乞頌。源大書云：「黄面瞿曇眼瞎瞜，千方百計討便宜。于今無著渾身處，却要兒孫盖覆伊。」示官人云：「説禪説道説文章，林下相逢咲幾場。踏著吾家關棙子，白衣拜相也尋常。」湖海爭誦之。

曇廣南者，久依密菴。後在佛照會中爲寮元，有《化鹽頌》云：「合水和泥一處烹，水泥盡處雪華生。便能索起遼天價，公驗分明誰敢爭？」佛照喜曰：「這廣南蠻也茆。」廣後住雪之道場，其道將振，而爲有力者攘之。未幾，終于冷泉。

雷菴受首座，平江人。道貌脩偉，久依月堂、佝堂諸老。曾集《普燈》三十卷，又註《楞伽》。菴于雪之曹氏菴，與抒山居士劉季高之姪平氏者最善。慶元初，復菴于西湖。

劉公任丹丘，以巾子峰報恩招之，以頌謝云：「結茆方喜倚長松，一枕清風睡正濃。禪道尚無心理會，肯將身入鬧藍中。」劉見大喜，再遣使迫之，亦和前韻云：「昂藏骨相倚喬松，晚歲清陰只自濃。好向紅塵姑著脚，何妨都在咲談中。」竟不赴，時皆高之。當今搖尾乞憐之時，寧復有此人邪。

大慧在雙徑時，一千七百龍象，有行者祖慶，爲母設忌乞頌，慧見其骨相不凡，與之一頌曰：「透過那一著，佛亦不能容。猛虎當路坐，狐兔自潛蹤。」慶妙年而出世南源，移道林。一夕，夢寶公以二十隻箸與之，既覺，罔測。時劉樞密洪父帥金陵，以鍾山招之。一住二十年，中間因回禄復新之，豈偶然者哉？慶元初，佛照自五峰歸育王，慶遂繼踵，二年而没。信妙喜之言不謬矣。

晦菴光和尚，嗣雪堂行，住龜峰，遷泉之法石，蓋赴參政周公葵之命。臨終，以頌授小師元聰曰：「叢林毒種，元聰侍者。叵耐吾宗，滅汝邊也。吾今高枕百無憂，聽汝時撾塗毒鼓。」聰久依密菴，首衆於徑山，出世洪之報恩，遷雲居隱靜雪峰，晚被旨居徑山。時謂晦菴不妄許可也。抑亦雪堂慈悲行門之所遺蔭邪。

圓悟，初在成都講肆，范丞相伯才見其器質不凡，因作長篇，激其往南方行脚。其詞曰：「觀水莫觀污池水，污池之水魚鱉卑。登山莫登逶邐山，逶邐之山艸木希。觀水直觀滄溟廣，登山直上泰山上。所得不少所見高，工夫用盡非徒勞。南方幸有選佛地，好向其中窮玅旨。他年成器整頹綱，不負男兒出家志。大丈夫兮休擬議，豈爲虚名滅身計？歡諧時節苦無多，却被光陰暗添歲。成都況是繁華國，打住只因華酒惑。吾師本是出塵人，肯隨齷齪同埋没。吾師幸有虹蜺志，切莫蹉跎向泥水。君不見吞舟之魚不隱小流，合抱之木豈生丹丘？大鵬一展九萬里，肯同飛燕著沙鷗。何如急流千里驥，莫學鷦鷯戀一枝。直饒講得千經論，也落禪家第二機。白雲本自戀高臺，暮罩朝籠不暫開。爲赴蒼生霖雨望，等閑猶自出山来。又不見荆山有玉名瓊瑶，良工未遇居蓬蒿。當時若不離荆楚，爭得連城價倍高。」

本朝士大夫與當代尊宿撰語録序，語句斬絶者，無出山谷、無爲、無盡三大老。今代有蜀人馮當可者，於宗門深有造入，與石頭回禪師撰語録序，江湖沸傳之，其詞曰：「五祖晚得南堂，糙暴生獰，凌跨懃遠。天遒地窄，投老大隋。回道者以運鎚攻石之手，仰擊堅高，出力既羸，一鎚便透。歸坐釣魚山上，乖崖峭壁十倍其師。狼毒砒礵不容下口，其徒彦聞更不瞥地。要收餘毒散施諸方。余恐後人不著便宜，自取僵仆，故爲標其荼毒，以示来者。縉雲野老序。」

無垢居士張九成，參玅喜，有大發明，而宗眼明白。嘗此老大而又大【一】，言三乘十二分教，八萬四千餘卷。到者漢面前不消一唾，十信、十住、十行、十回向、等覺、玅覺，到者漢面前不當一放。多年臘果養得五箇虎子，橫行四海，向大唐國裡、日本國裡、新羅國

【一】嘗此老大而又大　「此老」以下張九成贊六祖之語也，吾邦禪刹藏之。其語曰：達磨西来，遞相做大，傳到這老大而又大。三乘十二分教，龍宫海藏八萬四千餘卷，到者漢面前不消一唾。十信、十住、十行、十回向、等覺、玅覺，到者漢面前不當一枚。多年臘果養得五個虎子，橫行四海。向大唐國裏、日本國裏、新羅國裏拋尿撒屙。直乾坤漆黑，日月奔忙，須彌岌峇，四海揚波。慢調絲竹，打個小坐，看渠面背，太似三家村裏田舍兒。而其用處，猶如烏風黑雨、天雷閃電、霹靂聲中，釐栗拔刺、抱去一大猛火。咄！是甚閑公事。右以此書所載對校之，文字有增減同異，故別寫附此。此已爲贊辭明矣，然章首不載基由，故文意不通，疑「嘗」字下有缺文。

裡抛屎撒屙，直得乾坤漆黑，日月奔忙，須彌岌峇，四海揚波。慢調絲竹，打箇小坐。看渠面觜，大似三家村裏田庫兒，而其用處猶如烏風黑雨，天雷閃電，霹靂聲中，翳栗撥刺。拖去一大猛火，咄！是甚閑公事。

蔣山元，嗣慈明，元後得雪竇雅。雅得慈覺印，混融然實嗣之。乾道間，然住金陵天禧。時竗癡禪住保寧，明大禪住蔣山。明薄然，以其流派非黄龍、楊岐直下也。嘗與廷諍，然口辯捷，明頗遭所困，竟得癡禪解之。然器量過人，但出世太早，不歷諸方門户，宗眼混淆，故叢林多以此薄之。後住南華，滅於五羊。臨行脱灑，邦人積沈香以茶毗之。一段殊勝非小小，余與然生緣同處，恨不識其慈範，最愛其《祭慈覺》一文，甚佳，曰：「建炎三年，我忽顛怪。拈下幞頭，把斷腰帶。夜盜師庭，遭師捉敗。既無一物，空禮三拜。自是退思，恨不小小。人或罵師，老不唧嚠，了無能解。我即舉首，仰天慶怪。人或譽師，道超佛祖，量廓滄海。我即持杖，擊其頭碎。如何若何，錯會者多。敬陳薄奠，師咲婆娑。」然有小師大驤者，淳熙間，住衢之靈曜。時朝廷方行役法，二浙江淮處竝差定。驤乃糾率衢、婺、處三州僧尼道士，造朝免之。今天下僧道由此獲安，不爲國家之差役者，葢驤之力耶。後之圓頂方袍者，當知所自耳！驤後住天台平田，而卒。

肯堂充見卍菴顔，性識敏利，博達古今，前後所作語句甚多。《送僧訪簡初居士尤侍郎求典牛和尚語録序》，其詞曰：「岷峨山下三角虎，跳入南方誰敢。侮泐潭老準眼放光，背手暗發千鈞弩。一箭中的死復活，從此咬人齒不露。武寧山中四十年，豈獨坐斷江西路？徑山塗毒遭一口，至今有理無雪處。却遣弟子往毗耶，問訊居士覓轉語。居士贊之口即啞，居士罵之目即瞽，居士贊罵不及處，請爲渠作語録序。」

公安殊，川人，亦嗣卍菴。爲人骨骾，人莫能親疎。乾道間，道行湖湘。嘗有自贊曰：「月色照山谷，泉聲落斷崖。水光山色裡，一塊爛枯柴。」又曰：「老鶴入枯池，善解藏羽翮。點著背摩天，壺中天地窄。」

瑞巖順，嗣水菴，號「葦堂」。初在池之梅山，嘗有上堂云：「今朝五月十五，一夜淋淋下雨。不知林下道人，相逢作麽生舉？舉得全，攔胸劈面拳。爲甚麽如此？精金若不經爐冶，爭得光華徹底鮮。」又「十日入室，五日陞堂。千醜百拙，無處埋藏。咄！相牽入鑊湯」。後終於台之瑞巖。

萬壽脩，閩人。初依應菴，後見或菴於常之無錫。出世霅之上方，遷雙塔，其道未振。因塗毒自鑑上能仁，持盋過吴門，衆善友請小參。脩引坐云：「正法眼藏向這瞎驢邊滅却，直得盡大地人扶持不起。是以曹溪路上荆棘參天，少室峰前髑髏遍野。非盧、扁不能起膏肓之疾，非孫、吴不能全殺活之機。塗毒一撾，聞者皆喪，要津把斷，風骨旋生。既有如是宗師，佛法不怕爛却。然雖與麽，且道因行掉臂，普照羣機一句，作麽生道？三尺靈光摩竭令，滿城和氣暖如春。」下座，塗毒握手云：「將謂或菴其後無人，元来有吾姪在，自此道行吴中矣。」

咲菴悟，蘇之常熟人，弃俗出家。初見無菴全，後見密菴于衢之烏巨。淳熙間，首衆於冷泉，專以供養爲心。時歲大飢，密菴持盋未回，知事約束方来。悟坐在山門，一例放入。洎密菴回，知事沮之。密菴見悟似不悦，因辭云：有「但得院子如摖大，盡情供養五湖僧」之句。不逾時，住衢祥符，歷董数刹，果以供養爲務。

鴈山枯木元禪師，嗣鈔喜，示衆頌曰：「鴈山枯木實頭禪，不在尖新語句邊。背手驀然拈得著，長鯨吞月浪滔天。」

潙山寶，亦嗣大慧。叢林老成，晚居大潙。有頌云：「八十翁翁輥繡毬，輥来輥云不知休。如今輥向千峰頂，坐看潙山水牯牛。」

空東山，福人。初見艸堂清，後見鈔喜。喜見其姿氣超卓，意欲羅籠，至爲頂相贊云：「慧空抓著吾痒處，吾嘗劄著他痛處。痛處痒，痒處痛，不與千聖同途，豈與衲僧共用？誰知掃帚竹裏無錢筒？蒿枝叢内無梁棟。如今各自不知己，一任畫出這般不唧噌底老凍膿。從教挂向壁角落頭，使晝夜燒兜樓婆、畢力迦、沈水膠香，作七代祖翁之供。」然空秉志不渝，竟嗣艸堂。叢林有識者輩皆仰羡之，空善作語句。有《東山外集》行于世，如曰：「東山送人只一句，纔擬欽承喝出去。如今更向紙上求，大似蒼鷹拏狐兔。上人上人知不知，端坐守之無了期。趂取秋風霜木落，淈潭百丈在江西。」有昇次山住幽嚴，鏤空之集流于江浙。

菴堂道號，前輩例無，但以所居處呼之。如南嶽、青原、百丈、黄檗是也。菴堂者，始自寶覺心禪師謝事黄龍，退居晦堂，人因以稱之。自後靈源、死心、艸堂皆其高弟，故遞相法之。真淨與晦堂同出黄龍之門，故亦以雲菴號之。覺範乃雲菴之子，故以寂音甘露滅自標。大抵道號有因名而召之者，有以生緣出處而號之者，有因做工夫有所契而立之者，有因所住道行而揚之者。前後皆有所據，豈苟云乎哉？今之兄弟，纔入衆来，未曾夢見向上一著子，早已各立道號，殊不原其本故。瞎堂遠禪師因結制次，問知事云：「今夏俵扇多少？」知事曰：「五百来柄。」遠曰：「又造五百所菴也。」蓋禪和菴，纔得柄扇子，便寫箇菴名定也，聞者罔不大咲。余以母氏夢梵僧頂一月而投之懷中，既覺遂育，因以古月自號，以安穩眠呼之。蓋彷覺範甘露滅也，二號皆《維摩》、《寶積》所出，故橘洲曇公爲余作《古月説》云：「萬古長空，一朝風月。慚愧古人，模寫得成也。融禪未生之夕，其母夢得月，是爲生子之祥，愧今人不去却模子也。融禪不負其母，兼不忘古人，古月名菴，不爲忝矣。」塗毒老人亦有四句云：「萬古長空月，何曾有晦明？此心元一體，隨處燭精靈。」

安定郡王，號超然居士。頃在東京時，即留意空宗。見長靈卓禪師，有打發處。後因事謫江西，及虜人陷東京，宗室諸王多隨二聖北陷，居士因此得免。乃居三衢，與馮侍郎至道并雪堂行禪師爲方外友。衢人知信向佛乘，多自茲始。嘗有《南嶽法輪省行堂記》

最高玅，又撰《戒欲文》，今録于此。「嘗謂世人無始時来，有大苦惱，惑亂身心，不求出離，所大苦者，淫欲之事也。此苦能昏塞精神，戕賊性命，障德敗道，妨廢修行。每念私心潛散，邪見動摇，不以境緣有無，不分去處淨穢，便起顛倒，恣行觸汙。淨眼觀之，有何快樂，且情塵流轉慾火燒。然自古迨今，老幼貴賤，無不被其害也。葢世人廣貪財利，追求爵禄，如意之後，惟是耽著色欲。又有緇素之問，百念灰冷，惟此一事多爲魔惱。至於造妖作竊，傾國亡家，或善和眷屬因此紛爭，或久遠夫婦因此乖離。信之壞人根本，累人深重，奸妬欺昧，不可名言。是故佛説諸業易斷，此苦難除。苟能滅盡，無不成道。大抵男女二根，初無分别，邪妄發生，互起愛染，結習牽纏。遂有思想驚夢之苦，蠹費破散之苦，寃結離間之苦，遭刑染疾之苦。直到夭亡，終未省悟。明知穢汙非清淨因，如蛾投火，自受燋然。如来明誨，若不斷淫，欲求聖道，無有是處。當知情愛爲災難之端，狐媚乃殺人之賊。起煩惱因，入地獄種，悮人損德，喪身失命。常於一切處泯絶男女相，究竟真實，誰受欲事。當知革囊臭穢，敗壞總成白骨。念欲境界，復有何樂？雖在夢中，亦生怖畏。普願一切含靈具識，盡生厭捨。如寃家想，當遠離也；如大火聚，不可近也；如毒蛇来，當急避也。果能一發悔念，俾得此纏縛自然消釋。變垢濁而獲法，身散淫火而爲智慧。互相教化，同行淨道，證安樂行。」傳曰：「盡信書則不如無書。」此語均然。何也？儒家經史，例有監本證據，語意已定。吾門廣衆，鄙者常衆，識者常寡，故多以臆見改易，遂失先聖玄妙之旨。可不哀哉？如紹興間四明再開《傳燈統要》，乃雙溪庸僧思鑑幹。緣鑑者素無學識，誠謬故尊宿問答之言甚多，此真法門大罪人也。嗚呼！此書乃本朝楊文公大年奉詔爲吴僧道原校定。一旦見易於妄庸之手，可謂水潦鶴也。叢林負志之士不可不知，當以橘州、湖州之學二本爲正。

癡禪玅禪師，婺州人。少在教庠，已有打發，即更衣遍見當代尊宿。久在石室光佛子會中，出世杭之靈石，遷中竺保寧，嗣石室。有《石室真贊》曰：「我也不重你禪，我也不重你道，但重一雙手眼，别得儂家恰好。」然禀性踈逸無撿，凡陞座小參，必先青原白家之事。隆興乾道間，其道盛行，與玅喜爭抗。有得法子無學忱、已菴深，皆叢林白眉。更有衷可菴，小年住徑山，大慧禪師示寂，即主其後事。時玅喜亦居東堂，卒以法衣、拄杖授之曰：「三尺烏藤本現成，箇中毫髮不容情。佛魔凡聖俱搥殺，方顯金剛正眼睛。」玅後入滅于嘉興之祥符，預定時日，親書遺偈。别時，官、道、俗翛然而往。有「王梵志韈已脱，一任横拖倒拽」之句，真得大自在也。

保安封，七閩人，嗣月菴。幼年入衆，赫赫有聲。自首衆紫金，出世楊之建隆。遷常之保安山，乃赴大參周公之命。封與大參有夤緣，雖一時小刹，賓主相得，一居逾十五年，諸方大刹屢招不往。然封氣蓋諸方，開口即貶剥，間不容私。淳熙末，乃坐脱。頌曰：「五十七年幸自好，無端破戒作長老。如今掘地且活埋，既向人前和亂掃。」又有滑稽語，譏後世後生不求淡素，惟務衣裝。今併記于此曰：「紡絲直裰毛段襖，打扮出来真箇。驀然問著祖師關，却似東村王太嫂。呵！呵！」

圓通永建上人，號栢庭。久依密菴、一翁、松源輩爲伍。後以鄉人老居蔣山。永充座元，舉以出世，住長干天禧，與密菴在衆有隙，不令其承嗣，竟爲其薙髮，師光晦菴拈香。未幾，遷信溪，遂卒。平日與無一居士侍郎王溉厚善，有唱酬語盛行于世，但来處不分曉，兄弟亦少有信之者，亦可爲後輩幾間破屋，不原所得者爲深誡。故松源嘗有頌曰：「林下相逢知幾年，好因緣是惡因緣。雖然不受靈山記，鼻孔依然著那邊。」

常樂和山主，三衢人。久依密菴，見處穩實，不在松源、曹源之下。有《法華二十八品頌》行于世。其在青山時，密菴嘗以伽陀戲之曰：「一拶當機伎倆窮，故鄉回首爛柯峰。人間天上誰知否？會見曹溪正脈通。」然和一生辛苦，自知福尠，諸郡多以名山招之，俱不赴。暮年，與居士汪公父子卜築於龜嶺之南，火種刀耕，恬然自樂，況味不減老龐、丹霞。亦一代奇事也。

震山堂，昇州人。初見丹霞淳，明洞上宗旨。有頌云：「白雲深覆古寒巖，異艸靈華彩鳳銜。夜半天明日當午，騎牛背上著靴衫。」又抵大潙，作《插鍬井頌》曰：「盡道潙山父子和，插鍬猶自帶干戈。至今一片明如鏡，時見無風匝匝波。」後見艸堂於踈山，師資道合，因稟承焉。初居百丈，後住黃龍，其道大振，是爲龍峰四世也。

崇野堂，四明人。久依天童宏智禪師，以大事不決，竟上江西見艸堂。未幾，果有所得。後住育王，乃拈香爲艸堂之嗣。雪竇持以四句戲宏智曰：「收得一宗，翠巖宗白頭也。失却一崇。面前合掌，背後搥胸。」聞者莫不大咲。崇幼年多攻詩，嘗題廬山三峽橋曰：「蕭蕭石徑蟠蒼松，山腰忽斷来悲風。坐寒欲作暮天雪，人靜似發山林鐘。落崖千古流寒玉，眩眼百丈飛長虹。倚欄深省十年夢，坐看雲吞五老峰。」後安國按部見之，大加稱賞，遂徹去諸家詩牌，唯留此一篇。自兹，雖道譽不甚四馳，唯有詩名流于世。後進當以崇爲戒，所謂齊己、貫休名重地也。

龍丘法師慧仁，夜夢作偈曰：「裩既破，袴又迭，多少冰清玉潔。一條藜杖劃斷，天地更無殘闕。别！别！不須擊胡。蘆磬鐵。」超然居士見之，大喜曰：「鵲有巢而鳩居之，良可咲也。」雪堂曰：「不然，從上尊宿多有自教乘中打發者。如百丈、大珠、洞上輩皆是也。」超然點首。

姑蘇有尼曰祖懃者，少依或菴咨決大事，旦暮精勤，久而有省。有俗官伸紙討偈，懃書之曰：「終日爲官不識官，終年多被吏人瞞。喝散吏人官自顯，掀翻北斗面南看。」多處請出世，堅卧不赴。終于楓橋李氏菴。

雲居舒和尚有《垂誡文》傳布叢林，專警諸方主法者。安存老病，不應揀擇，少年挂搭，大傷風化。所謂枯樹、老僧，山門景致也。因記得有一老僧抵吴門萬壽，時主者不肯挂搭，却云：「你老矣，何不小院裡？去若你，只是種一根樹。」老僧對云：「你當初若時緣不偶，不出住院，也須到處種樹始得。」主慙無以對，其僧乃書偈而去，曰：「江湖幾度氣吞牛，年老方知總是愁。奉勸後生宜勉勵，看看種樹在前頭。」時太守王公佐聞已，下令諸山，挂搭僧人不得揀擇。所謂斷佛種子也。

金沙灘頭菩薩像，有畫作梵僧肩拄杖、挑髑髏回顧馬郎婦勢，前後所贊甚多，唯四明道全，號「大同」者，一贊最佳。其詞曰：「等觀以慈，鈎牽以欲。以楔出楔，以毒攻毒。三十二應，普門具足，只此一機，奪千聖目。雲鬟霧髮，輕紗薄縠。大地橫陳，虛空摩觸。靈骨鎖金；寒沙埋玉。驚鴻縹渺銀漢斜，缺月東西挂踈木。」時余在丹丘見之，余嘗爲《蛇畫足》云：「先以欲鈎牽，後令入佛智。有利與無利，元不離行市。黄金靈骨再挑来，試問汝今何面觜。阿呵呵！囉囉哩！三箇之中那箇是？剔起眉毛塞耳觀，圓通門户堂堂啓。吽！吽！」隱山璨和尚贊云：「丰姿窈窕髻欹斜，賺盡郎君念《法華》。一把骨頭挑去後，不知明月落誰家。」璨住泉之法石，木菴永之嗣也。

黄龍、楊岐二宗皆出於石霜慈明。初，黄龍之道大振，子孫世之，皆班班不減馬大師之数。自真淨四傳而至塗毒，楊岐再世而得老演，演居海會，乃得南堂三佛以大其門户，故今天下多楊岐之派。紹興末，塗毒既没，而雙徑交代乃育王佛照禪師。入院之初，首詣巖主塔頭置祭，有義銛書記者爲其文。兄弟甚推其公，因筆録于此，使後之學者知祖宗流派其有自。云：「昔慈明老人得黃龍、楊岐，猶一體之有左右手也。子孫派出，各世其家。典牛不負溈潭，其敬妙喜猶敬師也。德光實嗣妙喜，惟巖主因稟典牛。雖平生出處不同，幸今日交承有在，道誼所在，存没難忘。要源委其来，皆慈明屋裡人也。若巖主平日道德超邁，談辯軒豁，鉗鎚學者有大手段，江湖間特有定論。兹不事多語，以溷圓識，謹羞伊蒲，率大衆詣窣堵一奠，巖主其臨之。」

曇橘洲者，川人，乃別峰印和尚之法弟。學問該博，擅名天下。本朝自覺範後，獨推此人而已。住蜀之無爲山，遭横逆，来下江。丞相史公尊其學業，舉以住明之仗錫。初入院時，一一相親送，其後史公復造竹院以延之，凡有質疑事必問。故別峰自金山来雪竇，諸山一疏？乃曇撰之，其詞曰：「住雪竇好，住翠峰好，老子當斷自胸中；爲法来耶，爲牀座耶，此行殆出人意表。無愧乎東山直下四世，望之如西湖雪後諸峰。但得心同、道同、出處同，休問佛界、魔界、衆生界。新乳峰禪師，聲飛吴越，價重岷峨，住海門國逾一十有二年，肆瀾翻口説八萬四千偈，如山屹屹，有陣堂堂。與其據滄波而擾蛟龍，孰若依蕙帳而友猿鶴？載念伊蘭之世，冀一現於優曇；計非師子之家，當盡摟其種類。歸来及早，慰我同門。」此話江湖競傳之。時自得暉交代。然曇賦性坦率，不事拘撿，在竹院日，復以酒事遭太守林侍郎追至。出對與之曰：「酒曇過界，住無爲而無所不爲。」蓋曇曾住無爲故也。而曇卒不能對，復爲林流過丹丘，一二年回寶奎。一日，沐浴更衣，請史魏公敘平日行紀，談咲中而化。闔城士俗皆送之，荼毗獲舍利無数。

唐虞世南，《通曆》有問曰：「梁武夷凶剪暴，克成帝業。南面君臨五十餘載，蓋有文武之道焉。至于留心釋典，桑門比行，以萬乘之君，爲匹夫之善，熏修不保，危亡已及，豈其之所非耶？何福謙之無効？」先生對云：「夫釋教者，出世之津梁，絶塵之軌躅。運於方寸之間，超於有無之表。塵累既盡，攀緣已息，然後入於解脱之門。至於化俗之法，則有布施、持戒、忍辱、精進、禪定、智慧，是爲六波羅密，與夫仁、義、禮、智、信，亦何異哉？蓋以所修爲因，所報爲果，人修此六行皆多不全，有一缺焉，果亦隨滅。是以嚴明醜於貌、慧於心，趙一高於才，下於位。羅裒福而無義，原憲貧而有道，其不同也。如斯懸絶，興喪得失，咸必由之。下士庸夫，見比干之剖心，以爲忠直不必爲也；聞偃王之亡國，以爲仁義不足法也。若然者，盜跖高枕於東陵，莊蹻懸車於西蜀。老終厥命，良足責乎？」又問曰：「周武帝毀滅二教，是耶？非耶？」先生曰：「非耶？」或曰：「請問其説。」先生曰：「釋氏之法，則是空有無滯，人我兼忘，超出生死，歸於寂滅，此象外之談也；老氏之義，則谷神不死，玄牝長存，長生久視，騰雲駕鶴，此區中之教也。至於止惡尚仁，勝殘去殺，竝有益於王化，無乖於俗典。今以常僧犯律，道士遺經，便謂其教可棄，其言可絶，何異責檮杌而廢堯，怨有苗而黜禹？見瓠子泛濫，遠塞河源；覩崑嶽方偶，遽投金燧。曾不知潤下之德，有利已深，變腥之用，其功甚博。井蛙觀海，踞於所見。輪回長夜之迷，自貽沈溺之苦，疑悮後學，良可痛哉！」

雲居如，號「雲中」，受經於台之護國。在雲居最久。上堂云：「山下熱如火，山間涼似秋。得居山上者，知是幾生修。」卓拄杖云：「急著眼腦。」

佛印示衆云：「莫挂袈裟便要閑，七條中有鐵圍山。幾多放逸縱橫者，失却人身瞬息間。」

前輩贊佛祖偈句并自贊語，各有矜式，今之例多杜撰，如自贊亦如贊佛祖之語，良可咲耶！唯密菴最得其體，贊云：「在家不讀書，行脚不參禪。隨流閑打閧，掘地覔青天。如今老矣空追悔，捻人痛處力加鞭。」塗毒亦云：「眼瞎耳恒聾，鼯鼠技已窮。要見巇中主，白雲千萬重。咄！」具眼者宜辨之。

佛心才示衆云：「三千劍客，獨許莊周。百萬鳳毛，點也自肯。若也兩頭坐斷，中間不留。只是打淨潔毬子，未知向上一竅。若也隨波逐浪，帶水拖泥，孤負己靈。未具頂門正眼。總不恁麽，又作麽生？不入驚人浪，難逢稱意魚。」又云：「寶劍不失，虚舟不刻。朝游羅浮，暮歸檀特。若謂本光之地，理合如斯，正是坐井觀天，持蠡酌海。若謂言發非聲，色前非物，非唯迷宗，亦乃失旨。宗明旨的，又作麽生，密把鴛鴦閑綉出，從他人自覔金針。」

長蘆祖照禪師道和，莆陽人。初負篋至京，有中貴見之姿質不凡，以度牒與之。和不受，自謂同學曰：「吾大丈夫，豈可出他黄門之下？苟一旦受其恩，則終身被其攔絆。吾佛幸有廣大法門，又國家開發人之路，吾當自勉勵。」因鋭志誦《法華經》，當年於試經得度爲大僧，徧見諸方。後住長蘆，座下常滿千衆，真歇了自丹霞會下来。時年尚幼，和見其敏利，令首衆。後退院與之，意其承嗣。及拈衣，乃云：「得法丹霞室，傳衣祖照庭。恩深轉無語，懷抱自分明。」和不樂，下座抵奪其衣，了自此終身不搭法衣，竟嗣丹霞淳。江湖有識者皆雅其不忘本也。

或菴示衆云：「紹興初，山野色力强壯，所至撥艸瞻風，見善知識，懸囊挂盋，擊節扣關，莫不忘飡廢寢，寅夜不輟。又得偉人哲匠朝暮不倦，苦口點化，錐劄尚收拾，舊貨不得上手。況當今之際，在處叢林據位禪師者，但占名字，陞堂入室，聊表不空。師家見學者，學者見師家。邪正不分，互相漏湑。更説甚麽一言半句，超脱常情，到大不疑。安樂田地，拈斷貫索，穿天下人鼻孔，大道相將滅也。間有負笈擔簦，寄人烟焰之下，多是求飽暖温和，游泳外典，圖資談柄而已。正宗下事，杜口不講，加之户席望刹有福緣，趍陪上位，結識貴人以爲外護，得其自便之計。遂致習以成風，遞相倣傚，鮮有知非者。衆中本色黄面老衲，雖證道果，密追古風，退步濳藏守分，不能親近權貴，無力救弊，冷處危坐，袖手想見，點頭咨嗟其荒寒薄伎紛紜耳。願得具眼正因有力量上人，努力猛省，圖遠不圖近，於已躬下，了辨西来不傳之玅，施設凡聖不測之機。異日他時，爲後輩作則，免有竛竮道路千里之嘆耶！明眼人前吐露胸臆，亦望痛念祖道下衰，踊躍高舉。六合之外，貴得英靈衲子光明於世，千古萬古之下，金剛王寶劍凜凜不墜矣。」

東坡到京口，佛印渡江謁見。坡云：「趙州昔日不下禪牀，金山因甚今日渡江？」佛印以頌答曰：「趙州昔日欠謙光，不下禪牀接二王。爭似金山無量相，大千沙界是禪牀。」

曾文清公，贛州人，乃寶文侍郎天游之弟；於宗門甚進步，與心聞賁禪師爲方外友。嘗有世尊拈華一頌，江湖多賞之，頌曰：「華枝拈起大家看，迦葉無端却破顔，從此春光都漏泄，桃紅李白滿人間。」又《贊心聞像》曰：「是心聞叟，寂然無聲；非心聞叟，儼然其形。視之非無，聽之非有。能如是觀，非心聞叟。」

婺州靈應法淨講主，因被晚學攙其院事，告於葉丞相以求借援。葉回書云：「專使辱書懃懃，知公與余先世之契同。里巷桑梓，詢之同袍，知公是本分講人。住靈應四十年，變瓦礫之場爲輪奐，使魚鼓之聲歲晚不絕。可謂肯興供養，於寺庭出臂力。寶殿崇成之際，乃爲破戒後學，起貪癡心，巧計攘奪，怪公不得使終圓勝事。若以世情論來，鵲有巢而鳩居之，誠難堪處。若以公分上觀之，身非我有萬法皆如夢幻，則靈應道場亦豈是公久居活計？所以古人道，住則孤鶴冷翹松頂，去則片雲忽過人間。去住灑然，何有拘礙？要當住而未嘗不住，方知是去住底人。又況一飲一啄，皆自前定，或行或止豈是人爲，毋有意必同異。若如此境界不能洞然明白，則末後一著未免拖泥帶水。此去便好青松下明窻内安坐不動，了自家大事，因緣誠爲得計。若欲借一言於五馬，有挾山超海之難，能悟萬法皆空，於公有變凡成聖之易。其或未然，快請腰包，急去訪他新婦底。」

混源密，台人，嗣龜山光狀元。俗素貧，然守分不自張大。自浮山遷大舍，道由俗舍，將見其弟昆，戒約人從，勿過其家，唯帶親隨一二人而已。又曰：「若見我兄切勿聲諾，恐驚他村人也。」其顧分如此。有頌曰：「托迹来蓬屋，三椽種不深。如何微賤質，也解震雷音。種粟不生豆，拈鉛却是金。只因誤失脚，終不落沈吟。」叢林皆服其識度高遠，與夫詐稱張王李趙，豈可同日而語哉？

故監部甄公龍文，爲龍翔疏請密公，曰：「十三人透洋嶼之關，先爲上首；二千里趂黄梅之盋，密在汝邊。可謂正法克膺公選厶人，脚跟峭措，眼腦玲瓏。起紫籜說洪福之禪，諸方山仰；過石橋持七閩之盋，萬衲雲隨。唯六龍曾御於中州，故二浙獨誇於勝剎。次當補處，宜莫放公孤嶼而住兩峰；話頭在在，一句而涵三要衆目團團。」後被旨住西湖淨慈。

紹興間，象田梵卿禪師，秀之華亭錢氏子。初參圓通秀、投子青，次見照覺總有契。上堂云：「春已寒【二】，落華紛紛下紅雨。南北行人歸不歸，千林萬林鳴杜宇。我無家兮何處歸？十方剎土奚相依。老夫有箇真消息，昨夜三更月在池。」

【二】春已寒　「寒」，據文意疑有誤。

慈恩法師，唐尉遲將軍之子也。始年十歲，能造戰策，父賢之。玄奘以計欲其出家以大教乘，密竊其所造戰策，教小行者諷之，攜訪遲。遲極口稱賞其子善能作文，奘請一看而乃曰：「此文者，小行童亦能誦之。」遲驚呼来。誦之，果不差一字，遲大怒此子以古文謔戲，即欲誅之。奘師告云：「佛有救護衆生之説，若君不救，吾非佛弟子矣。可捨出家，何如？」遲從。用是奘師得之，即爲大僧，衆莫能及。常對御講論，賜以玉環，見天子更不致禮。但入出有經論、酒食、婦女之三車隨行，宣公服而疑之，法師亦薄其小乘而疑其神供之説。一日訪宣，特求天供，語論終日而不見其供。法師歸後，初至，宣公責之，非時而到，何也？神告曰：「非懈怠也。今日師與大乘菩薩議論，毫光罩定徧界，竟無路得入。」從此更傾心敬之，故知大乘所，非小根之能測底也。

遯菴演，閩人。初見元枯木，後參玅喜於徑山，與最菴印、同菴璉裒集《大慧廣録》三十卷，盛行于世。慧既没，演不復出遊，一衲寒暑，居經三十年，数董板首。閩帥趙汝愚待以福之秀峰，堅卧不起。别峰作疏勸請，有「幽蘭林下，豈無人而不芳？至寶道中，蓋具眼而始識」之句，一時罔不高其清節。暮年，竟被塗毒推出於常之華藏，一坐十九年，法席盛興於三吴，其乃縁法有地耳。

最菴印，川人。初依寂室，後參大慧，出世京口鶴林。自贊云：「充體委羸，當行蕞苴。袖手儼然，可知禮也。美惡猶来不自裁，參方分付俯觀也。」

榮陽郡王，初居嘉禾。官職未登，家居零落。時誰菴粹禪師住報恩，與王交遊，凡有所疑，靡不應對。及孝宗即位，王累開大藩，以諸方名刹多命粹主之。晚請何山爲功德寺，亦命粹主之。特賜紫服圓悟禪師其子孫亦爲大法金湯。謂是互乘大願力来者也。

跋

予昔首衆於五峰，時古月融禪師實典賓職，既叨同事，日数從遊，爲山間水邊之樂。續以業緣，来居青山，逾十年矣。一日，翩然過我，坐間娓娓談前言往行，頗清老懷，徐出《叢林盛事》一編，皆命世宗師與賢士大夫酬酢更唱之語，誠可以警後學而補宗教，大率與先師武庫相類。殆將鋟梓，以惠後世，其利豈不博哉！因援筆以題于後。慶元己未華藏遯菴宗演跋。

融見塗毒策，策見游典牛。是爲黄龍六世孫也。

自《野録》、《紀譚》至四明枯崖之作，裒收古佛祖潛行密機與賢士夫關于禪佛所洩於五燈者，貽之来昆。其爲法施，爲俾晚進履踐，知向上入路，而非爲資今日胡講談柄矣。又至於宋丹丘融公《叢林盛事》，則一言一句，千古鐵案，其禪其道，大方龜鑑也。然宋本湮没，祖述無憑，斯邦在在禪房所藏，謄寫亥豕，承訛襲舛，竟亦無全本矣。兹東武源無生居士，擬穿過支桑先覺之鼻孔，捉住供欸之際，偶獲古本《盛事》，使信歷查一遍，梓行于世，蓋衛宗護法之志深也。夫於是校之、閲之，折之爲二卷，遂付諸剞劂。或曰：此等禪册於今之禪林亦何補之有？　有一種禪流，絺章繪句以當平生，出世進院此爲梯媒，抵死不在一念於乾屎橛上。　或習取三經五論，以台宗、賢首教相雷同祖師話頭，且謂德山、臨濟陞三賢第幾階，趙州、雲門得六即第幾位，如此餖飣揑合，收禪歸教。　禪果作何狀？　有甚禪可參？　詎料祖師西来單傳，云真指，云亦是爲教體文身，生箇駢指贅疣也。　然則今之禪者與其據禪席，劫禪衣，不如削籍爲座主奴，惜哉！　古道祖師言句暗合修多羅，一喝能入五教者，與而今僻解逈别。　殊不知佛法門中有一條活路，古錐舌頭别有落處矣。　又有一等衲子，夙禀恰好，默照鬼眼，一世擔板，籍口教外，不欲觀半字，禪規不失在，不知本領何如？　雖非近日荷一肚皮，謂佛法太容易，膠執現前流識，以爲本分。　幸凡百無皮下有血者，恣肆誣蠛先喆，認奴爲郎，貢高自己，旁挾奇幻，蠱惑男女，教人入險些屈陷斷常坑之屬，除非眼不識丁，爲禪和子、爲善知識，自餘未免有寒蟬抱木之歎，一堂爛冬瓜之誚矣。　更有一般秃驢，結識公侯，狐媚檀越，名利躁競，莫有底極。　甚之，則削落前脩，靠倒常住，以招提爲舖店，廉耻掃地，規利婪貨，算盤爲枕，鈎索錙銖。　但其一腔工夫，金穀是務。　這般一隊，一非一是，走上走下，奈了不省脚下事。　保安封公曰：「紡絲直裰毛段襖，打扮出来真箇好。　驀然問著祖師關，却似東村王大嫂。」此頌例爲今日結末焉，今日盛事果行之乎？　行之也是枉然，亡羊補牢，將何補之有？　將何補之有？　余曰：子之所具陳，非余所敢議也。　叢林秋晚，五葉委地。　八風切膚，魔毒慎胸。　所到門庭，死人無数。

雖然千箇萬箇中，倘得一個神毉，以此做還丹一粒，安患不回生返魂哉？應知此特起死方、續命劑也。神醫可無靈丹，不可舍諸，居士意亦在其中。時元禄辛未中秋望前，興聖信梅峰書于駿伽林軒。

⊙趙汝适 撰

諸蕃志

鍾 翀 整理

點校説明

《諸蕃志》二卷，南宋趙汝适撰。汝适，《宋史》無傳，《四庫》提要云其「始末無考」，惟據《宋史》卷二三一《宗室世系表》知其出於「商王元份」房下、爲太宗八世孫。一九八三年在浙江臨海發現趙汝适墓誌銘，記其生平事蹟至詳。按銘文所載，汝适生於孝宗乾道六年（一一七〇），光宗紹熙元年釋褐，歷官婺州武義縣知縣、南劍州知州等職，於寧宗嘉定十七年（一二二四）始除福建路市舶提舉，次年兼權泉州市舶直至理宗寶慶三年（一二二七）。紹定四年（一二三一）病逝於臨海寓所。從趙汝适仕宦生涯來看，他在閩乃至泉州期間，應當爲其撰寫《諸蕃志》的資料蒐集與經驗積累提供了難得的有利條件，書中所記諸蕃往還自泉州始，南毗、大食等國番商寓居泉州，以及序文中提及此書成於寶慶元年（一二二五）市舶提舉任上等事，也都證明了這一點。

《諸蕃志》全書分上、下兩卷。上卷《志國》，記海外諸國路程、地理、風土、民俗；下卷《志物》，述海外諸國物産資源，其範圍東自日本，西極東非索馬里、北非摩洛哥及地中海東岸，内容詳贍，記載明晰，且因相關不少國家地區尚處於無文字時代，故此書記録尤顯珍貴。當然，該書也參考甚至直接引用了此前杜環《經行記》、范成大《桂海虞衡志》、周去非《嶺外代答》等書，有關各國物産的記載則多採訪於番商傳聞，其中不免道聽塗説，但就全書史料價值而言，仍不失爲一種研究中古時期中西交通、海上貿易以及東南亞、南亞、西亞、北非等地歷史風土的重要文獻。

此書最早見於陳振孫《直齋書録解題》著録，謂：「福建提舉市舶趙汝适記諸蕃國及物貨所出。」其記述内容在宋元時代曾有廣泛影響，《文獻通考》卷三三〇至三三二、《宋史》卷四八九等，皆曾大量採摭。如《文獻通考》及《宋史》「南毗國」條提及「時羅巴智力幹父子，其種類也，居泉之城南」等，顯然引用了《諸蕃志》；又如，三種文獻在「注輦國」等條均有大段的相似文本，亦可印證其内容的同源關係。

由於宋刻早佚，現今流傳諸本皆賴四庫館臣據《永樂大典》四千二百六十二蕃字韻輯出，刻本有二：《函海》本、《學津討原》本。

此次整理，以四庫本爲底本，校以《函海》本、《學津討原》本，少數諸本俱誤的文字，參考《通典》、《桂海虞衡志》、《嶺外代答》、《文獻通考》、《宋史》、《島夷誌畧》、《本草綱目》等有關史籍予以訂正。此書的作者《自序》，現存諸本皆闕，今據繆荃孫《藝風藏書記》卷三所引補足。此外，書中夾註來源複雜，或源於《永樂大典》，或更早的版本，或爲四庫館臣所注，今一併予以收録。

本書自民國初以來已經Friedrich Hirth與W. W. Rockhill、馮承鈞、楊博文、韓振華校釋和研究，本次整理也汲取了他們的成果，在此一併致謝。

序

《禹貢》載「島夷卉服，厥篚織貝」，蠻夷通貨於中國古矣。繇漢而後，貢珍不絶。至唐，市舶有使，招徠懋遷之道，自是益廣。國朝列聖相傳，以仁儉爲寶，聲教所暨，累譯奉琛。於是置官於泉、廣，以司互市，蓋欲寬民力而助國朝，其與貴異物、窮侈心者烏可同日而語。汝适被命此來，暇日閲諸蕃圖。有所謂石牀、長沙之險，交洋、竺嶼之限。問其志，則無有焉。迺詢諸賈胡，俾列其國名，道其風土。與夫道里之聯屬，山澤之蓄産，譯以華言，删其穢渫，存其事實，名曰《諸蕃志》。海外環水而國者以萬數。南金、象犀、珠香、瑇瑁、珍異之産，市於中國者，大略見於此矣。噫！山海有經，博物有志。一物不知，君子所耻。是志之作，良有以夫。寶慶元年九月日朝散大夫提舉福建路市舶趙汝适序。

卷上

志國

交趾國

交趾，古交州。東南薄海，接占城，西通白衣蠻，北抵欽州。歷代置守不絶，賦入至薄，守禦甚勞。皇朝重武愛人，不欲宿兵瘴癘之區，以守無用之土，因其獻款，從而羈縻之。王係唐姓。服色、飲食畧與中國同，但男女皆跣足差異耳。每歲正月四日，椎牛饗其屬。以七月十五日爲大節，家相問遺，官僚以生口獻其酋【一】。十六日開宴酬之。歲時供佛，不祭先。病不服藥。夜不燃燈。樂以蚺蛇皮爲前列。案：此句未詳，疑有誤字。不能造紙筆，求之省地。案：「省地」二字亦未詳。土産沉香、蓬萊香、生金、銀、鐵、朱砂、珠、貝、犀、象、翠羽、硨磲、鹽、漆、木綿、吉貝之屬。歲有進貢。其國不通商。以此首題，言自近者始也。舟行約十餘程抵占城國。

占城國

占城，東海路通廣州，西接雲南，南至真臘，北抵交趾，通邕州。自泉州至本國，順風

校勘記

【一】官僚以生口獻其酋　「僚」原作「寮」，據《文獻通考》卷三三〇所引《桂海虞衡志》改。

舟行二十餘程。其地東西七百里，南北三千里。國都號新州，有縣鎮之名，甃磚爲城，護以石塔。王出入乘象，或乘軟布兜，四人舁之。案：《宋史・外國列傳》云：「王出，近則乘軟布兜，遠則乘象或乘一木杠，四人舁之。」據此，則布兜下當脱「或乘一木杠」五字。頭戴金帽，身披瓔珞。王每出朝坐，輪使女三十人持劍盾或捧檳榔從，官屬謁見，膜拜一而止，白事畢，膜拜一而退。婦人拜揖與男子同。男女犯姦皆殺，盜有斬指斷趾之刑。戰則五人結甲，走則同甲皆坐以死。唐人被土人殺害，追殺償死。國人好潔，日三五浴，以腦麝合香塗體，又以諸香和焚薰衣。四時融暖，無寒暑候。每歲元日，牽象周行所居之地，然後驅逐出郭，謂之「逐邪」。四月有遊船之戲，陳魚而觀之。定十一月望日爲冬至。州縣以土產物帛獻於王。民間耕種率用兩牛，五穀無麥，有秔、粟、麻、豆。不產茶，亦不識醞釀之法，止飲椰子酒。菓實有蓮、蔗、蕉、椰之屬。土地所出：象牙、箋沉速香、黃蠟、烏樠木、白藤、吉貝花布、絲絞布、白氎簟、孔雀、犀角、紅鸚鵡等物。官監民入山斫香輸官，謂之「身丁香」，如中國身丁鹽稅之類，納足聽民貿易。不以錢爲貨，惟博米酒及諸食物，以此充歲計。若民入山爲虎所噬，或水行被鱷魚之厄，其家指其狀詣王，王命國師作法，誦呪書符，投民死所，虎、鱷即自投赴請命，殺之。若有欺詐誣害之訟，官不能明，令競主同過鱷魚潭，其負理者魚即出食之，理直者雖過十餘次，鱷自避去。買人爲奴婢，每一男子鬻金三兩，準香貨酬之。商舶到其國，即差官摺黑皮爲策，書白字，抄物數，監盤上岸，十取其二，外聽交易，如有隱瞞，籍没入官。番商興販，用腦、麝、檀香、草席、凉傘、絹扇、漆器、甆器、鉛、錫、酒、糖等博易。舊州、烏麗、日麗、越裏、微芮、賓瞳龍、烏馬、拔弄、容蒲羅甘兀亮、寶毗齊皆其屬國也。其國前代罕與中國通。周顯德中，始遣使入貢。皇朝建隆、乾德間，各貢方物。太平興國六年，交趾黎桓上言，欲以其國俘九十三人獻於京師，太宗令廣州止其俘，存撫之。自是貢獻不絶，輒以器幣優賜，嘉其嚮慕聖化也。國南五七日程至真臘國。

賓瞳龍國

賓瞳龍國，地主手飾衣服與占城同。以葵蓋屋，木作柵護。歲貢方物於占城。今羅漢中有賓頭盧尊者，蓋指此地言之，賓瞳龍音訛也，或云目連舍基尚存。雍熙四年，同大食國來貢方物。

真臘國

真臘，接占城之南，東至海，西至蒲甘，南至加羅希。自泉州舟行，順風月餘日可到。其地約方七千餘里，國都號禄兀。天氣無寒。其王粧束大概與占城同，出入儀從則過之。間乘輦，駕以兩馬，或用牛。其縣鎮亦與占城無異。官民悉編竹覆茅爲屋，惟國王鐫石爲室。有青石、蓮花、池沼之勝，跨以金橋，約三十餘丈。殿宇雄壯，侈麗特甚。王坐五香七寶床，施寶帳，以紋木爲竿，象牙爲壁。群臣入朝，先至階下三稽首，升階則跪，以兩手抱膊遶王環坐，議政事訖，跪伏而退。西南隅銅臺上列銅塔二十有四，鎮以八銅象，各重四千斤。戰象幾二十萬，馬多而小。奉佛謹嚴，日用番女三百餘人，舞獻佛飯，謂之「阿南」，即妓弟也。其俗淫，姦則不問。犯盜則有斬手、斷足、燒火印胸之刑。其僧道呪法靈甚。僧衣黃者有室家，衣紅者寺居，戒律精嚴。道士以木葉爲衣，有神曰「婆多利」，祠祭甚謹。以右手爲淨，左手爲穢，取雜肉羹與飯相和，用右手掬而食之。厥土沃壤，田無畛域，視力所及而耕種之。米穀廉平，每兩烏鉛可博米二㪷。土產象牙、暫速細香、粗熟香、黃蠟、翠毛、此國最多。篤耨腦、篤耨瓢、番油、姜皮、金顏香、蘇木、生絲、綿布等物。番商興販，用金銀、甆器、假錦、涼傘、皮鼓、酒、糖、醯醢之屬博易。登流眉、波斯蘭、羅斛、三濼、真里富、麻羅問、緑洋、呑里富、蒲甘、窊裏、西棚、杜懷、潯番皆其屬國也。本國舊與占城鄰好，歲貢金兩。因淳熙四年五月望日，占城主以舟師襲其國都，請和不許，殺之，遂爲大讎，誓必復怨。慶元己未，大舉入占城，俘其主，戮其臣僕，勦殺幾無噍類。更立真臘人爲主，占城今亦爲真臘屬國矣。唐武德中始通中國。國朝宣和二年，遣使入貢。其國南接三佛齊屬國之加羅希。

登流眉國 案：「登流眉」，《宋史》作「丹流眉」【二】。

登流眉國在真臘之西。地主椎髻簪花，肩紅蔽白。朝日登場，初無殿宇。飲食以葵葉爲椀，不施匕筯，掬而食之。有山曰「無弄」，釋迦涅槃示化銅像在焉。產白荳蔻、箋沉速香、黃蠟、紫礦之屬。

【二】宋史作丹流眉　《宋史》（中華書局本）卷四八九有「丹眉流」條，然同卷「真臘」條亦見「登流眉」，且《宋會要》、《嶺外代答》等皆作「登流眉」，疑《宋史》之「丹流眉」爲倒誤所致。

蒲甘國

蒲甘國，官民皆撮髻於額，以色帛繫之，但地主別以金冠。其國多馬，不鞍而騎。其俗奉佛尤謹，僧皆衣黄。地主早朝，官僚各持花來獻，僧作梵語祝壽，以花戴王首，餘花歸寺供佛。國有諸葛武侯廟。皇朝景德元年，遣使同三佛齊、大食國來貢，獲預上元觀燈。崇寧五年，又入貢。

三佛齊國

三佛齊，間於真臘、闍婆之間，管州十有五。在泉之正南，冬月順風月餘方至凌牙門。經商三分之一始入其國。國人多姓蒲。累甓爲城，周數十里。國王出入乘船，身纏縵布，蓋以絹傘，衛以金鏢。其人民散居城外或作牌水居，鋪板覆茅，不輸租賦。習水陸戰，有所征伐，隨時調發，立酋長率領，皆自備兵器、糗糧，臨敵敢死，伯於諸國。無緡錢，止鑿白金貿易。四時之氣，多熱少寒。豢畜頗類中國。有花酒、椰子酒、檳榔蜜酒【三】，皆非麴蘖所醖，飲之亦醉。國中文字用番書，以其王指環爲印，亦有中國文字，上章表則用焉。國法嚴，犯姦男女悉寘極刑。國王死，國人削髮成服，其侍人各願狥死，積薪烈焰躍入其中，名曰「同生死」。有佛名「金銀山」，佛像以金鑄。每國王立，先鑄金形以代其軀。用金爲器皿，供奉甚嚴。其金像、器皿各鐫誌，示後人勿毁。國人如有病劇，以銀如其身之重施國之窮乏者，云可緩死。俗號其王爲龍精，不敢穀食，惟以沙糊食之，否則歲旱而穀

【三】檳榔蜜酒　《宋史》卷四八九作「檳榔酒、蜜酒」。

貴。浴以薔薇露，用水則有巨浸之患。有百寶金冠，重甚，每大朝會，惟王能冠之，他人莫勝也。傳禪則集諸子以冠授之，能勝之者則嗣。舊傳其國地面忽裂成穴，出牛數萬，成群奔突入山，人競取食之。後以竹木窒其穴，遂絶。土地所産：瑇瑁、腦子、沉速暫香、粗熟香、降真香、丁香、檀香、荳蔻，外有真珠、乳香、薔薇水、梔子花、膃肭臍、没藥、蘆薈、阿魏、木香、蘇合油、象牙、珊瑚樹、猫兒睛、琥珀、番布、番劍等，皆大食諸番所産，萃於本國。番商興販，用金銀、甆器、錦綾、纈絹、糖、鐵、酒、米、乾良薑、大黄、樟腦等物博易。其國在海中，扼諸番舟車往來之咽喉。古用鐵絃爲限，以備他盜，操縱有機，若商舶至則縱之。比年寧謐，撤而不用，堆積水次，土人敬之如佛，舶至則祠焉。沃以油則光焰如新，鰐魚不敢踰爲患。若商舶過不入，即出船合戰，期以必死，故國之舟輻湊焉。蓬豐、登牙儂、凌牙斯加、吉蘭丹【四】、佛羅安、日羅亭、潛邁、拔沓、單馬令、加羅希、巴林馮、新拖、監篦、藍無里、細蘭皆其屬國也。其國自唐天祐始通中國。皇朝建隆間凡三遣貢。淳化三年，告爲闍婆所侵，乞降詔諭本國，從之。咸平六年，上言本國建佛寺以祝聖壽，願賜名及鐘。上嘉其意，詔以「承天萬壽」爲額，併以鐘賜焉。至景德、祥符、天禧、元豐元祐，貢使絡繹，輒優詔獎慰之。其國東接戎牙路。或作重迦盧。

單馬令國

單馬令國，地主呼爲相公。以木作栅爲城，廣六七尺，高二丈餘，上堪征戰。國人乘

【四】吉蘭丹　「丹」原作「舟」，據本書「佛囉安國」條、《島夷誌畧》之「吉蘭丹」條改。

牛【五】，打鬃跣足。屋舍、官場用木，民居用竹，障以葉，繫以藤。土産黄蠟、降真香、速香、烏樠木、腦子、象牙、犀角。番商用絹傘、雨傘、荷池纈絹、酒、米、鹽、糖、甆器、盆鉢麄重等物，及用金銀爲盤盂博易。日囉亭、潛邁拔沓、加囉希類此。本國以所得金銀器糾集日囉亭等國類聚，獻入三佛齊國。

凌牙斯加國【六】

凌牙斯加國，自單馬令風帆六晝夜可到，亦有陸程。地主纏縵跣足，國人剪髮，亦纏縵。地産象牙、犀角、速暫香、生香、腦子。番商興販，用酒、米、荷池纈絹、甆器等爲貨。各先以此等物準金銀，然後打博。如酒壹墱，準銀一兩，準金二錢；米二墱，準銀一兩，十墱，準金一兩之類。歲貢三佛齊國。

佛囉安國

佛囉安國，自凌牙斯加四日可到，亦可遵陸。其國有飛來佛二尊，一有六臂，一有四臂。賊舟欲入其境，必爲風挽回，俗謂佛之靈也。佛殿以銅爲瓦，飾之以金。每年以六月望日爲佛生日，動樂鐃鈸，迎導甚都，番商亦預焉。土産速暫香、降真香、檀香、象牙等。番商以金銀、甆、鐵、漆器、酒、米、糖、麥博易。歲貢三佛齊。其鄰蓬豐、登牙儂、凌牙斯加【七】吉蘭丹類此。

新拖國

【五】國人乘牛　「牛」原作「午」，據學津討原本改。

【六】凌牙斯加國　「加」字原脱，據本書「三佛齊國」、「佛囉安國」等條補。

【七】凌牙斯加　「凌牙斯」三字原脱，據本書「三佛齊國」條及此处文中所列諸國地望關係補。

新拖國，有港水深六丈，舟車出入，兩岸皆民居，亦務耕種。架造屋宇，悉用木植，覆以椶櫚皮，籍以本板，障以藤篾。男女裸體，以布纏腰，剪髮僅留半寸。山產胡椒，粒小而重，勝於打板。地產東瓜、甘蔗、匏豆、茄菜。但地無正官，好行剽掠，番商罕至興販。

監篦國

監篦國，其國當路口，舶船多泊此。從三佛齊國風帆半月可到。舊屬三佛齊，後因爭戰，遂自立爲王。土產白錫、象牙、真珠。國人好弓箭，殺人多者帶符標榜，互相誇詫。五日水路到藍無里國。

藍無里國　細蘭國【八】

藍無里國，土產蘇木、象牙、白藤。國人好鬬，多用藥箭。北風二十餘日到南毗管下細蘭國。自藍無里風帆將至其國，必有電光閃爍，知是細蘭也。其王黑身而逆毛，露頂不衣，止纏五色布，躡金線紅皮履，出騎象，或用軟兜，日啖檳榔，煉真珠爲灰。屋宇悉用貓兒睛及青紅寶珠、瑪瑙、雜寶粧飾，仍用籍地以行。東西有二殿，各植金樹，柯莖皆用金，花實并葉則以貓兒睛、青紅寶珠等爲之。其下置金椅，以琉璃爲壁。王出朝，早升東殿，晚升西殿，坐處常有寶光，蓋日影照射琉璃，與寶樹相映，如霞光閃爍然。二人常捧金盤從，承王所啖檳榔滓。從人月輸金一鎰於官庫，以所承檳榔滓内有梅花腦并諸寶物也。王握寶珠，徑五寸，火燒不煖，夜有光如炬。王日用以拭面，年九十餘，顏如童。國人肌膚

【八】細蘭國　三字原闕，據本條記述内容補。

甚黑，以縵纏身，露頂跣足，以手掬飯，器皿用銅。有山名細輪疊，頂有巨人跡，長七尺餘，其一在水内，去山三百餘里。其山林木低昂【九】，周環朝拱。産貓兒睛、紅玻瓈、腦、青紅寶珠。地産白荳蔻、木蘭皮、麁細香。番商轉易用檀香、丁香、腦子、金、銀、甆器、馬、象、絲帛等爲貨。歲進貢於三佛齊。

闍婆國

闍婆國又名莆家龍，於泉州爲丙巳方，率以冬月發船，蓋藉北風之便，順風晝夜行月餘可到。東至海，水勢漸低，女人國在焉。愈東則尾閭之所泄，非復人世。泛海半月至崑崙國，南至海三日程。泛海五日至大食國，西至海四十五日程，北至海四日程。西北泛海十五日至渤泥國，又十日至三佛齊國【一〇】，又七日至古邏國，又七日至柴曆亭，抵交趾，達廣州。國有寺二，一名聖佛，一名捨身。有山出鸚鵡，名鸚鵡山。其王椎髻，戴金鈴，衣錦袍，躡革履，坐方牀。官吏日謁，三拜而退，出入乘象或腰輿，壯士五七百輩執兵以從。國人見王皆坐，俟其過乃起。以王子三人爲副王。官有司馬傑、落佶連，共治國事，如中國宰相，無月俸，隨時量給土産諸物。次有文吏三百餘員，分主城池、帑廩及軍卒。其領兵者歲給金二十兩，勝兵三萬，歲亦給金有差。土俗婚聘無媒妁，案：「聘」字原脱，今依《宋史》補入。但納黄金於女家以取之。不設刑禁，犯罪者隨輕重出黄金以贖，惟寇盜則寘諸死。五月遊船，十月遊山，或跨山馬，或乘軟兜。樂有横笛、鼓板，亦能舞。山中多猴，不畏人，

【九】其山林木低昂　「木」原作「水」，據函海本、學津討原本改。

【一〇】又十日至三佛齊國　「十日」，《宋史》卷四八九作「十五日」。

呼以胥胥之聲即出，投以果實，則有大猴先至，土人謂之猴王，先食畢，群猴食其餘。國中有竹園，有鬬雞、鬬猪之戲。屋宇壯麗，飾以金碧。賈人至者，館之賓舍，飲食豐潔。土人被髮，其衣裝纏胸，下至於膝。疾病不服藥，但禱求神佛。民有名而無姓，尚氣好鬬，與三佛齊有讐，互相攻擊。宋元嘉十二年嘗通中國，後絶。皇朝淳化三年，復修朝貢之禮。其地坦平，宜種植，産稻、蔴、粟、豆，無麥，耕田用牛。民輸十一之租。案：「十一」二字原本誤作「土」，今依《宋史》改正。煮海爲鹽。多魚、鼈、雞、鴨、山羊，兼椎馬、牛以食。果實有木瓜【一一】、椰子、蕉子、甘蔗、芋。出象牙、犀角、真珠、龍腦、瑇瑁、檀香、茴香、丁香、荳蔻、蓽澄茄、降真香、花簟、番劍、胡椒、檳榔、硫黄、紅花、蘇木、白鸚鵡，亦務蠶織，有雜色綉絲、吉貝、綾布。地不産茶，酒出於椰子及蝦猱丹樹之中，此樹華人未曾見；或以桄榔、檳榔釀成，亦自清香。蔗糖其色紅、白，味極甘美。以銅、銀、鍮、錫雜鑄爲錢，錢六十準金一兩，三十二準金半兩。番商興販，用夾雜金銀，及金銀器皿、五色纈絹、皂綾、川芎、白芷、硃砂、緑礬、白礬、鵬砂、砒霜、漆器、鐵鼎、青白甆器交易。此番胡椒萃聚，商舶利倍蓰之獲，往往冒禁潛載銅錢博換，朝廷屢行禁止興販，番商詭計，易其名曰蘇吉丹。

蘇吉丹

蘇吉丹即闍婆之支國，西接新拖【一二】，東連打板。有山峻極，名保老岸，番舶未到，先見此山，頂聳五峰，時有雲覆其上。其王以五色布纏頭，跣足，路行蔽以凉傘，或皂或

【一一】木瓜　原作「大瓜」，據《宋史》卷四八九改。

【一二】西接新拖　「西」原作「而」，據學津討原本及兩地地望改。

白，從者五百餘人，各持鎗劍鏢刀之屬，頭戴帽子，其狀不一，有如虎頭者，如鹿頭者，又有如牛頭、羊頭、雞頭、象頭、獅頭、猴頭者，旁插小旂，以五色纈絹爲之。土人男剪髮，女打鬃，皆裸體跣足，以布纏腰。民間貿易，用雜白銀鑿爲幣，狀如骰子，上鏤番官印記，六十四隻準貨金一兩，每隻博米三十升，或四十升至百升，其他貿易悉用是，名曰「闍婆金」，可見此國即闍婆也。架造屋宇與新拖同。地多米穀，巨富之家倉儲萬餘石。有樹名波羅蜜，其實如東瓜，皮如栗殼，肉如柑瓣，味極甘美。亦有荔支、芭蕉、甘蔗，與中國同。荔支曬乾可療痢疾，蕉長一尺，蔗長一丈，此爲異耳。蔗汁入藥，醖釀成酒勝如椰子。地之所産大率與闍婆無異，胡椒最多，時和歲豐，貨銀二十五兩可博十包至二十包，每包五十升。設有凶歉寇攘，但易其半。採椒之人爲辛氣薰迫，多患頭痛，餌川芎可愈。蠻婦搽抹及婦人染指甲衣帛之屬，多用朱砂。故番商興販率以二物爲貨。厚遇商賈，無宿泊飲食之費。其地連百花園、麻東、打板、禧寧、戎牙路、東峙、打綱、黄麻駐、麻篱、牛論、丹戎武囉、底勿、平牙夷、勿奴孤，皆闍婆之屬國也。打板國東連大闍婆，號戎牙路。或作重迦盧。居民架造屋宇，與中國同。其地平坦，有港通舟車往來。産青鹽、綿羊、鸚鵡之屬。番官勇猛，與東邊賊國爲姻，彼以省親爲名，番舶多遭劫掠之患，甚至俘人以爲奇貨，每人换金二兩或三兩，以此商貨遂絶。賊國：丹重布囉、琶離、孫他、故論是也。打綱、黄麻駐、麻篱、牛論、丹戎武囉、底勿【一三】、平牙夷、勿奴孤等國在海島中，各有地主，用船往來。地罕耕種，國多老

【一三】底勿　「勿」字原脱，據上文補。

樹，内產沙糊，狀如麥麵，土人用水爲圓，大如綠豆，曬乾入包，儲蓄爲糧，或用魚及肉雜以爲羹。多嗜甘蔗、芭蕉，搗蔗入藥，醞釀爲酒。又有尾巴樹，剖其心，取其汁，亦可爲酒。土人壯健凶惡，色黑而紅，裸體文身，剪髮跣足。飲食不用器皿，緘樹葉以從事【一四】，食已則棄之。民間博易止用沙糊，準以升斗，不識書計。植木爲棚，高二丈餘，架屋其上，障蓋與新拖同。土產檀香、丁香、荳蔻、花簟、番布、鐵劍、器械等物。内麻篱、丹戎武囉尤廣袤【一五】，多蓄兵馬，稍知書計。土產降真、黃蠟、細香、瑇瑁等物，丹戎武囉亦有之。率不事生業，相尚出海以舟劫掠，故番商罕至焉。

【一四】緘樹葉以從事　「緘」原作「鍼」，據函海本、學津討原本改。

【一五】内麻篱丹戎武囉尤廣袤　「麻篱、丹戎武囉」原作「丹戎麻篱武囉」，據上文改。

南毗國

南毗國在西南之極，自三佛齊便風月餘可到。國都號篾阿抹，唐語曰「禮司」。其主裸體跣足，縛頭纏腰皆用白布，或著白布窄袖衫，出則騎象，戴金帽，以真珠珍寶雜飾其上，臂繫金纏，足圈金鍊。儀仗有纛，用孔雀羽爲飾，柄拖銀朱，凡二十餘人，左右翊衛。從以番婦，擇貌壯奇偉者前後約五百餘人，前者舞導，皆裸體跣足，止用布纏腰，後者騎馬，無鞍，纏腰束髮，以真珠爲纓絡，以真金爲纏鍊，用腦麝雜藥塗體，蔽以孔雀毛傘。其餘從行官屬，以白番布爲袋，坐其上，名曰「布袋轎」，以扛舁之。扛包以金銀，在舞婦之前。國多沙地，王出，先差官一員及兵卒百餘人持水灑地，以防飈風播揚。飲食精細，鼎以百計，日一易之。有官名翰林，供王飲食，視其食之多寡，每裁約之，無使過度。或因而致疾，則嘗糞之甘苦以療治之。國人紫色，耳輪垂肩。習弓箭，善刀矟，喜戰鬭，征伐皆乘象，臨敵以綵纈纏頭。事佛尤謹。地暖無寒，米、穀、麻、豆、麥、粟、芋、菜，食用皆足，價亦廉平。鑿雜白銀爲錢，鏤官印記，民用以貿易。土產真珠、諸色番布、兜羅綿。國有淡水江，乃諸流湊匯之處。江極廣袤，旁有山突兀，常有星現其上，秀氣鍾結，產爲小石如貓兒睛，其色明透，埋於山坎中，不時山發溯洪推流，官時差人乘小舸採取，國人珍之。故臨、胡茶辣、甘琶逸、弼離沙、麻囉華、馮牙囉、麻哩抹、都奴何、啞哩喏、嗷囉囉哩皆其屬國也。其國最遠，番舶罕到。時羅巴智力干父子，其種類也，今居泉之城南。土產之物，本國運至吉羅、達弄、三佛齊，用荷池纈絹、甆器、樟腦、大黃、黃連、丁香、腦子、檀香、荳蔻、沉香爲貨，商人就博易焉。

故臨國

故臨國，自南毗舟行，順風五日可到。泉船四十餘日到藍里住冬，至次年再發，一月始達。土俗大率與南毗無異。土產椰子、蘇木，酒用蜜糖和椰子花汁醞成。好事弓箭，戰鬭臨敵以綵纈纏髻。交易用金銀錢，以銀錢十二準金錢之一。地暖無寒。每歲自三佛齊、監篦、吉陀等國發船，博易用貨亦與南毗同。大食人多寓其國中。每浴畢，用鬱金塗體，蓋欲仿佛之金身。案：「仿佛」原作「彷佛」，今改正。

胡茶辣國

胡茶辣國，管百餘州，城有四重。國人白淨，男女皆穴耳，墜重環，着窄衣，纏縵布，戴白煖耳，躡紅皮鞋。人禁葷食，有佛宇四千區，内約二萬餘妓，每日兩次歌，獻佛飯及獻花。獻花用吉貝線結縛爲毬，日約用三百斤。有戰象四百餘隻，兵馬約十萬。王出入乘象，頂戴金冠，從者各乘馬持劍。土産青碇至多，紫礦、苛子、諸色番布，每歲轉運就大食貨賣。

麻囉華國

麻囉華國，與胡茶辣連接。其國管六十餘州，有陸路，衣服風俗與胡茶辣國同。産白布甚多，每歲約發牛二千餘隻駝布，就陸路往他國博易。

注輦國

注輦國，西天南印度也，東距海五里，西至西天竺千五百里，南至細蘭二千五百里【一六】，北至頓田三千里。自古不通商，水行至泉州約四十一萬一千四百餘里。欲往其國，當自故臨易舟而行，或云蒲甘國亦可往。其國有城七重，高七尺，南北十二里，東西七里。每城相去百步，四城用磚，二城用土，最中城以木爲之，皆植花菓雜木。第一、第二城皆民居，環以小濠，第三、第四城侍郎居之，第五城王之四子居之，第六城爲佛寺，百僧居之，第七城即王之所居，屋四百餘區。所統有三十一部落：其西十二，曰只都尼、施亞盧尼、羅琶離鼈琶移、布林琶布尼、古檀布林蒲登、故里、婆輪岑【一七】，本蹄揭蹄、閻黎池离、那部尼、遮古林、亞里者林；其南八，曰無雅加黎麻藍、眉古黎苦低、舍里尼、蜜多羅摩、

【一六】南至細蘭二千五百里　「細」原作「羅」，據本書「細蘭國」條、《宋史》卷四八九改。

【一七】婆輪岑　《宋史》卷四八九作「娑輪岑」。

伽藍蒲登、蒙伽林加藍、琶里琶离遊、亞林池蒙伽藍；　其北十二，曰撥羅耶、無没离江、注林【一八】、加里蒙伽藍、漆結麻藍、握折蒙伽藍、皮林伽藍、蒲稜和藍、堡琶來、田注离、盧娑囉【一九】、迷蒙伽藍。案：三十一部落之名，原本訛脱不一，今皆依《宋史》改正。　民有罪，命侍郎一員處治之，輕者縶於木格，笞五七十至一百，重者即斬，或以象踐殺之。其宴，則王與四侍郎膜拜於階，遂共作樂歌舞，不飲酒，而食肉。俗衣布，亦有餅餌。掌饌執事用妓，近萬餘家，日輪三千輩祗役。其嫁娶先用金銀指環，使媒婦至女家，後三日會男家親族，約以田土、生畜、檳榔酒等，稱其有無爲禮；女家復以金銀指環、越諸布及女所服錦衣遺婿。若男欲離女，則不敢取聘財，女欲却男，則倍償之。其國賦税繁重，客旅罕到。與西天諸國鬭戰，官有戰象六萬，皆高七八尺，戰時象背立屋，載勇士，遠則用箭，近則用槊，戰勝者象亦賜號，以旌其功。國人尚氣輕生，或有當王前用短兵格鬭，死而無悔。父子兄弟不同釜而爨，不共器而食，然甚重義。地産真珠、象牙、珊瑚、玻璃、檳榔、豆蔻、琉璃、色絲布、吉貝布，獸有山羊、黄牛，禽有山雞、鸚鵡，菓有餘甘、藤蘿、千年棗、椰子、甘羅、崑崙梅、波羅蜜之類，花有白茉莉、散絲、蛇臍、佛桑【二〇】、麗秋、青黄碧婆羅、瑤蓮、蟬紫、水蕉之類，五穀有緑黑豆、麥、稻，地宜竹。自昔未嘗朝貢。大中祥符八年，其主遣使貢真珠等，譯者導其言曰：「願以表遠人慕化之意。」詔閤門祗候史祐之館伴，宴錫恩例同龜兹使，適值承天節，其使獲預啓聖院祝壽。至熙寧十年，又貢方物，神宗遣内侍勞問之。其餘南尼華囉等

【一八】注林　「注」字原脱，據函海本、學津討原本補。

【一九】盧娑囉　《宋史》卷四八九作「盧婆囉」。

【二〇】佛桑　「佛」字原脱，據《宋史》卷四八九、《文獻通考》卷三三二補。

國，不啻百餘，悉冠以西天之名。又有所謂「王舍城」者，俗傳自交趾之北至大理，大理西至王舍城不過四十程。按賈耽《皇華西達記》云：「自安南通天竺。」是有陸可通其國，然達磨之來，浮海至番禺，豈陸程迂迴，不如海道之迅便歟？

西天鵬茄囉國

西天鵬茄囉國，都號茶那咭，城圍一百二十里。民物好勝，專事剽奪。以白砑螺殼磨治爲錢。土産寶劍、兜羅綿等布。或謂佛教始於此國，唐三藏玄奘取經曾到。

西天南尼華囉國

西天南尼華囉國，城有三重。人早晚浴，以鬱金塗體，效佛金色。多稱婆羅門，以爲佛真子孫。屋壁坐席悉塗牛糞，相尚以此爲潔。家置壇，崇三尺，三級而升，每晨焚香獻花，名爲供佛。大食番商至其國，則坐之門外，館之別室，具供帳器皿。婦人犯奸輒殺之，官不問。土産上等木香、細白花蘂布。人多食酥酪、飯、豆、菜，少食魚、肉。道通西域，西域忽有輕騎來劫，但閉門距之，數日，乏糧自退。

大秦國

大秦國，一名犂軒。西天諸國之都會，大食番商所萃之地也。其王號麻囉弗，理安都城，以帛織出金字纏頭，所坐之物，則織以絲罽。有城市里巷，王所居舍，以水精爲柱，以石灰代瓦，多設簾幃，四圍開七門，置守者各三十人。有他國進貢者，拜於堦戺之下，祝壽而退。其人長大美晳，頗類中國，故謂之大秦。有官曹簿領，而文字習胡【二一】。人皆髦頭，而衣文繡，亦有白蓋小車、旌旗之屬，及十里一亭，三十里一堠。地多獅子，遮害行旅，不百人持兵器偕行，易爲所食。宮室下鑿地道，通禮拜堂一里許。王少出，惟誦經禮佛，遇七日即由地道往禮拜堂拜佛，從者五十餘人。國人罕識王面。若出遊則騎馬，用傘，馬之頭頂皆飾以金玉珠寶。遞年大食國王有號素丹者，遣人進貢。如國内有警，即令大食措置兵甲撫定。所食之物，多飯餅肉，不飲酒，用金銀器，以匙挑之，食已，即以金盤貯水濯手。土產琉璃、珊瑚、生金、花錦、縵布、紅瑪瑙、真珠，又出駭雞犀，駭雞犀即通天犀也。漢延熹初【二二】，其國主遣使自日南徼外來獻犀、象、瑇瑁，始通中國，所供無他珍異，或疑使人隱之。晉太康中，又來貢。或云其國西有弱水、流沙，近西王母所處，幾於日所入也。按杜環《經行記》云【二三】：「拂菻國在苫國西【二四】，亦名大秦。其人顔色紅白，男子悉著素衣，婦人皆服珠錦。好飲酒，尚乾餅，多工巧，善織絡。地方千里，勝兵萬餘，與大食相禦。西海中有市，客主同和，我往則彼去，彼來則我歸。賣者陳之於前，買者酬之於後，皆以其直置諸物旁，待領直然後收物，名曰『鬼市』。」

天竺國

天竺國隸大秦國，所立國主悉由大秦選擇。俗皆辮髮，垂下兩鬢及頂，以帛纏頭。所居以石灰代瓦，有城郭居民。王服錦罽，爲螺髻於頂，餘髮剪之使短。晨出坐氍皮，氍乃獸

【二一】而文字習胡　「胡」原作「北」，據函海本、學津討原本及《通典》卷一九三回改，下同。

【二二】漢延熹初　「熹」原作「嘉」，據《通典》卷一九三、《後漢書》卷八八改。

【二三】杜環經行記云　「環」原作「還」，據《通典》卷一九一改。

【二四】拂菻國在苫國西　「菻」原作「桑」，據《通典》卷一九三所載《經行記》改。

名。用朱蠟飾之，畫雜物於其上【二五】，群下皆禮拜祝壽。出則騎馬，鞍轡皆以烏金銀閙裝，從者三百人，執矛劍之屬。妃衣大袖縷金紅衣，歲一出，多所賑施。國有聖水，能止風濤，番商用琉璃缾盛貯，猝遇海颶波，以水灑之則止。後魏宣武時，嘗遣使獻駿馬，云其國出獅子、貂、豹、槖駝、犀、象、瑇瑁、金、銅、鐵、鉛、錫，金縷織成金罽、白疊、毾㲪，有石如雲母而色紫，裂之則薄如蟬翼，積之則如紗縠，有金剛石，似紫石英，百鍊不銷，可以切玉，又有旃檀等香，甘蔗、石蜜諸果。歲與大秦、扶南貿易，以齒貝爲貨。俗工幻化，有弓箭、甲矟、飛梯、地道及木牛流馬之法，而怯於戰鬭。善天文筭曆之術，皆學悉曇草書，案：新舊《唐書》皆作「悉曇意」。以貝多樹葉爲紙。唐貞觀、天授中，嘗遣使入貢。雍熙間，有僧囉護哪航海而至，自言天竺國人，番商以其胡僧【二六】，競持金繒珍寶以施。僧一不有，買隙地建佛刹於泉之城南，今寶林院是也。

大食國

大食在泉之西北，去泉州最遠。番舶艱於直達，自泉發船四十餘日，至藍無里博易住冬【二七】，次年再發，順風六十餘日方至其國。本國所產，多運載與三佛齊貿易，商賈轉販以至中國。其國雄壯，其地廣袤。民俗侈麗，甲於諸番。天氣多寒，雪厚二三尺，故貴氊毯。國都號蜜徐籬，或作麻囉拔。據諸番衝要。王頭纏織錦番布，朔望則戴八面純金平頂冠，極天下珍寶，皆施其上，衣錦衣，繫玉帶，躡間金履。其居以瑪瑙爲柱，以緑甘石之透明

【二五】畫雜物於其上 「其」字原脱，據函海本、學津討原本補。

【二六】番商以其胡僧 「胡」原作「西」，據函海本、學津討原本改。

【二七】至藍無里博易住冬 「無」字原脱，據本書「藍無里國」條及諸國地望補。

如水晶者。爲壁，以水晶爲瓦，以碌石爲磚，以活石爲灰。帷幕之屬，悉用百花錦，其錦以真金線夾五色絲織成。樓榻飾以珠寶，堦砌包以純金，器皿鼎竈雜用金銀。結真珠爲簾，每出朝，坐於簾後。官有丞相，披金甲，戴兜鍪，持寶劍，擁衛左右。餘官曰太尉，各領兵馬二萬餘人，馬高七尺，用鐵爲鞋，士卒驍勇，武藝冠倫。街闊五丈餘，就中鑿二丈深四尺，以備駱駝、馬、牛馱負物貨，左右鋪砌青黑石板，尤極精緻，以便來往。民居屋宇與中國同，但瓦則以薄石爲之。民食專仰米穀，好嗜細麪蒸羊，貧者食魚、菜。菓實皆甜無酸，取蒲萄汁爲酒，或用糖煮香藥爲思酥酒，又用蜜和香藥作眉思打華酒，其酒大煖。巨富之家，博易金銀以量爲秤。市肆諠譁，金銀、綾錦之類，種種萃聚，工匠技術咸精其能。王與官民皆事天，有佛名「麻霞勿」。七日一削髮翦甲，歲首清齋念經一月，每日五次拜天。農民耕種無水旱之憂，有溪澗之水足以灌溉，其源不知從出。當農隙時，其水止平兩岸，及農務將興，漸漸泛溢，日增一日，差官一員視水候至，廣行勸集，齊時耕種，足用之後，水退如初。國有大港，深二十餘丈，東南瀕海，支流達於諸路。港之兩岸皆民居，日爲墟市，舟車輻湊，麻、麥、粟、豆、糖、麪、油、柴、雞、羊、鵝、鴨、魚、蝦、棗圈、蒲萄、雜菓皆萃焉。土地所出：真珠、象牙、犀角、乳香、龍涎、木香、丁香、肉荳蔻、安息香、盧薈、没藥、血碣、阿魏、膃肭臍、鵬砂、琉璃、玻瓈、硨磲、珊瑚樹、貓兒睛、梔子花、薔薇水、没石子、黄蠟、織金軟錦、駝毛布、兜羅錦、異緞等。番商興販，係就三佛齊、佛囉安等國轉易。麻囉抹、施曷、

【二八】甕蠻　「蠻」原作「篱」，據本書「甕蠻國」條改。

奴發、啞四包閑、囉施美、木俱蘭、伽力吉、毗喏耶、伊禄、白達、思蓮、白蓮、積吉、甘眉、蒲花羅、層拔、弼琶囉、勿拔、甕蠻【二八】、記施、麻嘉、弼斯羅、吉甆尼、勿斯离皆其屬國也。其國本波斯之别種，隋大業中，有波斯之桀黠者，探穴得文石以爲瑞，乃糾合其衆，剽略資貨，聚徒浸盛，遂自立爲王，據有波斯國之西境。唐永徽以後，屢來朝貢。其王盆尼末换之前，謂之白衣大食。阿婆羅拔之後，案：阿婆羅拔，《宋史》作阿蒲羅拔。謂之黑衣大食。皇朝乾德四年，僧行勤游西域，因賜其王書，以招懷之。開寶元年，遣使來朝貢。四年，同占城、闍婆致禮物於江南李煜，煜不敢受，遣使上其狀，因詔自今勿以爲獻。淳化四年，遣副使李亞勿來貢，引對於崇政殿，稱其國與大秦國爲鄰，土出象牙、犀角。太宗問取犀、象何法，對曰：「象用象媒，誘至漸近，以大繩羈縻之耳；犀則使人升大樹，操弓矢伺其至，射而殺之，其小者不用弓矢，亦可捕獲。」賜以襲衣冠帶，仍賜黄金，準其所貢之直。雍熙三年，同賓瞳龍國來朝。咸平六年，又遣麻尼等貢真珠，乞不給回賜。真宗不欲違其意，竢其還，優加恩禮。景德元年，其使與三佛齊、蒲甘使同在京師，留上元觀燈，皆賜錢縱飲。四年，偕占城來貢，優加館餼，許覽寺觀苑囿。大中祥符車駕東封，其主陁婆離上言，願執方物赴泰山，從之。四年，祀汾陰，又來，詔令陪位。舊傳廣州言，大食國人無西忽盧華，百三十歲，耳有重輪，貌甚偉異，自言遠慕皇化，附古邏國舶船而來。詔賜錦袍銀帶，加束帛。元祐、開禧間，各遣使入貢。有番商曰施那幃，大食人也，僑寓泉南，輕財樂施，有西土氣習，作叢冢於城外之東南隅，以掩胡賈之遺骸【二九】。提舶林之奇記其實。

麻嘉國

麻嘉國，自麻囉拔國西去，陸行八十餘程方到。乃佛麻霞勿所生之處。佛居用五色玉甃成，每歲遇佛忌辰，大食諸國皆至瞻禮，爭持金銀珍寶以施，仍用錦綺覆其居。後有佛墓，晝夜常有霞光，人莫能近，過則合眼。若人臨命終時，摸取墓上土塗胸，云可乘佛力超生。

層拔國

層拔國，在胡茶辣國南海島中，西接大山。其人民皆大食種落，遵大食教度。纏青番布，躡紅皮鞋。日食飯麪，燒餅、羊肉。鄉村山林多障岫層疊，地氣暖，無寒。產象牙、生金、龍涎、黃檀香。每歲胡茶辣國及大食邊海等處發船販易，以白布、甆器、赤銅、紅吉貝爲貨。

弼琶囉國

弼琶囉國，有四州，餘皆村落，各以豪强相尚，事天不事佛。土多駱駝、綿羊，以駱駝肉并乳及燒餅爲常饌。產龍涎、大象牙及大犀角，象牙有重百餘斤，犀角重十餘斤。亦多木香、蘇合香油、没藥，瑇瑁至厚，他國悉就販焉。又產物名駱駝鶴，身頂長六七尺，有翼能飛，但不甚高。獸名狙蠟，狀如駱駝，而大如牛，色黃，前脚高五尺，後低三尺，頭高向

【二九】以掩胡賈之遺骸　「胡」原作「舶」，據函海本、學津討原本改。

上，皮厚一寸。又有騾子，紅、白、黑三色相間，紋如經帶。皆山野之獸，往往駱駝之別種也。國人好獵，時以藥箭取之。

勿拔國

勿拔國，邊海有陸道可到大食。王紫棠色纏頭衣衫，遵大食教度爲事。

中理國

中理國人露頭跣足，纏布不敢着衫，惟宰相及王之左右乃着衫纏頭以別。王居用磚甓甃砌，民屋用葵茆苫蓋。日食燒麪餅、羊乳、駱駝乳，牛、羊、駱駝甚多，大食惟此國出乳香。人多妖術，能變身作禽獸或水族形，驚眩愚俗；番舶轉販，或有怨隙，作法詛之，其船進退不可知，與勸解方爲釋放，其國禁之甚嚴。每歲有飛禽泊郊外，不計其數，日出則絶不見其影，國人張羅取食之，其味極佳。惟暮春有之，交夏而絶，至來歲復然。國人死，棺殮畢欲殯，凡遠近親戚慰問，各舞劒而入，噉問孝主死故，若人殺死，我等當刃殺之報仇，孝主答以非人殺之，自係天命，乃投劒慟哭。每歲常有大魚死，飄近岸，身長十餘丈，徑高二丈餘。國人不食其肉，惟刳取腦髓及眼睛爲油，多者至三百餘墱，和灰修舶船或用點燈，民之貧者取其肋骨作屋桁，脊骨作門扇，截其骨節爲臼。國有山與弼琶囉國隔界，周圍四千里，大半無人烟。山出血碣、蘆薈，水出瑇瑁、龍涎，其龍涎不知所出，忽見成塊，或三五斤或十斤，飄泊岸下，土人競分之，或船在海中驀見採得。

甕蠻國

甕蠻國人物如勿拔國，地主纏頭，繳縵不衣，跣足，奴僕則露首跣足，繳縵蔽體。食燒麪餅、羊肉，并乳、魚、菜。土産千年棗甚多，沿海出真珠，山畜牧馬，極蕃庶。他國貿易惟買馬與真珠及千年棗，用丁香、荳蔻、腦子等爲貨。

記施國

記施國在海嶼中，望見大食，半日可到。管州不多。王出入騎馬，張皂傘，從者百餘人。國人白淨，身長八尺，披髮打纏，纏長八尺，半纏於頭，半垂於背，衣番衫，繳縵布，躡紅皮鞋。用金銀錢。食麪餅、羊、魚、千年棗，不食米飯。土産真珠、好馬。大食歲遣駱駝負薔薇水、梔子花、水銀、白銅、生銀、朱砂、紫草、細布等下船，至本國，販於他國。

白達國

白達國係大食諸國之一都會。自麻囉拔國約陸行一百三十餘程，過五十餘州乃到。國極强大，軍馬器甲甚盛。王乃佛麻霞勿直下子孫，相襲傳位，至今二十九代，經六七百年。大食諸國或用兵相侵，皆不敢犯其境。王出，張皂蓋，金柄，其頂有玉獅子，背負一大金月，閃耀如星，雖遠可見。城市衢陌居民豪侈，多寶物珍段，少米、魚、菜，人食餅、肉、酥酪。産金銀、碾花上等琉璃、白越諾布、蘇合油。國人相尚以好雪布纏頭及爲衣服，七日一次削髮剪爪甲，一日五次禮拜天。遵大食教度，以佛之子孫，故諸國歸敬焉。

弼斯囉國

弼斯囉國地主出入，騎從千餘人，盡帶鐵甲，將官帶連環鎖子甲。聽白達節制。人食燒麪餅、羊肉。天時寒暑稍正，但無朔望。產駱駝、綿羊、千年棗。每歲記施、甕蠻國常至其國般販。

吉慈尼國

吉慈尼國，自麻羅拔國約一百二十程可到，地近西北，極寒，冬雪至春不消。國有大山圍繞，鑿山爲城，方二百餘里，外環以水。有禮拜堂二百餘，官民皆赴堂禮拜，謂之厨或作除。幭。民多豪富，居樓閣，至有五七層者。多畜牧駝馬。人食餅、肉、乳酪，少魚米，或欲飲飯，以牛湩拌水飲之。王手臂過膝，有戰馬百匹，各高六尺餘，騾數十匹，亦高三尺，出則更迭乘之，所射弓數石，五七人力不能挽，馬上使鐵鎚，重五十餘斤。大食及西天諸國皆畏焉。土產金銀、越諾布、金絲綿、五色駝毛段、碾花琉璃、蘇合油、無名異、摩娑石。

勿斯離國

勿斯離國，其地多石山，秋露沆瀣，日曬即凝，狀如糖霜，採而食之，清凉甘腴，葢真甘露也。山有天生樹，一歲生栗，名蒲蘆，次歲生没石子。地產火浣布、珊瑚。

蘆眉國

蘆眉國，自麻囉拔西陸行三百餘程始到，亦名眉路骨國。其城屈曲七重，用黑光大石毿就，每城相去千步。有番塔三百餘，内一塔高八十丈，容四馬並驅而上，内有三百六十房。人皆纏頭塌項，以色毛段爲衣，以肉麨爲食，以金銀爲錢。有四萬户織錦爲業。地産絞綃、金字越諾布、間金間絲織錦綺、摩娑石、無名異、薔薇水、梔子花、蘇合油、鵬砂及上等碾花琉璃。人家好畜駝、馬、犬。

木蘭皮國

木蘭皮國。大食國西有巨海，海之西有國不可勝數，大食巨艦所可至者，木蘭皮國爾。自大食之陁盤地國發舟，正西涉海百餘日方至其國。一舟可容數千人，舟中有酒食肆、機杼之屬，言舟之大者，莫木蘭皮若也。國之所産極異，麥粒長三寸，瓜圍六尺，可食二三十人，榴重五斤，桃重二斤，香圓重二十餘斤，萵苣菜每莖可重十餘斤，其葉長三四尺。米、麥開地窖藏之，數十年不壞。産胡羊，高數尺，尾大如扇，春剖腹取脂數十斤，再縫合而活，不取則發膔脹死。陸行二百程，日晷長三時，秋月西風忽起，人、獸速就水飲乃生，稍遲則渴死。

勿斯里國

勿斯里國，屬白達國節制。國王白皙，打纏頭，着番衫，穿皂靴。出入乘馬，前有看馬三百匹，鞍轡盡飾以金寶，有虎十頭，縻以鐵索，伏虎者百人，弄鐵索者五十人，持擂棒者一百人，臂鷹者三十人，又千騎圍護，有親奴三百，各帶甲持劒，二人持御器械導王前，其後有百騎鳴鼓，儀從甚都。國人惟食餅肉，不食飯。其國多旱，管下一十六州，周回六十餘程，有雨則人民耕種反爲之漂壞。有江水極清甘，莫知水源所出，歲旱，諸國江水皆消減，惟此水如常，田疇充足，農民藉以耕種，歲率如此，人至有七八十歲不識雨者。舊傳蒲囉吽第三代孫名千宿【三〇】，曾據此國，爲其無雨，恐有旱乾之患，遂於近江擇地置三百六十鄉村，村皆種麥，遞年供國人日食，每村供一日，三百六十村可足一年之食。又有州名甜野，傍近此江。兩年或三年必有一老人自江水中出，頭髮黑短，鬚鬢皓白，坐於水中石上，惟現半身，掬水洗面、剔甲，國人見之，知其爲異，近前拜問今歲人民吉凶如何。其人不語，若笑，則其年豐稔，民無札瘥；若蹙額，則是年或次年必有凶歉疾疫，坐良久復没不見。江中有水駱駝、水馬，時登岸齧草，見人則没入水。

遏根陀國

遏根陀國，勿斯里之屬也。相傳古有異人徂葛尼，於瀕海建大塔，下鑿地爲兩屋，磚結甚密，一窖糧食，一儲器械。塔高二百丈，可通四馬齊驅而上至三分之二。塔心開大井，結渠透大江，以防他國兵侵，則舉國據塔以拒敵，上下可容二萬人，内居守而外出戰。其頂上有鏡極大，他國或有兵船侵犯，鏡先照見，即預備守禦之計。近年爲外國人投塔下執役掃洒數年，人不疑之，忽一日得便，盜鏡拋沉海中而去。

海上雜國

【三〇】舊傳蒲囉吽第三代孫名千宿「千宿」，函海本、學津討原本作「十宿」，按Hirth、Rockhill 譯注當爲Jaseph之對音，是蒲囉吽（Abraham）之玄孫。

晏陀蠻國，自蓝無里去细蘭國，如風不順，飄至一所，地名晏陀蠻。海中有一大嶼，内有兩山，一大一小，其小山全無人煙，其大山周圍七十里，山中之人，身如黑漆，能生食人，船人不敢艤岸。山内無寸鐵，皆以硨磲蚌殼磨銛爲刃，上有聖跡渾金床，承一死人，經代不朽，常有巨蛇衛護，蛇身毛長二尺，人不敢近。有井，每歲兩次水溢，流入於海，所過砂石經此水浸皆成金。闔山人常祭此井，如銅鉛鐵錫用火燒紅，取此水沃之，輒變成金。舊傳曾有商舶壞船，人扶竹木隨流飄至此山，知有聖水，潛以竹筒盛滿，乘木筏隨浪飄漾至南毗國，以水獻南毗國王，試之果驗。南毗王遂興兵謀奄有其山，船未至間，遭惡風飄回，船人漂至山，盡爲山蠻所食。蓋此山有金床異人，密有神護，不令人近也。

崑崙層期國，在西南海上，連接大海島，常有大鵬飛，蔽日移晷。有野駱駝，大鵬遇則吞之，或拾鵬翅，截其管，可作水桶。土産大象牙、犀角。西有海島，多野人，身如黑漆，虯髪，誘以食而擒之，轉賣與大食國爲奴，獲價甚厚，託以管鑰，謂其無親屬之戀也。

沙華公國，其人多出大海劫奪，得人縛而賣之闍婆。

又東南有野島，蠻賊居之，號麻囉奴。商舶飄至其國，羣起擒人，以巨竹夾燒而食之。其賊首鑽齒，皆以黃金裝飾，取人腦蓋爲飲食器。其島愈深，其賊愈甚。

又東南有女人國，水常東流，數年水一泛漲，或流出蓮肉長尺餘，桃核長二尺，人得之，則以獻於女王。昔常有舶舟飄落其國，羣女攜以歸，數日無不死。有一智者，夜盗船亡命得去，遂傳其事。其國女人遇南風盛發，裸而感風，即生女也。

西海亦有女國，其地五男三女，以女爲國王，婦人爲吏職，男子爲軍士。女子貴，則多有侍男，男子不得有侍女，生子從母姓。氣候多寒，以射獵爲業。出鍮石、朱砂、麝香、犛牛、駿馬，尤多鹽。與大秦、天竺博易，其利數倍。

波斯國，在西南海上。其人肌理甚黑，鬢髮皆虯，以青花布纏身，以兩金串鈴手。無城郭。其王早朝，以虎皮蒙杌，疊足坐，羣下膜拜而退。出則乘軟兜或騎象，從者百餘人，執劍呵護。食餅肉飯，盛以甆器，掬而啗之。

茶弼沙國，城方一千餘里。王着戰袍，縛金帶，頂金冠，穿皂靴。婦女着真珠衫。土產金寶極多。人民住屋有七層，每一層乃一人家。其國光明，係太陽没入之地，至晚日入，其聲極震，洪於雷霆。每於城門用千人吹角鳴鑼擊鼓，雜混日聲，不然則孕婦及小兒聞日聲皆驚死。

斯加里野國，近蘆眉國界，海嶼濶一千里，衣服、風俗、語音與蘆眉同。本國有山穴至深，四季出火，遠望則朝煙暮火，近觀則火勢烈甚。國人相與扛舁大石，重五百斤或一千斤抛擲穴中，須臾爆出，碎如浮石。每五年一次，火從穴出流轉至海邊復回，所過林木，皆不燃燒，遇石則焚爇如灰。

默伽獵國，王逐日誦經拜天，打纏頭，着毛段番衫，穿紅皮鞋。教度與大食國一同。

王每出入乘馬，以大食佛經用一函乘在駱駝背前行。管下五百餘州，各有城市。有兵百萬，出入皆乘馬。人民食餅肉，有麥無米，牛、羊、駱駝、菓實之屬甚多。海水深二十丈，産珊瑚樹。

渤泥國

渤泥在泉之東南，去闍婆四十五日程【三一】，去三佛齊四十日程，去占城與麻逸各三十日程，案：「麻」，《宋史》作「摩」。皆以順風爲則。其國以板爲城，城中居民萬餘人，所統十四州。王居覆以貝多葉，民舍覆以草。王之服色畧倣中國，若裸體跣足，則臂佩金圈，手帶金練，以布纏身。坐繩床，出則施大布單坐其上，衆舁之，名曰「輭囊」【三二】。從者五百餘人，前持刀劍器械，後捧金盤，貯香腦、檳榔等從。以戰船百餘隻爲衛，戰鬭則持刀被甲，甲以銅鑄，狀若大筒，穿之於身，護其腹背。器皿多用金。地無麥，有麻、稻，以沙糊爲糧。沙糊，詳見黄麻駐。又有羊及雞、魚。無絲蠶，用吉貝花織成布。有尾巴樹、加蒙樹、椰子樹，以樹心取汁爲酒。富室之婦女，皆以花錦銷金色帛纏腰。婚聘先以酒，檳榔次之，指環又次之，然後以吉貝布，或量出金銀成禮。喪葬有棺斂，以竹爲轝，載棄山中。二月始耕則祀之，凡七年則不復祀矣。以十二月七日爲歲節。地多熱。國人宴會，鳴鼓、吹笛、擊鉢，歌舞爲樂。無器皿，以竹編貝多葉爲器，食畢則棄之。其國鄰於底門國。有藥樹，取其根煎爲膏服之，仍塗其體，兵刃所傷皆不死。土地所出：梅花腦、速腦、金脚腦、米

【三一】去闍婆四十五日程　諸本皆作「日程」，然本書「闍婆」條有「闍婆西北泛海十五日至渤泥國」，按宋時里程一日計行三程，此處疑誤。

【三二】名曰輭囊　「輭」原作「阮」，據函海本改。

腦、黃蠟、降真香、瑇瑁。番商興販，用貨金、貨銀、假錦、建陽錦、五色絹、五色茸、琉璃珠、琉璃瓶子、白錫、烏鉛、網墜牙、臂環、臙脂、漆椀楪、青甆器等博易。番舶抵岸三日，其王與眷屬率大人王之左右號曰「大人」。到船問勞，船人用錦藉跳扳迎肅【三三】，款以酒醴，用金銀器皿、褖蓆、涼傘等分獻有差。既泊舟登岸，皆未及博易之事，商賈日以中國飲食獻其王，故舟往佛泥，必挾善庖者一二輩與俱。朔望並講賀禮，幾月餘。方請其王與大人論定物價。價定，然後鳴鼓以召遠近之人，聽其貿易，價未定而私貿易者罰。俗重商賈，有罪抵死者罰而不殺。船回日，其王亦釃酒椎牛祖席，酢以腦子、番布等，稱其所施。舶舟雖貿易迄事，必候六月望日排辦佛節，然後出港，否則有風濤之厄。佛無他像，茅舍數層，規制如塔，下置小龕，罩珠二顆，是謂聖佛。土人云：「二珠其初猶小，今漸大如拇指矣。」遇佛節，其王親供花菓者三日，國中男女皆至。太平興國二年，遣使蒲亞利等貢腦子、瑇瑁、象牙、檀香。其表緘封數重，紙類木皮而薄，瑩滑，色微綠，長數尺，博寸餘，卷之僅可盈握。其字細小，橫讀之，譯以華言云：「渤泥國王向打稽首拜，皇帝萬歲萬歲萬萬歲。」又言：「每年脩貢，易飄泊占城，乞詔占城今後勿留。」館其使於禮賓院，優遣之。元豐五年，又遣使來貢。其西龍宮、什廟、日麗、胡蘆蔓頭、蘇勿里、馬膽逾馬喏居海島中，用小船來往，服色飲食與渤泥同。出生香、降真香、黃蠟、瑇瑁。商人以白甆器、酒、米、麤鹽、白絹、貨金易之。

【三三】藉跳扳迎肅　「扳」據文意似當作「板」。

麻逸

麻逸國，在渤泥之北，團聚千餘家，夾溪而居。土人披布如被，或腰布蔽體。有銅佛像散布草野，不知所自。盜少至其境。商舶入港，駐於官場前，官場者，其國闤闠之所也，登舟與之雜處。酋長日用白傘，故商人必賫以爲賮。交易之例，蠻賈叢至，隨篣篙搬取物貨而去，初若不可曉，徐辨認搬貨之人，亦無遺失。蠻賈乃以其貨轉入他島嶼貿易，率至八九月始歸，以其所得準償舶商，亦有過期不歸者。故販麻逸舶回最晚【三四】。三嶼、白蒲延、蒲里嚕、里銀、東流新、里漢等，皆其屬也。土産黄蠟、吉貝、真珠、瑇瑁、藥檳榔、于達布。商人用甆器、貨金、鐵鼎、烏鉛、五色琉璃珠、鐵針等博易。

三嶼

三嶼乃麻逸之屬，曰加麻延、巴姥酉、巴吉弄等，各有種落，散居島嶼，舶舟至則出而貿易，總謂之三嶼。其風俗大畧與麻逸同。每聚落各約千餘家，地多崇岡疊嶂，峭拔如壁，憑高依險，編茅爲屋。山無水源，婦女以首累擎二三甕取水於溪，登陟如履平地。窮谷別有種落，號「海膽」，人形而小，眼圓而黄，虬髮露齒，巢於木顛，或三五爲羣，跧伏榛莽，以暗箭射人，多罹其害。投以甆椀，則俯拾忻然跳呼而去。番商每抵一聚落，未敢登岸，先駐舟中流，鳴鼓以招之，蠻賈爭棹小舟，持吉貝、黄蠟、番布、椰心簟等至。與之貿易，如議價未決，必賈豪自至説諭，餽以絹傘、甆器、藤籠，仍留一二輩爲質，然後登岸互

【三四】故販麻逸舶回最晚　「販」原作「貶」，據函海本、學津討原本改。

市，交易畢，則返其質，停舟不過三四日，又轉而之他。諸蠻之居環繞三嶼，不相統屬。其山倚東北隅，南風時至，激水衝山，波濤迅駛，不可泊舟，故販三嶼者率四五月間即理歸棹。博易用甆器、皂綾、纈絹、五色燒珠、鉛網墜、白錫爲貨。蒲哩嚕與三嶼聯屬，聚落差盛，人多猛悍，好攻劫。海多鹵股之石，槎牙如枯木芒刃，銛於劍戟，舟過其側，預曲折以避之。産青琅玕、珊瑚樹，然絶難得。風俗博易與三嶼同。

流求國

流求國，當泉州之東，舟行約五六日程。王姓歡斯，土人呼爲可老羊【三五】，所居曰波羅檀洞。塹栅三重，環以流水，植棘爲藩，殿宇多雕刻禽獸。男女皆以白紵繩纏髮，從頭後盤繞，及以雜紵雜毛爲衣，製裁不一。織藤爲笠，飾以羽毛。兵有刀矟弓箭劍鼓之屬，編熊豹皮爲甲。所乘之車刻獸爲像，導從僅數十人。無賦斂，有事則均税。不知節朔，眎月盈虧以紀時。父子同床而寢。曝海水爲鹽，釀米麴爲酒，遇異味先進尊者。肉有熊羆豺狼，尤多猪雞，無牛羊驢馬。厥土沃壤，先用火燒，然後引水灌注，持鍤僅數寸而墾之。無他奇貨，尤好剽掠，故商賈不通。土人間以所産黄蠟、土金、氂尾、豹脯往售於三嶼。旁有毗舍耶、談馬顔等國。

毗舍耶

毗舍耶，語言不通，商販不及，袒裸盱睢，殆畜類也。泉有海島曰彭湖，隸晉江縣，與

【三五】土人呼爲可老羊 「羊」原作「王」，此處文句自《隋書》卷八一「流求國」條節録，故據《隋書》改。

其國密邇【三六】，煙火相望，時至寇掠，其來不測，多罹生噉之害，居民苦之。淳熙間，國之酋豪常率數百輩猝至泉之水澳、圍頭等村，恣行凶暴，戕人無數，淫其婦女，已而殺之。喜鐵器及匙筯，人閉户則免，但刓其門圈而去。擲以匙筯，則俯拾之，可緩數步。官軍擒捕，見鐵騎則競刓其甲，駢首就戮而不知悔。臨敵用標鎗，繫繩十餘丈爲操縱，蓋愛其鐵，不忍棄也。不駕舟楫，惟以竹筏從事，可摺疊如屏風，急則羣舁之，泅水而遁。

新羅國

新羅國，弁韓遺種也。其國與泉之海門對峙。俗忌陰陽家子午之説，故興販必先至四明，而後再發，或曰泉之水勢漸低，故必經由四明。有大族曰金氏、朴氏。唐武德中，封金真平爲樂浪郡王【三七】，其後常爲君長。開耀中，遣使乞唐禮及他文，從之。屋宇、器用、服飾、官屬略倣中國。其治峻法以繩下，故少犯。道不拾遺。婚娶不用幣。人知書，喜學，厮役之家亦相矜勉。里有庠，扁曰「局堂」，處子弟之未婚者，習書射於其中。三歲一試，舉人有進士、算學諸科，故號「君子國」。地宜粳稻，有橐駝、水牛，不用錢，第以米博易。民家器皿悉銅爲之。樂有二品，曰庫樂，曰鄉樂。開元中，嘗遣邢璹爲弔使。五代同光、長興中，各遣使修朝貢禮。皇朝建隆二年，遣使來貢，興國二年，又貢。其國信陰陽鬼神之事，多拘忌。中國使至，必涓吉而後具禮受詔，每受詔，亦爲謝表，粗有文采。地出人參、水銀、麝香、松子、榛子、石决明、松塔子、防風、白附子、茯苓、大小布、毛施布、銅磬、

【三六】與其國密邇　「與」原作「取」，據函海本、學津討原本改。

【三七】封金真平爲樂浪郡王　「金真平」原作「真金」，據《隋書》卷八一、《舊唐書》卷一九九改。

甆器、草蓆、鼠毛筆等。商舶用五色纈絹及建本文字博易。

倭國

倭國在泉之東北，今號「日本國」。以其國近日出故名。或曰惡舊名，改之。國方數千里，西南至海，東北限以大山，山外即毛人國。凡五畿、七道、三島，三千七百七十二鄉，四百一十四驛，八十八萬三千餘丁。地多山林，無良田。嗜海錯。俗多文身。自謂泰伯之後，又言上古使至中國，皆自稱大夫。昔夏少康之子封於會稽，斷髮文身，以避蛟龍之害，今倭人沈没取魚，亦文身以厭水族。計其道里，在會稽之正東，寒暑大類中國。王以王爲姓，歷七十餘世不易，文武皆世官。男子衣横幅，結束相連，不施縫綴。婦人衣如單被，穿其中以貫頭，一衣率用二三縑，皆被髮，跣足。亦有中國典籍，如《五經》、《白樂天文集》之類，皆自中國得之。土宜五穀而少麥。交易用銅錢，以乾元大寶爲文【三八】。有水牛、驢、羊、犀、象之屬。亦有金銀、細絹、花布。多產杉木、羅木，長至十四五丈，徑四尺餘。土人解爲枋板，以巨艦搬運至吾泉貿易，泉人罕至其國。樂有中國、高麗二部。刀楯弓矢，以鐵爲鏃，挽射矢不能遠，詰其故，以其國中不習戰鬭。有屋宇，父母、兄弟卧息異處，飲食用俎豆，嫁娶不持錢帛。死有棺無椁，封土爲冢，初喪，哭泣，不食肉，已葬，舉家入水潔浴，以祓不祥。舉大事則灼骨以占吉凶。不知正歲四時，但計秋收之時以爲年紀。人多壽，率八九十歲。婦女不淫不妬。無爭訟，或罹於罪，重者族滅，輕者没其妻孥。以

【三八】以乾元大寶爲文　「文」原作「元」，據Hirth、Rockhill引穆羅（Munro）《日本錢幣》考證改。

金銀爲貢賦，即其地之東奧州及别島所産也【三九】。其國自後漢嘗通中國，歷魏、晉、宋、隋、唐，並遣使修朝貢。國朝雍熙元年，國僧奝然與其徒五六人浮海至，以銅器十餘事獻，極精緻。太宗召見，館於太平興國寺，賜紫衣方袍，撫之甚厚。聞其王一姓傳繼，臣下皆世官，因歎息，謂宰臣宋琪、李昉曰：「此島夷爾，乃世祚遐久，其臣亦繼襲不絶，此古之道也。」夫以一島夷而動太宗之歎息，豈泰伯用夏變夷之遺風猶有存者歟！

【三九】即其地之東奧州及别島所産也　「奧」諸本皆作「粤」，據《宋史》卷四九一改。

卷下

志物

腦子

腦子出渤泥國，一作佛尼。又出賓窣國。世謂三佛齊亦有之，非也，但其國據諸蕃來往之要津，遂截斷諸國之物，聚於其國，以俟蕃舶貿易耳。腦之樹如杉，生於深山窮谷中，經千百年，支幹不曾損動，則牘有之，否則腦随氣泄。土人入山採腦，須數十爲羣，以木皮爲衣，賫沙糊爲糧，分路而去。遇腦樹則以斧斫記，至十餘株，然後截段均分，各以所得解作板段，随其板傍横裂而成縫，腦出於縫中，劈而取之。其成片者謂之「梅花腦」，以狀似梅花也；次謂之「金脚腦」；其碎者謂之「米腦」；碎與木屑相雜者謂之「蒼腦」。取腦已淨，其杉片謂之腦札。令人碎之，與鋸屑相和，置瓷器中，以器覆之，封固其縫，煨以熱灰，氣蒸結而成塊，謂之「聚腦」，可作婦人花環等用。又有一種如油者，謂之「腦油」，其氣勁而烈，祇可浸香合香用。

乳香

乳香一名薰陸香，出大食之麻囉拔、施曷、奴發三國深山窮谷中。其樹大槩類榕，以斧斫株，脂溢於外，結而成香，聚而爲塊。以象輦之至於大食，大食以舟載易他貨於三佛齊，故香常聚於三佛齊。番商貿易至，舶司視香之多少爲殿最。而香之爲品十有三：其最上者爲揀香，圓大如指頭，俗所謂「滴乳」是也；次曰缾乳，其色亞於揀香；又次曰缾香，言妝時貴重之置於缾中，缾香之中，又有上中下三等之別；又次曰袋香，言妝時止置袋中，其品亦有三如缾香焉；又次曰乳榻，蓋香之雜於砂石者也；又次曰黑榻，蓋香色之黑者也；又次曰水濕黑榻，蓋香在舟中爲水所浸漬而氣變色敗者也；品雜而碎者曰「斫削」；簸揚爲塵者曰「纏末」，此乳香之別也。

没藥

没藥出大食麻囉抹國。其树高大，如中國之松，皮厚一二寸。採时先掘樹下爲坎，用斧伐，其皮脂溢於坎中，旬餘方取之。

血碣

血碣亦出大食國。其樹略與没藥同，但葉差大耳，採取亦如之。有瑩如鏡面者，乃樹老脂自流溢，不犯斧鑿，此爲上品。其夾插柴屑香乃降真香之脂，俗號「假血碣」。

金顔香

金顔香，正出真臘，大食次之。所謂三佛齊有此香者，特自大食販運至三佛齊，而商人又自三佛齊轉販入中國耳。其香乃木之脂，有淡黄色者，有黑色者，拗開雪白爲佳，有砂石爲下。其氣勁，工於聚衆香，今之爲龍涎軟香佩帶者，多用之。蕃人亦以和香而塗其身。

篤耨香

篤耨香出真臘國，其香樹脂也。其樹狀如杉檜之類，而香藏於皮，樹老而自然流溢者，色白而瑩，故其香雖盛暑不融，名白篤耨【一】。至夏月以火環其株而炙之，令其脂液再溢，冬月因其凝而取之，故其香夏融而冬凝，名黑篤耨。土人盛之以瓢，舟人易之以瓷器，香之味清而長。黑者易融，滲漉於瓢，碎瓢而爇之，亦得其髣髴，今所謂「篤耨瓢」是也。

蘇合香油

蘇合香油出大食國。氣味大抵類篤耨，以濃而無滓者爲上，蕃人多用以塗身，閩人患大風者亦倣之。可合軟香及入醫用。

安息香

安息香出三佛齊國。其香乃樹之脂也，其形色類核桃瓤，而不宜於燒，然能發衆香，故人取之以和香焉。《通典》敘西戎有安息國，後周天和、隋大業中曾朝貢，恐以此得名。而轉貨於三佛齊。

【一】名白篤耨　「白」原作「曰」，諸本同，據《本草綱目》卷三四改。

梔子花

梔子花，出大食啞巴閑【二】、囉施美二國。狀如中國之紅花，其色淺紫，其香清越而有醖藉。土人採花曬乾，藏之琉璃缾中。花亦希有，即佛書所謂薝蔔是也。

薔薇水

薔薇水，大食國花露也。五代時，蕃使蒲訶散以十五缾效貢，厥後罕有至者。今多採花浸水，蒸取其液以代焉。其水多僞雜，以琉璃缾試之，翻摇數四，其泡周上下者爲真，其花與中國薔薇不同。

沉香

沉香所出非一，真臘爲上，占城次之，三佛齊、闍婆等爲下。俗分諸國爲上、下岸，以真臘、占城爲上岸，大食、三佛齊、闍婆爲下岸。香之大槩生結者爲上，熟脱者次之。堅黑者爲上，黄者次之。然諸沉之形多異而名亦不一，有如犀角者，謂之「犀角沉」，如燕口者，謂「燕口沉」，如附子者，謂之「附子沉」，如梭者，謂之「梭沉」，文堅而理緻者謂之「横隔沉」，大抵以所産氣味爲高下，不以形體爲優劣。世謂渤泥亦産，非也。一説其香生結成，以刀修出者爲「生結沉」，自然脱落者爲「熟沉」，産於下岸者謂之「番沉」。氣哽味辣而烈，能治冷氣，故亦謂之「藥沉」。海南亦産沉香，其氣清而長，謂之「蓬萊沉」。

箋香

【二】梔子花出大食啞巴閑「啞巴閑」疑爲前『大食國』條「啞四包閑」之脱僞。

箋香，乃沉香之次者，氣味與沉香相類，然帶木而不甚堅實，故其品次於沉香，而優於熟速。

速暫香

生速出於真臘、占城，而熟速所出非一，真臘爲上，占城次之，闍婆爲下。伐樹去木而取者，謂之「生速」，樹仆於地，木腐而香存者，謂之「熟速」。生速氣味長，熟速氣味易焦，故生者爲上，熟者次之。熟速之次者謂之「暫香」，其所産之高下與熟速同。但脱者謂之熟速，而木之半存者謂之暫香。半生熟，商人以刀刳其木而出其香，擇其上者雜於熟速而貨之，市者亦莫之辨。

黄熟香

黄熟香，諸番皆出，而真臘爲上，其香黄而熟，故名。若皮堅而中腐者，其形如桶，謂之「黄熟桶」。其夾箋而通黑者，其氣尤勝，謂之夾箋黄熟。夾箋者，乃其香之上品。

生香

生香出占城、真臘，海南諸處皆有之，其直下於烏里。乃是斫倒香株之未老者，若香已生在木内，則謂之生香，結皮三分爲暫香，五分爲速香，七八分爲箋香，十分即爲沉香也。

檀香

檀香出闍婆之打綱、底勿二國，三佛齊亦有之。其樹如中國之荔支，其葉亦然，土人斫而陰乾，氣清勁而易泄，爇之能奪衆香。色黄者謂之黄檀，紫者謂之紫檀，輕而脆者謂之沙檀，氣味大率相類。樹之老者，其皮薄，其香滿，此上品也。次則有七八分香者。其下者謂之「點星香」，爲雨滴漏者謂之「破漏香」。其根謂之香頭。

丁香

丁香出大食、闍婆諸國，其狀似丁字，因以名之。能辟口氣，郎官咀以奏事。其大者謂之丁香母，丁香母即雞舌香也。或曰雞舌香，千年棗實也。

肉荳蔻

肉荳蔻出黄麻駐、牛崙等深番。樹如中國之栢，高至十丈，枝幹條枚蕃衍，敷廣蔽四五十人。春季花開，採而曬乾，今荳蔻花是也。其實如榧子，去其殼，取其肉，以灰藏之，可以耐久。按《本草》，其性温。

降真香

降真香出三佛齊、闍婆、蓬豐，廣東西諸郡亦有之。氣勁而遠，能辟邪氣。泉人歲除，家無貧富，皆爇之如燔柴然，其直甚廉。以三佛齊者爲上，以其氣味清遠也。一名曰紫藤香。

麝香木

麝香木出占城、真臘。樹老仆湮没於土而腐，以熟脱者爲上。其氣依稀似麝，故謂之麝香。若伐生木取之，則氣勁而惡，是爲下品。泉人多以爲器用，如花梨木之類。

波羅蜜

婆羅蜜大如冬瓜，外膚礧砢如佛髻，生青熟黄，削其膚食之，味極甘。其樹如榕，其花叢生，花裉結子，惟一成實，餘各蘸死。出蘇吉丹，廣州南海廟亦有之。

檳榔

檳榔産諸蕃國及海南四州，交趾亦有之。木如棕櫚，結子葉間如柳條，顆顆叢綴其上。春取之爲軟檳榔，俗號檳榔，鮮極可口，夏、秋採而乾之爲米檳榔，漬之以鹽爲鹽檳榔，小而尖者爲雞心檳榔，大而匾者爲大腹子，食之可以下氣。三佛齊取其汁爲酒，商舶興販，泉廣税務歲收數萬緡，惟海南最多。鮮檳榔、鹽檳榔皆出海南，雞心、大腹子多出麻逸。

椰子

椰子，木身、葉悉類棕櫚、檳榔之屬。子生葉間，一穗數枚，大如五升器，菓之大者惟此與波羅蜜耳。初採皮甚青嫩，已而變黄，久則枯乾。皮中子殼可爲器，子中瓤白如玉，味美如牛乳。瓤中酒新者極清芳，久則渾濁不堪飲。南毗諸國取其樹花汁用蜜糖和之爲酒。

没石子

没石子出大食勿斯離。其樹如樟，歲一開花，結實如中國之茅栗，名曰「沙没律」，亦名「蒲蘆」，可採食之。次年再生，名曰「麻茶」，麻茶，没石子也。明年又生沙没律，間歲方生没石子，所以貴售。一根而異産，亦可怪也。

烏樠木

烏樠木似棕櫚，青緑聳直，高十餘丈，蔭緑茂盛。其木堅實如鐵，可爲器用，光澤如漆，世以爲珍木。

蘇木

蘇木出真臘國。樹如松栢，葉如冬青，山谷郊野在在有之，聽民採取。去皮曬乾，其色紅赤，可染緋紫，俗號曰「窊木」。

吉貝

吉貝樹類小桑，萼類芙蓉，絮長半寸許，宛如鵞毳，有子數十。南人取其茸絮，以鐵筯碾去其子，即以手握茸就紡，不煩緝績。以之爲布，最堅厚者謂之「兜羅綿」，次曰「番布」，次曰「木棉布」，又次曰「吉布」。或染以雜色，異紋炳然，幅有闊至五六尺者。

椰心簟

椰心簟出丹戎武囉，蕃商運至三佛齊、淩牙門及闍婆貿易，又出三嶼、蒲嘿噜。山産草，其狀似藤，長丈餘，紋縷端膩，無節目，名曰「椰心草」。蕃之婦女採而絲破，織以爲簟，或用色染紅黑相間者曰「花簟」。冬温而夏凉，便於出入。以三佛齊者爲上，三嶼者最爲下。

木香

木香出大食麻囉抹國，施曷、奴發亦有之。樹如中國絲瓜，冬月取其根，剉長一二寸，曬乾，以狀如雞骨者爲上。

白荳蔻

白荳蔻出真臘、闍婆等蕃，惟真臘最多。樹如絲瓜，實如蒲萄，蔓衍山谷，春花夏實，聽民從便採取。

胡椒

胡椒出闍婆之蘇吉丹、打板、白花園、麻東、戎牙路，以新椾者爲上，打板者次之。胡椒生於郊野村落間，亦有界□中國之蒲萄，土人以竹木爲棚□開花，四月結實。花如鳳尾，其色青紫，五月收採，曬乾藏之倉廩，次歲方發出。以牛車運載博易。其實不禁日而耐雨，旱則所入者寡，潦則所入倍常。或曰南毗無離拔國至多，蕃商之販於闍婆，來自無離拔也。

蓽澄茄

蓽澄茄，樹藤蔓衍，春花夏實，類牽牛子，花白而實黑，曬乾入包，出闍婆之蘇吉丹。

阿魏

阿魏出大食木俱蘭國。其樹不甚高大，脂多流溢，土人以繩束其梢，去其尾，納以竹筒，脂滿其中，冬月破筒取脂，以皮袋收之。或曰其脂最毒，人不敢近，每採阿魏時【三】，繫羊於樹下，自遠射之，脂之毒着於羊，羊斃，即以羊之腐爲阿魏。未知孰是，姑兩存之。

蘆薈

蘆薈出大食奴發國。草屬也，其狀如鱟尾，土人採而以玉器搗研之，熬而成膏，置諸皮袋中，名曰蘆薈。

珊瑚樹

珊瑚樹出大食毗喏耶國。樹生於海之至深處，初生色白，漸漸長苗拆甲，歷一歲許，色間變黃，支格交錯，高極三四尺，大者圍尺。土人以絲繩繫五爪鐵猫兒，用烏鉛爲墜，拋擲海中，發其根，以索繫於舟上，絞車搭起，不能常有，驀得一枝，肌理敷膩，見風則乾硬，變爲乾紅色。以最高者爲貴，若失時不舉，則致蠹敗。

琉璃

琉璃出大食諸國，燒煉之法與中國同。其法用鉛硝石膏燒成，大食則添入南鵬砂，故滋潤不烈，最耐寒暑，宿水不壞，以此貴重於中國。

猫兒睛

【三】每採阿魏時　「阿」字原脫，據學津討原本補。

猫兒睛，狀如母指大，即小石也。瑩潔明透如猫兒眼，故名。出南毗國，國有江曰淡水江，諸流匯匯，深山碎石爲暴雨淜流，悉萃於此，官以小舸漉取，其圓瑩者即猫兒睛也。或曰有星照其地，秀氣鍾結而成。

珠子

真珠，出大食國之海島上，又出西難、監篦二國，廣西、湖北亦有之，但不若大食、監篦之明淨耳。每採珠，用船三四十隻，船數十人。其採珠人以麻繩繫身，以黄蠟塞耳鼻，入水約二三十餘丈，繩纏於船上，繩摇動則引而上。先煮毳衲極熱【四】，出水則急覆之，不然寒慄致死。或遇大魚、蛟鼉、諸海怪鬐鬣所觸，往往潰腹折支，人見血一縷浮水面，則知已葬魚腹。嘗有採珠者，繩動而引之不上，衆極力舉之，足已爲蛟鼉所斷矣。所採者曰珠母，番有官監視随其所採，籍其名掘地爲坎，置諸坎中月餘，珠母殼腐，取珠淘淨，與採珠者均之。珠大率以圓潔明淨者爲上。圓者置諸盤中，終日不停，蕃商多置夾襦内及傘柄中，規免抽解。

硨磲

硨磲出交趾國。狀似大蚌，沿海人磨治其殼，因其形爲荷葉杯。膚理瑩潔如珂玉，其最大者琢其根柢爲杯。有厚三寸者，脱落碎瑣，猶爲環珮諸玩物。按佛書以此爲至寶，今乃海錯耳，未審是古硨磲否。

【四】先煮毳衲極熱　「衲」原作「納」，據函海本、學津討原本改。

象牙

象牙，出大食諸國及真臘、占城二國，以大食者爲上，真臘、占城者爲下。大食諸國惟麻囉抹最多。象生於深山窮谷中，時出野外蹂踐，人莫敢近。獵者用神勁弓，以藥箭射之，象負箭而遁，未及一二里許，藥發即斃，獵者隨斃取其牙，埋諸土中，積至十餘株，方搬至大食，以舟運載與三佛齊、日囉亭交易。大者重五十斤至百斤。其株端直，其色潔白，其紋細籀者，大食出也。真臘、占城所産，株小色紅，重不過十數斤至二三十斤。又有牙尖止可作小香疊用。或曰象媒誘致，恐此乃馴象也。

犀角

犀狀如黄牛，只有一角，皮黑毛稀，舌如栗殼，其性鷙悍，其走如飛，專食竹木等刺，人不敢近。獵人以硬箭自遠射之。遂取其角，謂之生角。或有自斃者，謂之倒山角。角之紋如泡，以白多黑少者爲上。

膃肭臍

膃肭臍出大食伽力吉國。其形如猾，脚高如犬，其色或紅或黑，其走如飛。獵者張綱於海濱捕之，取其腎而漬以油，名膃肭臍。蕃惟渤泥最多。

翠毛

翠毛，真臘最多。産於深山澤間，巢於水次，一壑之水止一雌雄，外有一焉，必出而死鬬。人用其機，飼媒擎諸左手以行，巢中者見之，就手格鬬，不復知有人也，右手即以羅掩之，無能脱者。邕州右江亦産一種茸翠，其背毛悉是翠茸，窮侈者多以撚織，如毛段然。比年官雖厲禁，貴人家服用不廢，故蕃商冒法販鬻，多寘布襦袴中。

鸚鵡

鸚鵡産占城。有五色。唐太宗時環王所獻是也，案傳謂能訴寒，有詔還之，環王國即占城也。欽州有白鸚鵡、紅鸚鵡，大如小鵞。羽毛有粉，如蝴蝶翅，謂之白鸚鵡；其色正紅，尾如烏鳶之尾，謂之紅鸚鵡。

龍涎

龍涎，大食西海多龍，枕石一睡，涎沫浮水，積而能堅，鮫人採之以爲至寶。新者色白，稍久則紫，甚久則黑，不薰不蕕，似浮石而輕也。人云龍涎有異香，或云龍涎氣腥，能發衆香，皆非也。龍涎於香本無損益，但能聚煙耳，和香而真用龍涎焚之，一縷翠煙浮空，結而不散，座客可用一剪分煙縷。此其所以然者，蜃氣樓臺之餘烈也。

瑇瑁

瑇瑁，形似龜黿，背甲十三片，黑白斑紋間錯，邊襴缺齧如鋸，無足而有四鬣，前長後短，以鬣掉水而行。鬣與首斑紋如甲，老者甲厚而黑白分明，少者甲薄而花字模糊，世傳鞭血成斑，妄也。漁者以秋間月夜採捕，肉亦可喫。出渤泥、三嶼、蒲哩嚕【五】、闍婆

【五】蒲哩嚕　「哩」原作「嘿」，據本書「蒲哩嚕」條改，下同。

諸國。

黃蠟

黃蠟出三嶼、麻逸、真臘、三佛齊等國。蜂生於深山窮谷中，或窠老樹、或窠芭蕉樹、或窠巖穴，較諸中國之蜂差大而黑【六】。蕃民以皮鞔軀，先用惡草作煙，迫逐羣蜂飛散，隨取其窠，擠去蜜，其滓即蠟也。鎔範成碙，或雜灰粉、鹽石。以三佛齊者爲上，真臘次之，三嶼、麻逸、蒲哩嚕爲下。

海南

海南，漢朱崖、儋耳也。武帝平南粵，遣使自徐聞今雷州徐聞縣。渡海略地，置朱崖、儋耳二郡。昭帝省儋耳，併爲朱崖郡。元帝從賈捐之議，罷朱崖。至梁、隋復置。唐貞觀元年，析爲崖、儋、振三州，隸嶺南道。五年，分崖之瓊山置郡，陞萬安縣爲州，今萬安軍是也，儋、振則今之昌化、吉陽軍是也【七】。貞元五年，以瓊爲督府，今因之。徐聞有遞角場，與瓊對峙，相去約三百六十餘里，順風半日可濟。中流號三合溜，涉此無風濤，則舟人舉手相賀。至吉陽，迺海之極，亡復陸塗。外有洲，曰烏里、曰蘇密【八】、吉浪，南對占城，西望真臘，東則千里長沙、萬里石床，渺茫無際，天水一色，舟舶來往惟以指南針爲則，晝夜守視唯謹，毫釐之差，生死繫焉。四郡凡十一縣，悉隸廣南西路，環拱黎母山，黎獠蟠踞其中，有生黎、熟黎之別。地多荒田，所種秔稌不足於食，乃以藷時諸切。芋、雜米作粥糜

【六】較諸中國之蜂　「蜂」原作「蜜」，據函海本改。

【七】儋振則今之昌化吉陽軍是也　「昌化吉陽軍」原作「吉陽昌化軍」，據《宋史·地理志》、本書下文「昌化軍」、「吉陽軍」條改。

【八】曰蘇密　「密」字原脱，據《輿地勝覽》卷一二七、《方輿勝覽》卷四三補。

以取飽，故俗以貿香爲業。土産沉香、蓬萊香、鷓鴣斑香、箋香、生香、丁香、檳榔、椰子、吉貝、苧麻、楮皮、赤白藤、花縵、黎幙、青桂木、花梨木、海梅脂、瓊枝菜、海漆、蓽撥、高良薑、魚鰾、黄蠟、石蝌之屬，其貨多出於黎峒。省民以鹽、鐵、魚、米轉博，與商賈貿易。泉舶以酒、米、麵粉、紗絹、漆器、瓷器等爲貨，歲杪或正月發舟，五六月間回舶，若載鮮檳榔攙先，則四月至。

瓊州在黎母山之東北，郡治即古崖州也。政和間陞爲節鎮，以靖海軍爲額。瀕海少山，秋霖春旱，夏不極熱，冬不甚寒。多颶風，常以五六月發，有暈如虹者，謂之「颶母」。按《隋志》謂：「人性輕悍，椎髻卉裳，刻木爲符，力穡朴野，父子别業。豪黠共鑄銅爲大鼓，初成懸於庭，鳴鼓以招同類，至者如雲，羣情趨服者，號爲都老人。着紬緶，以土爲釜，瓠匏爲器，無麴蘖，以安石榴花醖釀爲酒。」今之上衣無異中土，惟下裳男子用布縵，女子用裙。以紡貝爲生，土釜至今用之，瓠瓢間以鄭水，酒用薯粮以變色。雖無富民，而俗尚儉約，故無惸獨，凶年不見亡者。丁晉公嘗貶爲州司户，教民讀書著文。慶曆間，宗侯貫之創郡庠，嘉定庚午，趙侯汝厦新之，祠東坡蘇公、澹庵胡公於講堂之東西偏，扁其堂曰「明道」。海口有漢两伏波廟，路博德、馬援祠也。過海者必禱於是，得環珓之吉【九】，而後敢濟。屬邑五：瓊山、澄邁、臨高、文昌、樂會，皆有市舶。於舶舟之中分三等，上等爲舶，中等名「包頭」，下等名「蜑船」，至則津務申州，差官打量丈尺，有經册以格稅錢，本州

【九】得環珓之吉 「環」，諸本同，據文意疑爲「杯」之誤。

官吏兵卒仰此以贍。西二百三十六里抵昌化軍治。

昌化在黎母山之西北，即古儋州也。子城高一丈四尺，周廻二百二十步，《舊經》以爲儋耳夫人驅鬼工供畚鍤，一夕而就。或謂土人耳長至肩，故有儋耳之號。今昌化即無大耳兒，蓋黎俗慕佛，以大鐶墜耳，俾下垂至肩故也。地無煙瘴水潦之患，氣候與中州異，羣花皆早發，至春時已盡，獨荷花自四五月開至窮臘，與梅、菊相接。俗尚淳朴儉約，婦人不曳羅綺，不施粉黛，婚姻喪祭皆循典禮，無饑寒之民。學在東南隅，後遷於西，紹興間，復遷於城東，參政李公光爲之記。去州十五里，地名蜑場，忠簡趙公鼎謫吉陽，嘗過斯地，盛暑苦旱，井泉枯竭，鑿井不數尺得泉，至今不涸，號曰「相泉」。又有白馬井，泉味甘美，商舶回日汲載以供日用。靈濟廟在鎮安門内，即儋耳夫人祠也，紹興間封顯應夫人。海外黎峒多竊發，惟儋獨全，夫人之力也。城西五十餘里，一石峰在海洲巨浸之間，形類獅子，俗呼獅子神，實貞利侯廟，商舶祈風於是。屬邑三：曰宜倫、曰昌化、曰感恩。南三百四十里抵吉陽軍界。

吉陽軍在黎母山之西南，郡治振州，吉陽縣基也。瓊管雖有陸路可通，然隔越生黎峒，必再涉海而後至，胡澹庵謂再涉鯨波險是也。郡治之南有海口驛，商人艤舟其下，前有小亭，爲迎送之所。地狹民稀，氣候不正，春常苦旱，涉夏方雨，耕種不糞不耘，樵牧漁獵與黎獠錯雜。出入必持弓矢。婦人不事蠶桑，惟織吉貝花被、縵布、黎幕，男子不喜營運，家無宿儲。俗尚鬼，不事醫藥，病則宰牲牷，動鼓樂以祀，謂之「作福」。禁人造門，喪祭亦皆用樂。地多崇崗峻嶺，峯巒秀拔，故郡之士人間有能自立音。學在郡城之東北。去城十三里有石，面平如掌，非磨琢之工所能爲，周圍數丈，可坐十客。林木茂密，澗水甘冽，周侯創結茅亭其上，扁曰「清賞」。熟黎峒落稀少，距城五七里許外即生黎所居，不啻數百峒，時有侵擾之害。周侯遣熟黎峒首諭之，約定寅、酉二日爲虚市，率皆肩擔背負，或乘桴而來，與民貿易，黎人和悦，民獲安息。領吉陽、寧遠二縣，政和間併爲寧遠一縣。東一百二十里抵萬安軍界。

萬安軍在黎母山之東南。唐貞觀五年置萬安州，領縣三：曰萬安、富雲、博遼。天寶初，更州爲郡。至德二載更爲萬全。乾元初復爲州。皇朝省富雲、博遼二縣，更萬安縣曰萬寧。熙寧六年更爲軍，析萬寧爲陵水，今萬寧、陵水是也。民與黎蜑雜居。其俗質野而畏法，不喜爲盜，牛羊被野，無敢冒認。居多茅竹，瓦屋絶少。婦媪以織貝爲業，不事文繡，病不服藥，信尚巫鬼，殺牲而祭，以祈福佑。黄侯申首創藥局，人稍知服藥之利。城東有舶主都綱廟，士人敬信，禱卜立應，舶舟往來，祭而後行。三郡士子，當歲大比，皆附試於瓊管。

黎，海南四郡島上蠻也。島有黎母山，因祥光夜見，旁照四郡，按《晉書》分野屬婺女分，謂黎牛婺女星降現，故名曰黎婺，音訛爲黎母。諸蠻環處，其山峻極，常在霧靄中，黎人自鮮識之。秋朗氣清時，見翠尖浮插半空。山有水泉湧流，派而爲五：一入昌化，一入吉陽，一入萬安，一入瓊州，一流爲大溪，有灘三十六，至長寮村，屬澄邁縣，一流爲小溪，有灘二十四，至碌運村，屬樂會縣，二水合流爲三合水，屬瓊山縣。去省地遠者爲生黎，近者爲熟黎，各以所邇隸於四軍州。黎之峒落日以繁滋，不知其幾千百也，咸無統屬，峒自爲雄長，止於王、符、張、李數姓，同姓爲婚。省民之負罪者，多逋逃歸之。其人椎髻跣足，插銀銅錫釵，婦人加銅環耳墜垂肩，女及笄，即黥頰爲細花紋，謂之「繡面」，女既黥，集親客相賀慶，惟婢獲則不繡面。女工紡織，得中土綺綵，拆取色絲，加木棉，挑織爲單幕。又純織木棉吉貝爲布。祭神以牛、犬、雞、彘，多至百牲。無鹽、鐵、魚蝦，以沉香、縵布、木棉、麻皮等，就省地博易。得錢無所用也。屋宇以竹爲棚，下居牧畜，人處其上。男子常帶長靶刀、長弰，刀弓跬步不離。喜讐殺，謂之「捉拗」。其親爲人所殺，後見仇家人及其峒中種類，即擒取而械之，械用荔枝木，長六尺許，其狀如碓，要牛、酒、銀缾乃釋，謂之「贖命」。議婚姻折箭爲質，聚會椎鼓舞歌。死必殺牛以祭。土産沉水、蓬萊諸香，爲香譜第一。漫山悉檳榔、椰子樹、小馬、翠羽、黄蠟之屬。閩商值風飄蕩，貲貨陷没，多入黎地耕種不歸。官吏及省民經由村峒，必舍其家，恃以爲安。熟黎之外，海南四州軍鎮，其四隅地方千里，路如連環，欲歷其地，非一月不可遍。馬伏波之平海南也，命陶者作缶器，大者盛水數石，小者盛五斗至二三斗者，招到深峒歸降人，即以遺之，任意選擇，以測其巢穴之險夷。黎人止取二三斗之小者，詰之云：「來時皆懸崖，緣木而下，不取大者，恐將歸不得。」以是知其峒穴深而險峻不可入。四郡之人多黎姓，蓋其裔族，而今黎人乃多姓王。淳熙元年，五指山生黎峒首王仲期率其傍八十峒、丁口千八百二十歸化。仲期與諸峒首王仲文等八十一人詣瓊管公參，就顯應廟研石歃血約誓改過，不復抄掠，犒賜遣歸。瓊守圖其形狀衣裘上經畧司，髻露者以絳帛約髻根，或以彩帛包髻，或戴小花笠，皆簪二銀篦，亦有着短織花裙者。惟王仲期青巾紅錦袍束帶，自云祖父宣和中嘗納土補官，賜錦袍云。

物貨

海南土產，諸蕃皆有之，顧有優劣耳。箋、沉等香，味清且長，敻出諸蕃之右，雖占城、真臘亦居其次。黃蠟則逈不及三佛齊，較之三嶼，抑又劣焉。其餘物貨多與諸蕃同，惟檳榔、吉貝獨盛，泉商興販，大率仰此。

燕翼詒謀録

◉王栐 撰
鍾翀 整理

點校説明

《燕翼詒謀録》五卷，南宋王林著。林字叔永，號求志老叟，其身世未詳。僅據書中記載，推知林爲廬江(今屬安徽)人，生於官宦人家，其生涯當在南宋中葉，並曾在山陽(今江蘇淮安)爲官。

本書《自序》寫於寶慶丁亥(一二二七)，書名出自《詩經·文王有聲》之「詒厥孫謀，以燕翼子」句，意指宋初數代君主傳於後世子孫的治國謀略記録。全書記載宋代典章制度一百六十餘則，内容以選舉與職官制度爲主，兼及食貨、兵刑、地理、民俗等。作者自述書中記載悉考於國史、實録、寶訓、聖政，故《四庫提要》稱其爲「雜史中之最有典據者也」，該書徵引典籍今多散逸，因此其研究價值亦頗爲史家所重。

此書流傳有緒，宋末即已收入《百川學海》，後世叢書亦多予收録，故傳本較多，如元陶宗儀《説郛》、明代的《唐宋叢書》與《歷代小史》、清代的《學津討源》與《反約篇》等均收有此書。

此次整理，以《百川學海》本爲底本，校以商務印書館《説郛》本(簡稱説郛本)、《歷代小史》本、文淵閣《四庫全書》本(簡稱四庫本)，少數各本俱誤文字，則據《宋史》、《宋會要輯稿》、《續資治通鑑長編》(簡稱《長編》)等有關史籍予以訂正。本次校勘同時參考了中華書局誠剛點校本的成果，謹此致謝。

序

仰惟藝祖皇帝肇造區夏，宏規遠略，傳之萬世。太宗皇帝、真宗皇帝、仁宗皇帝嗣守丕基，善繼善述，凡所更張設施，無非忠厚。故深仁厖澤，固結人心，牢不可解。雖中更新法，多所更易，其後封豕長蛇，荐食上國，而民以身徇國，有死無貳，至有城破，比肩拱手就戮，無一降者。其培植涵養，深根固蒂，豈一朝一夕之故哉！昔漢祖入關之初，約法三章，唐宗甫得天下，定租庸調，而漢四百年、唐三百年基業實本于此。然漢祖殁而吕氏用事，唐宗亡而武氏革命。孝文繼立，能紹先志，景帝刻薄，則又反是，玄宗討亂，復以肇亂。其眡皇朝列聖相繼，卒代而廣聲者，萬萬不侔矣。人皆知罪熙、豐以來用事之臣，而不原祖宗立國之本旨。苟非規摹宏遠，德澤深厚，則其效驗尚不能如漢、唐之季世，何以再肇中興之基？夷攷建隆迄于嘉祐，良法美意，燦然具陳，治平以後此意泯矣。今備述如後，與識者商榷之，以稽世變云。寶慶丁亥孟冬既望，求志老叟晉陽王栐叔永書于山陰寓居求志堂中。

稗官小説所載國朝典故，多相矛盾，故李公伯和質以國史爲《典故辨疑》一書，凡諸家所載，無一非妄，幾於可以盡廢。今余所述，無非考之國史、實録、寶訓、聖政等書，凡稗官小説，悉棄不取，蓋以前人爲戒也。凡我同志，譏其妄論則可，以爲繆誤則不可矣。苟有以警教之，則又幸也。中澣日再書。

目録

卷第三

卷第四

卷第五

卷第一

唐末，進士不第，如王仙芝輩唱亂，而敬翔、李振之徒，皆進士之不得志者也。蓋四海九州之廣，而歲上第者僅一二十人，苟非才學超出倫輩，必自絕意於功名之塗，無復顧藉。故聖朝廣開科舉之門，俾人人皆有覬覦之心，不忍自棄於盜賊奸宄。開寶二年三月壬寅朔，詔禮部閲貢士十五舉以上曾經終場者，具名以聞。庚戌，詔曰：「貢士司馬浦等一百六人，困頓風塵，潦倒場屋，學固不講，業亦難專，非有特恩，終成遐棄，宜各賜本科出身。」此特奏所由始也。自是，士之潦倒不第者，皆覬覦一官，老死不止。至景德二年三月丁巳，因賜李迪等進士第，賜特奏名五舉以上本科六十四人，《三傳》十八人，同學究二十二人，《三禮》四十四人，年老授將作監主簿三十一人。此特奏之名所由立也。至景祐元年正月癸未，詔：「進士、諸科十取其二。進士三經殿試、諸科五經殿試，或進士五舉年五十、諸科六舉年六十，雖不合格，特奏名。」此特奏名所以漸多也。至大中祥符八年二月丙子，則命進士六舉、諸科九舉特奏名，並赴殿試。則又以人多而裁抑之也。況進士入官十倍舊數，多至二十倍。而特奏之多，自是亦如之。英雄豪傑皆汩没消靡其中而不自覺，故亂不起於中國而起於夷狄，豈非得御天下之要術歟。蘇子云：「縱百萬虎狼於山林而飢渴之，不知其將噬人。」　藝祖皇帝深知此理者也，豈漢、唐所可仰望哉。

自唐以來，進士皆爲知舉門生，恩出私門，不復知有人主。開寶六年，下第人徐士廉檛登聞鼓，言久困場屋。乃詔入策進士、終場經學，並試殿庭。三月庚午，御講武殿覆試新進士宋準以下一百二十七人。是歲，禮部所放進士十一人而已，《五經》止二十二人。藝祖皇帝以初御試，特優與取放，以示異恩。而御試進士不許稱門生於私門，一洗故習，大哉宏模，可謂知所先務矣。

國初承五季之亂，吏銓書判拔萃科久廢。建隆三年八月，因左拾遺高錫上言請問法書十條以代試判，詔今後應求仕及選人，並試判三道，仍復書判拔萃科。先是，諸道州府參選者每年冬集於吏銓，乾德二年正月甲申，詔選人四時參選。待之者甚厚，責之者甚至，真得馭臣之柄矣。後因銓部姑應故事，不分臧否，雖文紕繆、書不成字者，亦令注官。故真宗景德元年八月，令銓司引對，齎所試書判，以備奏御。仁宗即位之初，以諸路闕官，凡守選者並與放選，以示特恩。至景祐元年正月，遂廢書判爲銓試。議者以爲奏補人多令人假手，故更新制。曾不思書判猶如今之簾引，雖有假手，不可代書，若銓試之弊則又甚矣，雖他人代書可也，省試猶可，況銓試乎。承平時，假手者用薄紙書所爲文，揉成團，名曰「紙毬」，公然貨賣，亦由朝廷施刑寖寬故也。

五代時，尉職以軍校爲之，大爲民患。建隆三年十二月癸巳，詔：「諸縣置尉一員，在主簿之下，俸與主簿同。」始令初賜第人爲之，從趙普之請也。

國初，選人有服緋紫，或加階至大夫，故人以爲榮，雖老於選調不悔。乾德二年六月庚寅，中書詳定陶穀等議：防禦、團練軍事推官、軍事判官，今從事郎。三考加將仕郎，試祕書省校書郎。留守、兩府節度推官，今文林郎。三考加承奉郎，試大理評事。掌書記、防禦、團練判官，今儒林郎。二考加宣德郎，依前試大理評事兼監察御史。留守、兩府節度觀察判官，今承直郎。一考加朝散大夫，試大理司直，依前監察御史，又轉而爲諸府少尹，申奏加檢校官或加憲銜。觀察判官以上服緋，又十五年服紫，但不佩魚，謂之「階緋」、「階紫」，非有勞績而歷任無過失者，並不改官，故改官之法亦優。

舊制：借緋、借紫皆不佩魚。王詔爲刑部侍郎，上奏云：「與胥吏無別，非所以示觀瞻，乞與賜服人同佩魚。」從之。然既許其佩魚袋，則當改其銜爲借紫金魚袋【一】、借緋魚袋，今尚仍舊銜，此有司失於申明也。詔，化基之孫，舉元之子，終工部尚書，享年七十九。

舊制：縣尉捕盜無改官者。乾德六年三月庚寅詔：「尉逐賊被傷，全火，賜緋；三分之二者，減三選、加三階；五分之二者，減二選、加二階；三分之一者，減一選、加一階。縣令獲全火，陞朝人，改服色。餘如尉賞。身死者，録用的親子弟。」又詔：「捕寇立定日限，已罷限外之責而終能獲賊者，與除其罰，不得書爲勞績。」賞罰非不重也，若遽令改官親民則過矣。

【一】則當改其銜爲借紫金魚袋　「銜」原作「銜」，據説郛本、四庫本及本書下文改。

今之司理參軍，五代之馬步軍都虞候判官也，以牙校爲之，州鎮專殺，而司獄事者輕視人命。太祖皇帝開寶六年七月壬子，詔州府並置司寇參軍，以新及第《九經》、《五經》及選人資序相當者充。其後改爲司理參軍。

國初，進士尚仍唐舊制，每歲多不過二三十人。太平興國二年，太宗皇帝以郡縣闕官頗多，放進士幾五百人，比舊二十倍。正月己巳，宴新進士吕蒙正等於開寶寺，賜御製詩二首。

故事，唱第之後，醵錢於曲江爲聞喜之飲。近代於名園、佛廟，至是官爲供帳，歲以爲常。先是，進士參選方解褐衣緑，是歲錫宴後五日癸酉，詔賜新進士并諸科人緑袍、靴、笏。自後以唱第日賜之，惟賜袍、笏，不復賜靴。

世傳堂吏舊用士人，吕夷簡改用吏人，非也。太祖皇帝以堂吏擅中書事權，多爲奸贓，開寶六年四月癸巳，詔流内銓於前任令、録、判、司、簿、尉，選諳練公事一十五人，補堂後官，三年一替，令、録除陞朝官，餘上縣。五月庚辰，以姜寅亮、任能、夏德崇、孔崇眗爲之。此太祖開基立國之宏規也。不特此爾，寇準爲宰相，刑部、大理寺、三司法直副法直官，舊例以令史遷補，準悉用士人。景德二年三月，詔銓司選流内官一任三考，無遺闕者，引對、試斷案，授之。蓋仰體太祖謹重堂後官之意而推廣之也。然改制之初不能一掃而清之，新舊雜用，士大夫耻與爲伍。又三年，爲任人無固志，舊吏長子孫爲世業。一齊不勝衆楚之咻，太祖皇帝美意數傳之後，寂然無聞，是可恨也。

遠方寒士預鄉薦，欲試禮部，假丐不可得，則寧寄舉不試，良爲可念。謹按開寶二年十月丁亥，詔西川、山南、荆湖等道，所薦舉人並給來往公券，令樞密院定例施行。蓋自初起程以至還鄉費皆給於公家，如是而挾商旅、干關節繩之以法，彼亦何辭。今不復聞舉此法矣。

前代郵置，皆役民爲之。自兵農既分，軍制大異於古，而郵亭役民如故【二】。太祖即位之始，即革此弊，建隆二年五月，詔諸道州府以軍卒代百姓爲遞夫。其後特置遞卒，優其廩給，遂爲定制。

五季，武夫悍卒以軍功進秩爲節度使者，不可數計，而班在卿、監之下。太祖皇帝以節度使受禪，遂重其選，陞其班於六曹侍郎之上，此建隆三年三月壬午詔書也。故恩數同執政官，而除拜、鎖院、宣麻尤異焉，非宗室近屬、外戚國壻年勞久次，不得爲此官。此外則殿帥而已，前宰執亦時有除拜者。崇寧以來，始有濫恩，其後官者皆得爲之，殊失太祖改制之本旨矣。

前代賜時服，惟將相、翰林學士至諸軍大校而止。建隆三年，太祖皇帝謂宰相曰：「時服不賜百官，甚無謂也，宜並賜之。」乃以冬十月乙酉朔，賜文武常參官時服，自後遂爲定制。

【二】而郵亭役民如故　「民」，諸本皆作「兵」，據《宋史》卷一、《長編》卷二改。

唐制：爲刺史者並借緋。太平興國二年二月戊戌，詔常參官知節鎮並借紫，防禦、團練、刺史州借緋，候回日依舊服色。其服緋人任諸州亦借紫，惟軍壘則否。

國初，假試官乃以恩澤補授，不理選限。太宗皇帝即位，牧、伯皆遣子弟奉方物爲賀，悉以試七選，吏部南曹赴調引對，始授以官，自後假試方得齒仕版矣。

太祖皇帝以趙普專權，欲置副貳以防察之。問陶穀以下丞相一等有何官，穀以參知政事、參知機務對。乾德二年四月乙丑，乃以薛居正、吕餘慶爲參知政事，不押班，不知印，不升政事堂。曾不思唐朝宰相名色最多，若僕射，若内史，若納言，若參預朝政，若同二、同三品，其爲相則均也。而爲同平章事，乃資歷之最淺者，自天寶之亂多以資淺者爲之，而此名一定不易矣。穀以儒學見重於太祖，而不考前代典故如此，此官之設幾於宰相之屬。其後至道元年四月戊子更制，令升政事堂，知印、押班一同宰相，仍合班爲一。其後爲相者漸多，而參政之權漸輕，不得有所可否矣。

官制未改之前，凡宰執官自爲一班，獨出百官之上，雖前宰相以宫師致仕者，皆不得與宰執官齒。乾德元年，太祖因朝會見太子師侯益等班次在下，乃以閏十二月丙子降詔：凡一品致仕曾帶平章事者，朝會綴中書門下班。自後禮絶百僚矣。

先是，選人不給印紙，遇任滿，給公憑到選以攷功過，往往於已給之後時有更易，不足取信。太平興國二年正月壬申，詔曰：「今後州府録曹、縣令、簿、尉，吏部南曹並給印紙、曆子，外給公憑者罷之。」自此奔競巧求者不得以公憑營私更易改給矣。

唐末，藩鎮諸州聽命帥府，如臣之事君，雖或因朝命除授，而事無巨細皆取決于帥，與朝廷幾於相忘。太平興國二年三月，右拾遺李翰極言其弊，太宗皇帝始詔藩鎮諸州直隸京師，長吏自得奏事。而後天下大權盡歸人主，潛消藩鎮跋扈之心。今長吏初除、替滿奏事，自此始也。

舊制：品官服緋、紫，皆以品格。故選人久次多服緋、紫，京朝遷轉之速者反多服緑。太平興國六年十一月冬至，郊祀赦文：「令常參官衣緋、緑二十年，於吏部投狀，具履歷以聞。」始以實歷。後以應格者少，改用莅事日爲始，遂爲定制。

舊制：中書舍人、諫議大夫權侍郎，並服黑帶、佩金魚。霍端友爲中書舍人，奏事，徽宗皇帝顧其帶問云：「何以無别於庶官？」端友奏：「非金、玉無用紅鞓者。」乃詔四品從官改服紅鞓、黑犀帶、佩金魚。今武臣大使臣以上，紅鞓不知何所從始也。國初，士庶所服革帶未有定制。大抵貴者以金，賤者以銀，富者尚侈，貧者尚儉。太平興國七年正月壬寅，詔三品以上銙以玉，四品以金，五品、六品銀銙金塗，七品以上并未常參官并内職武官以銀。上所特賜，不拘此令。八品、九品以黑銀，今世所謂藥點烏銀是也。流外官、工商、士人、庶人以鐵、角二色。其金荔枝銙，非三品以上不許服，太宗特新此銙，其品式無傳焉。其後毬文笏頭、御仙又出於太宗特製，以别貴賤，而荔枝反爲御仙之次，雖非從官特賜，皆許服。初品京官特賜帶者，即服紫矣。鞍轡之别，亦始於太宗時，太平興國七年正月，詔常參官銀裝鞍、絲緣，六品以下不得鬧裝，仍不得用刺繡金皮飾韉。未仕者烏漆素鞍，則是一命以上皆可以銀裝鞍也。近歲惟郡太守猶存銀裝、絲緣之制，此外無敢用者。若烏漆則庶人通用，而鞍皮之巧，無所不至，其用素鞍者鮮矣。

國初，仍唐舊制：有官者服皂袍，無官者白袍，庶人布袍，而紫惟施於朝服，非朝服而用紫者有禁。然所謂紫者乃赤紫，今所服紫謂之黑紫，以爲妖，其禁尤嚴。故太平興國七年詔曰：「中外官并貢舉人或於緋、緑、白袍者，私自以紫於衣服者，禁之。止許白袍或皂袍。」至端拱二年，忽詔士庶皆許服紫，所在不得禁止。而黑紫之禁，則申嚴於仁宗之時，今虜中之服乃是國初申嚴之制，此理所不可曉也。

太祖皇帝收藩鎮之權，雖大藩府不敢臣屬其下使之拜伏于庭，而爲小官者亦漸有陵慢其上之意。咸平五年五月壬戌，知開封府寇準極陳其不可，乃詔開封府左右軍巡使、京官知司録、諸曹參軍、知畿縣見知府並庭參設拜。自後諸州選人並拜于庭，故老泉上書亦嘗言之，不知此禮廢于何時。

進士舊無免解之條，咸平二年六月丙戌，詔貢舉應三舉人，並免取解。若三舉連中則是九年，三舉不連中則有二三十年者，不若限以十八年之爲均平也。若四舉連中則亦罕有，不爲濫矣。

國初，士大夫往往久任，亦罕送迎。小官到罷多芒屩策杖以行，婦女乘驢已爲過矣。不幸丁憂解官，多流落不能歸。咸平二年三月甲戌，詔川峽、廣南、福建路官，丁憂不得離任。聖主端居九重而思慮至此，則從宦遠方者不至於畏憚而不敢往。祖宗仁厚之澤大抵如此。其後以川峽距京師不甚遠，至景德二年三月，復聽川峽官丁憂，惟長吏奏裁。

尉職警盜，村鄉爭鬬，憚經州縣者多投尉司。尉司因此置獄，拷掠之苦，往往非法。咸平元年十月己丑，有詔申警，悉毀撤之，詞訴悉歸之縣。蓋後生初任，未歷民事，輕於用刑，縣令權輕不能制伏，民受其殃。此令一行，至今無敢犯者。

銓曹吏人奸弊最甚，掌銓者雖聰明過人，皆不能出。真宗朝有以爲言者。咸平三年十二月丁未，詔選判司簿尉充吏部流内銓南曹主事。所以重士大夫之選，其視待流外者，霄壤不侔矣。

卷第二

國初，三歲郊祀，士大夫皆遷秩。真宗即位，孫何力陳其濫，乞罷遷秩之例，仍命有司考其殿最，臨軒黜陟，咸平四年四月，方頒行。自後士大夫循轉頗艱。

國初，進士科場尚寬，禮闈與州郡不異。景德二年七月甲戌，禮部貢院言：「舉人除書案外，不許將茶厨、蠟燭等入；除官韻外，不得懷挾書策，犯者扶出，殿一舉。」其申嚴誠是也。而元豐貢院之火，死者甚衆，則是法不行也。

又試場所問本經義疏，不過記出處而已。如呂申公試卷問：「子謂『子産有君子之道四焉』，所謂四者何也？」答曰：「『對』『其行己也恭，其事上也敬，其養民也惠，其使人也義』，謹對。」試卷不謄録，而考官批于界行之上，能記則曰「通」，不記則曰「不」，十問之中四通則合格矣。其誤記者，亦只書曰「不」，而全不能記，答曰「對未審，謹對。」雖已封彌，而兼采譽望，猶在觀其字畫，可以占其爲人。而士之應舉者知勉於小學，亦所以誘人爲善也。自謄録之法行，而字畫之繆或假手於人者肆行不忌，人才日益卑下矣。行卷之禮，人自激昂以求當路之知。其無文無行，鄉閭所不齒，亦不敢妄意於科舉。使古意尚存，則如章子厚者，豈容其應進士舉乎？

舊制：進士首選同唱第人，皆自備錢爲鞍馬費，而京師遊手之民亦自以鞍馬候於禁門外，雖號廷魁，與衆無以異也。大中祥符八年二月戊申，詔進士第一人，金吾司差七人導從，兩節前引，始與同列特異矣。進士考試差官屬之轉運使，惟許本路差官。大中祥符八年二月乙卯，詔本路闕人即報鄰路差。

納粟補官，國初無。天禧元年四月，登州牟平縣學究鄭河【一】，出粟五千六百石振飢，乞補弟巽【二】。不從。晁迥、李維上言，乞特從之，以勸來者，豐稔即止。詔補三班借職。今承信郎。自後援巽例以請者，皆從之。然州縣官不許接坐【三】，止令庭參。熙寧元年八月，詔給將作監主簿、齋郎、助教牒，募民實粟于邊，此古人募民實粟塞下遺意也。因記淳熙間，詔以旱故募出粟拯民，二千石補初品官，而龍舒一郡應格者數人，郡以姓名來上，孝宗皇帝疑而不與。仲父軒山先生力諫，以爲失信於人，恐自後歉歲無應募者，孝宗亟從之，已而應募者衆。

舊制：朝臣、監司因事謫官，多爲監當，雖在貶所，猶以前任舉官，言者以爲無以示貶抑之意。天禧元年五月壬戌，始制因罪監當不得舉官充知縣，朝臣不得舉本州幕職官。前朝貶謫雖重，敘用亦驟，未聞其黜免而置之閑地也。王安石一時私意，貽害無窮，罪不勝誅，國猶爲其所誤，而況士大夫乎。

國初，士大夫俸入甚微，簿、尉月給三貫五百七十而已，縣令不滿十千，而三之二又復

【一】學究鄭河　「河」原作「巽」，據《歷代小史》本及《宋會要輯稿》職官五五之三二、三三，《長編》卷八九改。

【二】乞補弟巽　「弟」原作「第」，據《宋會要輯稿》職官五五之三三、《長編》卷八九改。

【三】然州縣官不許接坐　「官」原作「嘗」，據説郛本、《歷代小史》本、四庫本改。

折支茶、鹽、酒等，所入能幾何。所幸物價甚廉，粗給妻孥，未至凍餒，然艱窘甚矣。景德三年五月丙辰，詔：「赤、畿知縣，已令擇人，俸給宜優。自今兩赤縣，月支見錢二十五千，米麥共七斛。畿縣七千户以上，朝官二十千【四】、六斛，京官二十千、五斛；五千户以上，朝官二十千、五斛，京官十八千、四斛；三千户以上，朝官十八千，京官十五千、米麥四斛；三千户以下，京官錢十二千、米麥三斛。」是時已爲特異之恩。至四年九月壬申，詔曰：「並建庶官，以釐庶務，宜少豐於請給，以各勵於廉隅。自今文武宜月請折支，並給見錢六分，外任給四分。」而惠均覃四海矣。

舊制：士人與編氓等。大中祥符五年二月，詔貢舉人曾預省試，公罪聽收贖，而所贖止於公罪徒，其後私罪杖亦許贖論。

唐朝職掌，因五季之亂遂至錯亂，或廢不舉。給事中掌封駁不可一日無，皇朝淳化四年，太宗皇帝推考廢職始於唐末，乃命魏庠、柴成務同知給事中，未幾，隸銀臺、通進司爲封駁司。真宗咸平四年七月，吏部侍郎、知封駁司陳恕乞鑄印，命取門下印用之，因改其名爲門下封駁司。

國初，五品以上任子，有陳乞攝太祝者，雖班初品選人下，然不一二年，經營巧求，即同正員，是與侍從奏補無以異也。至道二年四月乙未，太宗皇帝深懲其弊，乃詔五品以上任子，悉同學究出身，不許攝太祝。自後京選判然，巧求者無所容其奸。

【四】朝官二十千　諸本皆同，然《宋史》卷一七一作「朝官二十二千」，此處疑脱「二」字。

應伎術官不得與士大夫齒，賤之也。至道二年正月，申嚴其禁，雖見任京朝，遇慶澤只加勳階，不得擬常參官。此與書學、畫學、筭學、律學並列，於文武兩學者異矣。

王師初下廣南，北人畏瘴癘，無敢往者，雖武臣亦憚之。後有武臣自廣南替回，陳乞免短使者，銓部以聞。大中祥符八年七月辛亥，始詔三班使臣任廣南差遣，替回並免短使，遂以爲制。

祖宗立國之初，崇尚儉素，金銀爲服用者鮮，士大夫罕以侈靡相勝，故公卿以清節爲高，而金銀之價甚賤。至東封西祀、天書降、天神現，而侈費寖廣，公卿士大夫是則是傚，而金銀之價亦從而增。故大中祥符八年十一月乙巳，真宗皇帝覽三司奏乏銀支用，問輔臣曰：「咸平中銀兩八百，金兩五千，今何增踊如此？」然不知是時其價若干也。蓋上以爲重則下競趨之，求之者多，則價不得不踊。咸平距祥符十數年間，世變已如此，況承平日久，侈費益甚，沿襲至于宣、政之間乎？是宜價日增而未已也。

國初，沿江置務收茶，名曰榷貨務，給賣客旅如鹽貨，然人不以爲便。淳化四年二月癸亥，詔廢沿江八處，應茶商並許於出茶處市之。未幾，有司恐課額有虧，復請于上。六月戊戌，詔復舊制。六飛南渡後，官不能運致茶貨，而榷貨務只賣茶引矣。

皇朝吏銓不曰尚書吏部，而曰考課院，其上著京朝官、幕職、州縣官以別之。淳化四年二月丙戌，詔改考課京朝官院爲審官院，考課幕職、州縣官院爲考課院，而總謂之流內銓云。

唐有理匭使，五代以來無聞。太宗皇帝淳化三年五月辛亥，詔置理檢司，以錢若水領之。其後改曰登聞院，又置鼓于禁門外，以達下情，名曰鼓司。真宗景德四年五月戊申，詔改鼓司爲登聞鼓院，登聞院爲檢院，應上書人並詣鼓院，如本院不行，則詣檢院，以朝官判之，判院之名始于此。

大理寺奏案，刑部審覆，奏而行之。太宗皇帝慮刑部、大理寺吏舞文巧詆，特置審刑院於禁中，以李昌齡爲之，中覆下，丞相必又以聞，始論決。淳化二年八月己卯，詔行之。謹重人命如此。自官制改，并歸刑部，不復有中覆矣。

唐百官入閤有待制次對官。德宗興元中，日令常參官三兩人奏事。後唐天成中，廢待制次對官，五日一次内殿百官轉對，長興二年停。晉天福七年復。漢乾祐二年，陶穀奏罷之。淳化二年十一月丙申，太宗皇帝再復舊制，詔百官次對，每日兩次。

諸州貢士，國初未有限制，來者日增。淳化三年正月丙午，太宗命諸道貢舉人悉入對崇政殿，凡萬七千三百人。時承平未久也，不知其後極盛之時，其數又幾倍也。

世有惡少無賴之人，肆凶不逞，小則賭博，大則屠牛馬、銷銅錢，公行不忌。其輸錢無以償，則爲穿窬，若黨類頗多，則爲劫盜、縱火、行奸、殺人，不防其微，必爲大患。淳化二年閏二月己丑，詔：「相聚蒲博，開櫃坊屠牛馬驢狗以食，私銷銅錢爲器用，並令開封府嚴戒坊市捕之，犯者定行處斬，引匿不以聞與同罪。」所以塞禍亂之源，驅斯民納之善也。其後刑名寖輕，而法不足以懲奸，犯之者衆。嘗怪近世士大夫莅官，視此三者爲不急之務，知而不問者十嘗七八，因訴到官有不爲受理者。是開盜賊之門也，毋乃不思之甚乎！

皇朝以孝治天下，篤厚人倫。子之出繼他位者，得封贈其本生父母，此前所未聞也。李昉爲宰相，上言：「臣叔父超，故任工部郎中、集賢殿學士，叔母謝氏，故陳留郡君，是臣本生父母。臣不報罔極之恩，爲名教罪人。今郊祀覃恩，望與追榮。」太宗皇帝嘉之，淳化四年二月乙丑，詔贈超爲太子太師，謝氏鄭國太夫人。然此猶因昉有請而從之也。至真宗天禧元年八月辛未，詔文武陞朝官父不在，無嫡母、繼母者，許敘封本生父母。則四海之内均沾寵惠，雖於古禮違悖，亦忠厚之至也。

士大夫之家，不幸出妻，爲之子者，非其親生，猶可不服，苟其所親生而視之恝然，則非人類矣。張永德父潁，先娶馬氏，生永德，爲潁所出。永德知鄧州，於州廨作二堂，左繼母劉氏居之，右馬氏居之，不敢以出母加於繼母。永德事二母如一人，無間言。時大臣母妻皆得入謁，劉氏存日，馬不敢同入禁中，劉氏卒，馬始得入謁。太宗勞問嘉歎封莒國太夫人。此可爲人子事出母之法。仁宗景祐三年九月，集賢校理郭稹乞爲嫁母服，詔兩制、御史、太常寺、禮院議。詔自今並許解官申心喪。

前代名賢之後，累經褒表【五】，最顯著者四人：一曰狄梁公仁傑，二曰張曲江公九

【五】前代名賢之後累經褒表　「經」原作「聖」，據説郛本改。

齡，三曰段太尉秀實，四曰郭汾陽王子儀。

真宗景德三年正月丙戌，張公九世孫元吉詣闕，獻明皇墨跡并張公寫真告身，詔以爲韶州文學。大中祥符四年八月丙辰，以段公孫亮爲三班借職。

仁宗天聖六年七月，張公九世孫錫，又以公告身并明皇批答來獻，補試國子四門助教。慶曆三年三月壬辰，詔以狄公孫華州明法狄國賓爲本州助教。四年正月丙戌，以郭公裔孫元亨爲永興軍助教。元豐五年四月，復以段公八世孫文酉爲隴州助教，復其家。國家非靳一命於先賢也，謹惜名器，雖賢者猶爾，況褻用之乎。

咸平、景德以後，粉飾太平，服用寖侈，不惟士大夫之家崇尚不已，市井閭里以華靡相勝，議者病之。大中祥符元年二月，詔：「金箔、金銀線、貼金銷金間金蹙金線，裝貼什器土木玩之物，並行禁斷。非命婦不得以金爲首飾。許人糾告，並以違制論。寺觀飾塑像者，齎金銀并工價，就文思院換易。」四年六月，又詔：「宫院、苑囿等，止用丹白裝飾，不得用五綵。皇親士庶之家，亦不得用春幡勝。除宣賜外，許用綾絹，不得用羅，諸般花用通草，不得用縑帛。」八年三月庚子，又詔：「自中宫以下，衣服並不得以金爲飾，應銷金、貼金、縷金、間金、戭金、圈金、解金、剔金、撚金、陷金、明金、泥金、榜金、背金、影金、闌金、盤金、織金金線，皆不許造。」然上之所好，終不可得而絶也。仁宗繼統，以儉樸躬行，於慶曆二年五月戊辰，申嚴其禁。上自宫掖，悉皆屏絶，臣庶之家，犯者必置于法。然議者猶有憾，以爲有未至焉。自是而後，此意泯矣。

真宗皇帝東封西祀，思顯先烈。大中祥符七年正月乙卯，詔陞應天府爲南京，建行宫，正殿以「歸德」爲名，以聖祖殿爲鴻慶宫，奉太祖、太宗像，侍立於聖祖之旁。其後遂開高宗皇帝中興之祥，殆非偶然者【六】。

僧徒奸狡，雖人主之前，敢爲欺罔。江東有僧詣闕，乞修天台國清寺，且言：「如寺成，願焚身以報。」太宗從之，命中使衛紹欽督役，戒之曰：「了事了來。」紹欽即與俱往，不日告成。紹欽積薪如山，驅使入火，僧哀鳴，乞回闕下面謝皇帝，而後自焚。紹欽怒，以叉叉入烈焰，僧宛轉悲號而絶。歸奏太宗曰：「臣已了事。」太宗頷之。苟非就焚，太宗必以欺罔戮之於市矣。

黄冠之教，始於漢張陵，故皆有妻孥，雖居宫觀，而嫁娶生子與俗人不異。奉其教而誦經，則曰「道士」，不奉其教不誦經，惟假其冠服，則曰「寄褐」。皆游惰無所業者，亦有凶歲無所給食，假寄褐之名，挈家以入者，大抵主首之親故也。太祖皇帝深疾之，開寶五年閏二月戊午，詔曰：「末俗竊服冠裳，號爲『寄褐』，雜居宫觀者，一切禁斷。道士不得畜養妻孥，已有家者，遣出外居止。今後不許私度，須本師、知觀同詣長吏陳牒，給公憑，違者捕繫抵罪。」自是宫觀不許停著婦女，亦無寄食者矣。而黄冠之兄弟、父子、孫姪猶依憑以居，不肯去也，名曰「親屬」。大中祥符二年二月庚子，真宗皇帝詔道士不得以親

【六】殆非偶然者　「殆」原作「始」，據説郛本、《歷代小史》本、四庫本改。

屬住宫觀，犯者嚴懲之。自後始與僧同其禁約矣。

國忌行香，本非舊制，真宗皇帝大中祥符二年九月丁亥，詔曰：「宣祖昭武皇帝、昭憲皇后，自今忌前一日不坐，羣臣進名奉慰，寺觀行香，禁屠，廢務，著于令。」自後太祖太宗忌亦援此例，累朝因之。今惟存行香而已，進名奉慰久已不存，亦不禁屠，雙忌則休務，單忌亦不廢務矣。

太祖征李重進還，以御營建寺，所御之榻存焉。後僧徒共建一殿，申嚴崇奉，名「彰武殿」，且請降御容，使民庶瞻仰。真宗皇帝命翰林畫工圖寫嚴衛而往，仍賜供具。景德二年八月癸巳，命中使前往奉安，遇朔望，州郡率官僚朝禮。六飛南渡，蕩爲煨燼，後雖建殿，不復奏請御容，姑存遺跡而已。

太宗皇帝命内侍裴愈與山陰縣令李易直訪王羲之蘭亭舊跡。其流杯脩禊處在越州，僧子謙因請建寺於舊地，以藏御札。至道二年二月壬辰，詔從子謙之請，賜寺名「天章」，仍以御書賜之。

東京相國寺乃瓦市也，僧房散處，而中庭兩廡可容萬人，凡商旅交易皆萃其中，四方趨京師以貨物求售轉售他物者必由于此。太宗皇帝至道二年，命重建三門，爲樓其上，甚雄，宸墨親填書金字額，曰「大相國寺」，五月壬寅賜之。

僧寺戒壇，尼受戒混淆其中，因以爲奸。太祖皇帝尤惡之，開寳五年二月丁丑，詔曰：「僧尼無間，實紊教法，應尼合度者，只許於本寺起壇受戒。令尼大德主之，如違，重置其罪。許人告。」則是尼受戒不須入戒壇，各就其本寺也。近世僧戒壇中，公然招誘新尼受戒，其不至者，反誣以違法。尼亦不知法令本以禁僧也，亦信以爲然。官司宜申明禁止之。

萬壽觀本玉清昭應宫也，宫爲火所焚，惟長生崇壽殿存。殿有三像，聖祖、真宗各用金五千兩餘，昊天玉皇上帝用銀五千餘兩。仁宗天聖七年，詔玉清昭應宫更不復修，以殿爲萬壽觀。蓋明肅太后尚有修營之意，宰臣猶帶使領，至是始去之，示不復修營也。

真宗皇帝朝，盛禮縟儀婁舉，費金最多，金價因此頓長，人以爲病。仁宗明道二年正月癸未，詔册寶法物凡用金者，並改用銀，而以金塗之。自此十省其九，至今惟寶用金，餘皆金塗也。

卷第三

太宗皇帝以海内混一，四方無虞，乃於江南置太平軍，江北置無爲軍，取「太平無爲」之義。太平後改爲州。無爲之建，在淳化四年十二月戊戌，至大中祥符二年，建軍方十有六年，災異變怪忽發，八月中，有青蛇長數丈，出郡治，十六日風雨，林木、城門、營壘盡壞，壓死千餘人，夜三鼓方止。九月乙亥，奏至，真宗皇帝亟命中使張景宣馳驛恤視，民壞屋者無出來年夏租，壓死者家賜米一斛，無主及貧乏者官收瘞之；令長史就宫觀精虔設醮爲民祈福。是時方尚祥瑞，宰相甚怒，加譴郡守，真宗不從。其後，守臣黴艾，於五年五月壬午，奏甘露降桐樹。七年七月庚寅，奏聖祖殿叢竹内獲毛屨二，以爲聖祖降。九年四月，奏瑞氣覆巢湖，畫圖來上。皆奉承上意也。洎至皇祐三年，仁宗皇帝在位三十年矣，六月丁亥，守臣茹孝標奏：「城内小山生芝三百五十本，悉以上進，改名其山曰『紫芝山』。」蕞爾一培塿，不應一時所産若是之多也，上怒曰：「朕以豐年爲瑞，賢臣爲寶，草木蟲魚之異，烏足尚哉！茹孝標與免罪，戒州縣自今無得以聞。」大哉王言！足以警臣子之進諛者矣。

《虞書》載：「簫韶九成，鳳凰來儀。」三代以後無傳焉，惟漢宣帝時嘗見，史不載其形狀如何。真宗景德元年五月七日午時，白州有鳳凰三，自南入城，衆禽周遶，至萬歲寺前，棲高木上，身如龍，長九尺，高五尺，其文五色，冠如金盞，至申時，飛向北去，遂不復見。漢州畫圖來上，是時天下承平日久，可謂治世，宜其覽德輝而下也。若麟，惟先聖識之。武獲一角獸，當時以爲麟，太史公不以爲然也。太平興國九年十月癸巳，嵐州獻獸一角，似鹿無斑，角端有肉，性馴善。詔羣臣參驗，徐鉉、滕中正、王佑等上奏曰：「麟也。」宰相宋琪等賀。

官榷酒酤，其來久矣。太宗皇帝深恐病民，淳化五年三月戊申，詔曰：「天下酒榷，先遣使者監筦，宜募民掌之。減常課之十二，使其易辦，吏勿復預。」蓋民自鬻則取利輕，吉凶聚集人易得酒，則有爲生之樂，官無譏察警捕之勞，而課額一定，無敢違欠，公私兩便。然所入無贏餘，官吏所不便也。新法既行，悉歸于公上，散青苗錢于設廳，而置酒肆于譙門，民持錢而出者，誘之使飲，十費其二三矣。又恐其不顧也，則命娼女坐肆作樂以蠱惑之。小民無知，爭競鬭毆，官不能禁，則又差兵官列枷杖以彈壓之，名曰「設法賣酒」。此「設法」之名所由始也。太宗之愛民，寧損上以益下，新法惟剥下奉上，而且誘民爲惡，陷民於罪，豈爲民父母之意乎？今官賣酒用妓樂如故，無復彈壓之制，而「設法」之名不改，州縣間無一肯釐正之者，何耶？

江南李主佞佛，度人爲僧，不可數計。太祖既下江南，重行沙汰，其數尚多。太宗乃爲之禁，至道元年六月己丑，詔：「江南、兩浙、福建等處諸州，僧三百人歲度一人，尼百人歲度一人。」自昔歲度僧道惟試經，且因寺之大小立額，如進士應舉然，雖奸猾多竄身其中，而庸蠢之甚者無所容。自朝廷立價鬻度牒，而僕厮下流皆得爲之，不勝其濫矣。

州長吏不親監決，中唐以來爲然，遇引斷，皆牙校監決於門外。太宗恤刑，慮有寃濫，至道元年六月己亥，詔諸州長吏，凡決徒罪並須親臨。因太常博士王枤有請也。今州郡杖罪，悉委職幕官，而徒罪必自監決，帥府則以徒罪委通判。聖朝謹嚴於用刑，蓋以人命爲重也。

喪家命僧道誦經，設齋作醮、作佛事，曰「資冥福」也。出葬用以導引，此何義耶？至於鐃鈸，乃胡樂也，胡俗燕樂則擊之，而可用於喪柩乎？世俗無知，至用鼓吹作樂，又何忍也？開寶三年十月甲午，詔開封府，禁止士庶之家，喪葬不得用僧道威儀前引。太平興國六年，又禁：送葬不得用樂，庶人不得用方相魌頭。今犯此禁者所在皆是也。祖宗於移風易俗留意如此，惜乎州縣間不能舉行之也！

江南李唐舊用鐵錢，蓋因韓熙載建議，以鐵錢六權銅錢四，然銅錢之價相去甚遠，不可强也。江南末年，鐵錢十僅直銅錢一，江南平，民間不肯行用，轉運使樊若水請廢之。太平興國二年二月，詔官收民間鐵錢鑄爲農器，以給江北流民之歸附者，於是江南鐵錢盡矣。然川蜀、陝西用之如故，川蜀每鐵錢一貫重二十五斤，銅錢一當十三，小民鎔爲器用，賣錢二千，於是官錢皆爲小民盜銷，不可禁止。大中祥符七年，知益州凌策請改鑄，每貫重十二斤，銅錢一當十，民間無銋銷之利，不復爲矣。慶曆初，知商州皮仲容議采洛南紅崖、虢州青水銅，置阜民、朱陽二監鑄大錢，一可當小錢三。以之當十，民間趨利，盜鑄不已。至八年，張方平、宋祁議以爲當更，乃詔改銅錢當十。先是慶曆元年十一月，詔江、饒、池三州鑄鐵錢一百萬貫，助陝西經費，所積尤多，錢重民苦之，至是併罷鑄鐵錢，其患方息。

舊制：命官鎖廳應舉，先於所屬選官考試所業，方聽取解，至禮部，程文紕繆勒停，不合格者贖銅，永不得應舉。中格，庭對，唱第日仍降甲。蓋期待任子者甚厚，非比寒士也。雖欲假手，其可得乎？故當時由此塗出者皆爲文人。仁宗欲開誘進之路，天聖四年六月辛未，詔免舉所業，下第人免責罰，仍許再應舉。景祐元年，復詔鎖廳人不合格除其罪，以試者尚少而申明之也。然自是任子心無所憚，雖實無才能者亦求試矣。

國朝故事，三元張燈。太祖乾德五年正月甲辰，詔曰：「上元張燈，舊止三夜，今朝廷無事，區宇乂安，方當年穀之豐登，宜縱士民之行樂。其令開封府更放十七、十八兩夜燈。」從遂爲例。太宗淳化元年六月丙午，詔罷中元、下元張燈。官雖廢之，而私家猶有私自張燈者。余曩仕山陽，中元、下元酒務張燈賣酒，豈北方遺俗猶有存者耶。

北俗，遇月三、七日不食酒肉，蓋重道教之故，而七夕改用六日。太平興國三年七月乙酉，詔曰：「七夕佳辰，近代多用六日，宜以七日爲七夕，頒行天下。」蓋方其改用六日之時，始於朝廷，故釐正之，自朝廷始。

《月令》：開冰獻羔在仲春之月。五季之亂，訛舛至用四月。淳化三年三月己未，詔改正之。

祖宗留意民事，丁寧戒飭，雖州縣小官未嘗少怠。太平興國八年三月丁未，詔應京朝官受任於外，并州縣幕職官朝辭，并於閤門宣旨戒勗，以其詞著之坐右。不知此制廢於何時。苟州縣小官亦蒙皇恩寵綏，決知自重，思所以稱上意，不敢自暴自棄矣。惜無能舉行之者也。

承平時，闕多員少，士大夫注擬，必求須次者以自便。蓋王事鞅掌，久勞于外，乍還鄉里，展掃墳墓，聚會親族，料理生產作業，勢使之然，甚而違年，繩以三尺，不能禁也。淳化二年正月己丑，詔京朝官釐務于外者，受詔後給假一月澣濯，所在州府以赴上日聞，違者有罪。其後進士既多，任子亦衆，故東坡進策有「一官三人共之」之說，以爲居者一人，去者一人，而伺之者又一人。莅官之日少，閑居之日長，而士大夫至於冒法。況今一官而五、六人共之耶！

雍熙三年九月癸未，詔知州、通判幕職、州縣官秩滿至京師，於法書內試問，如全不知者，量加殿罰，所以關防檢察癃老、昏繆、疾病之人也。今知州到闕必須奏事，通判而下不復舉行，殊失祖宗謹重州縣、勤恤民瘼之意。豈非不才者多惡其害己，而不欲舉行之乎？

漢天子印符曰「璽」，後世因其名不改。國初，御前之印、書詔之印、天子合同之印，其名不正。雍熙三年十月丙午，並改爲「寶」，别鑄用之。皇祐五年，仁宗以奉宸庫有美玉，廣尺，厚半之，命製爲「鎮國神寶」，宰臣龐籍篆文，劉沆書牌。哲宗元符元年，咸陽民段義獻玉璽，云：「紹聖三年，河南鄉修造家舍掘得之。」色緑如藍，文曰「受命于天，既壽永昌」，其背螭紐五盤。詔蔡京等議之，咸以爲真秦璽也。詔仍舊爲傳國璽。徽宗大觀元年，詔求美玉，製八寶以易六璽。十一月壬戌，詔曰：「永惟受命之符，宜有一代之制，而尚循秦舊六璽之用。自天申命，地不愛寶，獲全玉於異域，得妙工於編氓，八寶既成，夐無前比。可以來年正月朔日，御大慶殿恭受八寶。」是舉恩數特厚。政和七年九月辛巳，又製「定命寶」，「範圍天地，幽贊神明，保合大和，萬壽無疆」爲文，廣九寸，號「九寶」。二聖北狩，寶淪異域，高宗皇帝復製八寶，循大觀舊規也。

大中祥符八年二月丁酉，值仁宗皇帝誕生之日，真宗皇帝喜甚，宰臣以下稱賀，宫中出包子以賜臣下，其中皆金珠也。是年，仁宗方就學，天生聖人，得於夢兆，方五歲，聖質已異常人，故均福臣下者特異。

真宗時，開封府洎京畿縣受納綿，多取出剩，訖事，悉揞其餘，均賜官吏，而官吏無厭，愈更多取，歲增不已。景德三年六月壬辰，詔悉蠲之，官吏所賜以官錢給其直。

國初，吏人皆士大夫子弟不能自立者，忍恥爲之，犯罪許用蔭贖，吏有所恃，敢於爲奸。天聖七年三月乙丑，三司吏毋士安犯罪，用祖令孫蔭，詔特決之。仍詔今後吏人犯罪，並不用蔭。又詔吏人投募，責狀在身無蔭贖，方聽入役。苟吏可用蔭，則是仕官不如爲吏也，誘不肖子弟爲惡，莫此爲甚，禁之誠急務，不可緩也。

舊制：京朝官實歷知縣三任入同判，同判實歷三任入知州。天聖六年七月己亥，詔自今任内有五人同罪，奏舉減一任。同判後改爲通判，至今因之。各以兩任四考關陞。

審官院定差知州、軍，並以資歷，不容超越。資歷當得，不容不與。天聖七年九月辛巳，詔審官院定差，並申中書，引上審視，若懦庸老疾不任事者，罷之。今都堂審察，其遺意也。

國初，奏薦之制甚寬，不拘服屬遠近。天聖四年，始詔臣僚奏薦子弟須言服紀，不許奏無服之親，冒奏者不以赦原。其後，又以服屬之親踈爲奏官之高下，可謂良法。

乾興元年，仁宗皇帝登寶位，八月，令學士院試諸州進奉賀登位人：曾舉進士，試大理評事；曾舉諸科，試祕書省正字；餘試校書郎；不願試人，太廟齋郎，凡四等。試大理評事，元豐爲假承事郎，今爲通仕郎，出官從事郎。試祕書省正字，元豐爲假承奉郎，今爲登仕郎，出官迪功郎。太廟齋郎，元豐未改，今爲將仕郎，出官亦迪功郎。其後例補將仕郎，惟宰執得登仕郎。

大中祥符八年，仁宗封壽春郡王，以張士遜、崔遵度爲友，講學之所爲「資善堂」，此「資善」之名所由始也。自後元良就學所皆曰「資善」。

五代諸侯跋扈，枉法殺人，主家得自殺其奴僕。太祖建國，首禁臣下不得專殺。至建隆三年三月己巳降詔，郡國斷大辟，録案朱書格律斷詞、收禁月日、官典姓名以聞，取旨行之。自後生殺之權出於上矣。然主家猶擅黥奴僕之面，以快其忿毒。真宗咸平六年五月，復詔士庶之家奴僕有犯，不得黥面。蓋重於戕人肌膚也。祖宗謹重用刑，苟可以施忠厚者，無所不用其至。如：詔太歲三元聖節不決死罪，則淳化二年三月也；令衆人自五月一日至八月一日免，則天聖四年四月辛未詔也。列聖相承，莫敢不遵，此所以祈天永命歟。

祖宗舊制：州郡公使庫錢酒，專饋士大夫入京往來，與之官、罷任旅費。所饋之厚薄，隨其官品之高下、妻孥之多寡。此損有餘補不足，周急不繼富之意也。其講睦鄰之好，不過以酒相遺，彼此交易，復還公帑。苟私用之，則有刑矣。治平元年，知鳳翔府陳希亮自首，曾以鄰州公使酒私用，貶太常少卿，分司西京。乃申嚴其禁：公使酒相遺，不得私用，並入公帑。其後，祖無擇坐以公使酒三百小瓶遺親，故自直學士謫授散官安置，況他物乎。故先世所歷州郡，得鄰郡酒皆歸之公帑，換易答之，一瓶不敢自飲也。

師、傅、保，輔佐人主，其名甚重，非道尊德重不可以居也。師，導之教訓；傅，傅其德義；保，保其身體。如周、召、畢公之於成王，可以常是名矣。漢之張禹、孔光辱莫甚焉，鄧禹其庶幾乎。後世以爲階官而序進之，失其本旨矣。若皇子加官而冠以師、傅、保之稱，此何義也？子雖賢而可爲父之師、傅、保乎？況有年方孩幼即加是官者，尤悖理矣。故英宗治平二年，御史中丞賈黯力陳其非，四月丙午，詔止加三公、太尉、司徒、司空是也。自此名正言順，人無得而議。宣、政以後，至以師、傅、保加之宦豎，其悖理尤甚矣。

選人改京朝官，憚於作縣，多歷閑慢，比折知縣資序。熙寧十年二月戊子，詔選人磨勘改京朝官，須入知縣，雖不拘常制，不得舉辟。近世此禁寖弛，凡改官人，有出身任教授，無出身任簽判，一考滿則赴部注破格通判矣。孝宗皇帝申嚴舊制，仍以三年爲任，考第未足或有過犯，不得注通判，至今遵行之。

《禮經》：女子出適，以父母三年之喪，折而爲二，舅姑、父母皆爲朞喪。太祖孝明皇后居昭憲太后之喪，齊衰三年。故乾德二年，判大理寺尹拙、少卿薛允中等奏：「三年之內，几筵尚存，夫居苫塊之中，婦被綺羅之飾，夫婦齊體，哀樂不同。乞令舅姑之喪婦從其夫齊衰三年【一】，於義爲稱。」十二月丁酉朔，詔從之，遂爲定制。

【一】齊衰三年　「齊衰」原作「齊斬」，據説郛本改。

卷第四

江南初下，李後主朝京師，其羣臣隨才任使，公卿將相多爲小官，惟任州縣官者仍舊。至於服色，例令服緑，不問官品高下，以示別於中國也。太宗淳化元年正月戊寅赦文：「應諸路僞授官，先賜緋人止令服緑，今並許仍舊。其先衣紫人，任常參官亦許仍舊。」遂得與王朝官齒矣。

楊萬頃殺張審素，審素二子瑝、琇爲父復仇，殺萬頃，張九齡欲活之，李林甫必欲殺之，而二子竟伏大刑。蓋九齡君子，喜人爲善，林甫小人，嫉人爲善，好惡不同故也。苟其父罪當死，子不當報讎，父死不以罪，或非出上命，而爲人所擠陷以死，可不報乎！審素之讎所當報也。太宗雍熙三年七月癸未，京兆府鄠縣民甄婆兒，報母讎殺人，詔決杖遣之。惜乎瑝、琇之不遇聖時明主也！

歐陽脩少孤，其叔父教之學，既貴，乞以一官回贈，以報其德。詔從之，乃自員外郎贈郎中，後世以爲美談，不知又有先於脩者。王曾爲參知政事，改葬叔太子中舍宗元、叔母嚴氏，自言幼孤，叔父母育之。詔贈宗元工部員外郎，嚴氏懷仁縣太君。

李遵勗本名勗，崇矩之孫，繼昌之子，真宗朝尚長公主，御筆增爲遵勗，升爲崇矩之子，繼昌之弟。自此爲例，實亂人倫。治平四年二月，神宗皇帝手詔，述英宗治命，應公主出降，其夫不得升同父行。蓋英宗久欲釐正，以病未果出命，故神宗以遺命行，可謂善述人之事矣。

士大夫治小民之獄者，縱小民妄訴，雖虛妄灼然，亦不反坐，甚而聽其驀越，幾於摟攬生事矣。曾不思善良之民，畏官府如虎狼，甘受屈抑，不敢理雪。而奸猾之民，以恐脅把持爲生，與吏囊橐，視官府如私家，肆行不忌。士大夫墮其計中，爲其所困，殊不自覺，良可嘆也。太祖皇帝乾德二年正月乙巳，詔應論訴人不得驀越陳狀，違者科罪。開基創業之初，首念及此，慮爲善良害也。真宗咸平元年七月，詔所訴虛妄，好持人短長，爲鄉里害者，再犯，徒；三犯，杖訖，械送軍頭引見司。苟能舉而行之，庶幾妄訴者息矣。

舊制：朞喪百日内妨試，尊卑長幼同。士人病之，多入京冒哀就同文試，洎中選被人論訴，不免坐罪。天禧四年二月壬申，翰林學士承旨晁迥上言：「諸州士人以朞制妨試，奔湊京轂。請自今卑幼朞服，不妨取解。」詔從之，自後冒哀求試者寡矣。大凡人家尊長朞喪，多年高者，卑幼朞喪，多年幼者，免避卑幼，則妨試亦鮮。

國初，宗室尚少，隸宗正寺。仁宗景祐三年，以宗室衆多，特置大宗正司，以皇兄寧江軍節度使允讓知大宗正事。仍詔自今於祖宗後各擇一人爲之，尚賢而不以齒。糾正違失。凡宗室奏陳，先委詳酌而後聞，不得專達。其後，又以宗室出居外州，於西京置西外宗正司，南京置南外宗正司矣。

今州縣義倉米，始於仁宗時。始集賢校理王琪，嘗於景祐中陳請，乞每正税二斗，别輸一升，領於轉運使，遇水旱振給。有司會議不同而止。慶曆元年九月，琪申前議，上特詔行之。至新法行，又增作每一斗收一升，然水旱振給，所賴爲多。行之日久，官吏視爲公家之物，遇振給靳惜特甚，殊失元立法之意。

仁宗重臺諫之選，景祐元年四月癸丑，詔御史臺置殿中侍御史、監察御史裏行。又詔舉三丞以上嘗歷知縣人除御史裏行，二年除御史，又二年除三司、開封判官。自清要而歷繁劇，選任既重，一時號稱得人。明道元年七月辛卯，又以諫官無治所，乃以門下省充諫院，而别創門下省於右掖門之西。蓋朝臣皆有入局之所，獨諫院無之故也。

真宗欲以太宗配天於南郊，而太祖之配不可改，乃奉太宗並配。仁宗郊天，又益以真宗，則是以三帝配一上帝矣。嘉祐七年，因楊畋力諫，乃定以太宗配。今南郊又以祖宗並配矣。

祖宗重堂後官，更用士人，其敘遷至員外郎者，與外任。其後多不願出，惟求子孫恩澤，遂以爲例。仁宗嘉祐八年，中書奏：「今後願留人，雖許供職，其諸房提點並須擇才，候職事修舉方補。如不職，與堂除知州。」蓋猶以士流之故，優之也。新法既行，增置宰屬，而士流不復爲堂後官，因是朘削。舊制：堂後官外任止於通判，不得爲知州。先是皇祐三年四月，詔堂後官無得佩魚，若士人選用而至提點五房，方許佩魚，以示別也。今雖非士人選用，皆佩之矣。

先聖後嗣，自先聖封文宣王，而襲爵者稱文宣公。「文宣」，謚號也。謚號非子孫所可襲。仁宗至和二年三月，用太常博士祖無擇議，改爲衍聖公，蓋取襲封之義。

舊制：婦人冠以漆紗爲之，而加以飾。金銀珠翠、采色裝花，初無定制。仁宗時，宮中以白角改造冠并梳，冠之長至三尺，有等肩者，梳至一尺，議者以爲妖。仁宗亦惡其侈，皇祐元年十月，詔禁中外不得以角爲冠、梳，冠廣不得過一尺，長不得過四寸，梳長不得過四寸。終仁宗之世無敢犯者。其後，侈靡之風盛行，冠不特白角，又易以魚枕；梳不特白角，又易以象牙、玳瑁矣。

國朝武臣，正任十年一遷官。熙寧八年，特詔駙馬都尉七年一遷官，仍著于令。非獨示優，亦所以杜其非理干請也。元豐六年二月癸未，詔吏部七年磨勘，更不取旨。

仁宗景祐元年四月癸酉，詔以河南府學爲西京國子監，置分司官。其後南京、北京皆援爲之。崇寧四年秋七月丙午朔，詔罷三京國子監官，各置司業一員，其眡京具體而微矣。

皇朝追褒先賢，皆有所因。仁宗景祐元年九月，詔封扁鵲爲神應侯，以上疾愈，醫者許希有請也。徽宗崇寧元年二月，封孔鯉泗水侯、孔伋沂水侯，崇先聖之嗣也。六月，封伯夷爲清惠侯、叔齊爲仁惠侯，重節義之風也。宣和元年五月甲申，封列禦寇沖虚觀妙真君、莊周微妙元通真君，尚虚無之教也。然仁宗因醫者之請，姑勉從之。伯魚、子思之封，以配享從例封也。伯夷、叔齊遜千乘之國，豈求身後虚名？莊、列物外人，何羨真君之號，不必封可也。

京師試於禮部者，皆禱於二相廟，二相者，子游、子夏也。子游爲武城宰，子夏聘列國，不知何以得相之名也。今行都試禮部者，皆禱于皮場廟，皮場即皮剥所也。建中靖國元年六月，傳聞皮場土地，主瘍疾之不治者，詔封爲靈貺侯。今廟在萬壽觀之晨華館，館與貢院爲鄰，不知士人之禱始於何時，館因何而置廟也。

王安石創宫觀，以處新法之異議者，非泛施之士大夫也。其後朝臣以罪出者，多差宫觀。其初出令也，則曰「優老」。元豐元年二月辛亥，詔年六十者聽注差宫觀，以三十月爲任，無得過兩任。其後不拘此令矣。

元豐初，詔檢正官、檢詳官各以四員爲額。亦同都事、録事承旨分房掌管，其品秩尚卑。政和更制，品秩甚高，各置一員通掌諸房，權任甚重。而所以擢用者不同，或出於人主親擢，則宰執反憚之，所請不敢不從；出於宰臣進擬，則人主反疑之，因是品位不進。近世目宰屬、樞屬官爲「旋窩」，人不以爲樂。其人主親擢，則又有「跳出旋窩」之號，頗恃以自矜矣。

樞密使拜、罷，與宰臣恩數等。皇祐五年，高若訥爲樞密使罷政，仁宗惡其奸邪，特令舍人草詞罷，以示貶黜。其後，皆以前宰臣爲之，皆帶平章事，罷政宣麻如故。而自執政拜使者，罷政不復宣麻，踵若訥故事也。

淮南轉運使舊有二員，皆在楚州。明道元年七月甲戌，詔徙一員於廬州。南渡以後，廢江、淮發運使，而治楚州者移治真州，治廬州者移治舒州，其後又自舒州移治無爲軍矣。

太廟齋郎，後改爲假將仕郎。政和六年十一月，詔：「假版官行於衰亂之世，不可循用，改假承事郎爲通仕郎，假承奉、承務郎爲登仕郎；改舊通仕郎爲從政郎，舊登仕郎爲修職郎，假將仕郎去『假』字。見任合改人并帶假人，但改正稱呼，更不給告勑。」

舊貼職，止於直祕閣、直龍圖閣、右文殿修撰三等。政和六年九月，手詔：「天下人才富盛，趨事赴功者衆，不足以待多士。可增置直徽猷閣、直顯謨閣、直寶文閣、直天章閣、祕閣修撰、集英殿修撰，凡九等。」中興以後，又增敷文、焕章、華文、寶謨、寶章五等矣。等級既多，遷轉亦易，非舊比也。

今判部、判寺、判監、判院之稱，乃官制未改以前實稱，今加於實稱之上，可謂重疊。昔有判刑部、判禮部、判兵部、判工部，惟户、吏二部無之，蓋以流内銓、三司使易其名矣。官名既正，又加以判，甚無謂也。其他寺監亦然。至於登聞檢鼓院、進奏院，舊稱判。政和五年，言者謂官制之改，稱判者悉除去，惟大宗正司以官尊者稱判【一】，其次爲知，若六

【一】惟大宗正司以官尊者稱判　「大」原作「太」，據説郛本、四庫本及本書卷四「創大宗正司」條記載改。

院不可復言判也，遂詔悉改爲監。

今之右文殿修撰，舊爲集賢殿修撰。政和六年四月，奉御筆：「集賢殿舊無此名，祕書省殿以『右文殿』爲名，可改爲右文殿修撰。」

今之宣教郎即昔之宣德郎。政和四年九月，詔宣德郎與宣德門名相犯，可改爲宣教郎，見任人不別給告，但改稱呼。

政和四年八月，詔改端明殿學士爲延康殿學士，改樞密直學士爲述古殿學士，恩數品秩並依舊。中興以後，端明復舊，而述古與樞密直皆廢矣。

大夫之稱亞於卿，而郎官上應列宿，文臣以爲階官宜也，況其來自古，初非創意立名，故神宗正官名遠考古制，以大夫、郎易職事，舊稱爲寄禄官。若武臣横行、正副使之稱，與承制、崇班、供奉、侍禁、奉職、借職、差使、借差，非名之不正也，政和乃悉易以大夫、郎之稱，此豈被堅執鋭、馳驟弓馬者之所宜稱乎？横行以十二階易十二階猶之可也，正、副使各十九階並以八階易之，無乃輕褻名器之甚乎？昔之超轉，猶作九資，則是副使四十五年可轉不過四資，是減四十五年爲十六年矣。祖宗多爲武臣等級，責其邊功，非有奇功殊勳，無因超越，故文臣正郎、員郎各止於三轉，而武臣正使、副使必各九轉。聖君宏模，一旦壞於建議之臣，使良法美意掃地無遺，最甚者稱謂不顧義理所在。若文武官名一依元豐之制，則人無得而議矣。

紹聖二年三月，監察御史常安民言：「乞考祖宗用人之制，修立權侍郎遷進法。」詔三省議之。章惇因奏：「乞自起居郎、舍人、侍御史帶修撰除者，滿三年取旨；自七寺卿、國子祭酒、太常少卿、祕書少監、直龍圖閣除者，滿二年取旨；除修撰與外任職事修舉者，再留二年取旨；除正與外任除待制，即才能爲衆所推、績効顯著、朝廷特拔擢者，不拘此令。」詔從之。且天子侍從之臣，非有才能績効而可冒居之乎？信如其言，殆如銓部注擬常調計資歷歲月者之爲也。是時雖出此令，卒莫能行，章惇之意，蓋欲假此令以扼異己之人，而不次超越者，則曰人主特拔擢也，豈不愚哉！

慶曆二年，富弼乞罷殿試，止令尚書禮部奏名，次第唱名，蓋以廷試惟用詩賦，士子多僥幸故也。王堯臣、梁適皆狀元及第，以爲譏己。正月辛巳，方從弼之請，癸未，遽從堯臣、適之請，復舊制。

慶曆元年十一月，郊祀赦文：「功臣不限品數，賜私門立戟，文武臣僚許立家廟，已賜門戟，給官地修建。」此循唐制也。故有兄弟同居而各置門以列戟者，想是時必有立戟之制【二】，特近代此制不舉，無能舉舊事以言者，若家廟則終不能行。至皇祐二年十二月甲申朔，復頒三品以上家廟之制，從宋庠之請也。然一時議者欲令立廟之子孫襲其封爵，世降一等，自國公而至封男凡五世，而封爵之卑者僅一、二世。或又疑襲封公爵惟三恪、先聖之後有之，此制一行，數世之後必多。又子孫或初命卑官，不應襲公侯之爵。議終不

【二】想是時必有立戟之制　「制」原作「人」，據説郛本改。

決，竟尼不行。是不詳考前代之制也，君子惜之。

國朝自真宗時法令寖寬，臣僚或以恩澤及所轉官爲子孫乞賜科名，則召試而授之；或乞親屬陞陟注超越差遣，自小官即爲通判、知州；其降官、降差遣，亦援此陳乞敘復。大抵皆公卿大臣牽於人情而不可拒者，積日累月，不可數計。慶曆四年正月丙戌，詔並禁止，不得陳乞。

今縣邑門樓【三】，皆曰「勑書樓」。淳化二年六月癸未，詔曰：「近降制勑，決遣頗多，或有釐革刑名，申明制度，多所散失，無以講求，論報踰期，有傷和氣。自今州府監縣應所受詔勑，並藏勑書樓，咸著于籍，受代批書、印紙、曆子，違者論罪。」則是勑書樓州縣皆有之也，今州郡不聞有勑書樓矣。

唐有《王會圖》，皇朝亦有《四夷述職圖》。大中祥符八年九月，直史館張復上言：「乞纂朝貢諸國衣冠，畫其形狀，録其風俗，以備史官廣記。」從之。是時，外夷來朝者，惟有高麗、西夏、注輦、占城、三佛齊、蒙國、達靼、女真而已，不若唐之盛也。

國初，進奏官循五季舊例，假官至御史大夫。諸國既平，天下一統，諸州各置進奏官，專達京師，多至百數，混於皁隸，不復齒於衣冠之列。真宗大中祥符二年三月戊辰，詔諸州進奏官十年以上，補三班奉職，每遇郊祀敘補五人，迄今爲例。

种放有別墅在終南山，聚徒講學，性嗜酒，種秫自釀，林泉之景頗爲幽勝。真宗聞之，

【三】今縣邑門樓　「今」原作「令」，據説郛本、四庫本改。

欲幸其家而不果。咸平六年，遣使畫圖以進，六月己未，召輔臣觀于龍圖閣，再三褒美。放父翊嘗爲吏部令史，出官爲長安簿。放幼好學，長以古道自任，奉母隱居於終南山之豹林谷，自稱「退士」，作《退士説》數千字。又號「雲溪醉叟」【四】。太宗朝屢召不起，張齊賢薦其節行可厲風俗，真宗復遣中使召之，起爲左司諫、諫議大夫、給事中。力請還山。從祀東封，拜工部侍郎。終身不娶，既卒，朝廷録其姪世雍爲同學究出身。

唐人重於避諱，國初，此風尚在。劉温叟以父名岳，終身不聽樂，部曲避監臨家諱尤甚。太宗雍熙二年六月辛丑，詔：「内外臣僚，三代名諱止可行於己。州縣長吏不得出家諱。新授官職有家諱者，除三省、御史臺五品、文班四品、武班三品以上許準勑上言，餘不在改請之限。」然法令明載官稱犯高曾祖父諱，冒居者有罪。則是與此詔相反也。豈非此詔既行之後，人無廉耻，習以成風，故又從而禁之耶。

民間訴水旱，舊無限制，或秋而訴夏旱，或冬而訴秋旱，往往於收割之後欺罔官吏，無從覈實，拒之則不可，聽之則難信。故太宗淳化二年正月丁酉，詔荆湖、江淮、二浙、四川、嶺南管内州縣訴水旱，夏以四月三十日，秋以八月三十日爲限。自此遂爲定制。

國初，州郡官屬皆長吏自行奏辟，姓名未聞於朝，已先莅職，洎至命下，則已莅月日皆爲考任，大抵皆其宗族親戚也。太宗雍熙四年八月乙未，詔曰：「諸處奏薦，多是親黨，既傷公道，徒啓倖門。今後如有員闕處，當以狀聞。」自後奏辟不敢私於親戚，或犯此令

【四】雲溪醉叟　諸本皆同，然《宋史》卷四五七《种放傳》則謂「雲溪醉侯」。

者，人得而指擿之，稍知所畏忌矣。

唐制：乘驛者給銀牌。五代庶事草創，但樞密院給牒。太平興國三年，李飛雄僞作牒，乘驛謀反，禽捕伏誅。六月戊午，詔復舊制，應乘驛者並給銀牌。中興以後，此制不復講矣。

卷第五

仁宗時，有染工自南方來，以山礬葉燒灰，染紫以爲黝，獻之宦者洎諸王，無不愛之，乃用爲朝袍。乍見者皆駭觀，士大夫雖慕之，不敢爲也。而婦女有以爲衫褑者，言者亟論之，以爲奇袤之服，寖不可長。至和七年十月己丑，詔嚴爲之禁，犯者罪之。中興以後，駐蹕南方，貴賤皆衣黝紫，反以赤紫爲御愛紫，亦無敢以爲衫袍者，獨婦人以爲衫褑爾。服紫始末，已見前卷。

真宗時，試進士初用糊名法，以革容私之弊。張士遜以監察御史爲巡鋪官，因白主司，有親戚在進士，明日當引試，願出以避嫌。主司不聽，士遜乃自言引去。真宗是之，遂詔：「自今舉人與試官有親嫌者，移試別頭。」別試所自此始，且以御史爲巡鋪，決無容私矣。易以宦官，不知始於何年也。

唐設武舉以選將帥，五代以來皆以軍卒爲將，此制久廢。天聖七年，以西邊用兵，將帥乏人，復置武舉。至皇祐元年，邊事寖息，遂廢此科。治平元年九月丁卯，復置，迄于今不廢。淳熙甲辰，距治平百二十載矣。仲父軒山公知貢舉，武舉林嶖、陶天麟等來拜謝，仲父問之曰：「朝廷設此科以擇將帥，而公等不從軍，何也？」答以不堪笞箠之辱。仲父因奏孝宗皇帝，乞更舊制，申飭三衙、沿江軍帥待以士禮。至淳熙十四年，事始施行，進士皆願從軍。至紹熙庚戌，仲父以知樞密院兼參知政事唱進士第，復奏光宗皇帝，命武舉進士從軍，不許軍帥笞辱，大罪按奏，小罪罰俸。此令一出，皆願從軍，而軍中無所容之。乃自三衙立同正員之額，以至江上諸軍，每舉以二十四員爲額，七年爲任，第一名同正將，第二名、第三名同副將，第四名以下同準備將，而第二十五名以下只注巡尉。自後，軍帥亦仰承朝廷優恤之意，待遇之禮與統領官等，或令其兼同統領職事，遇出戰多令守寨，必自願親行陣者始聽之。蓋軍中自統制以下多是假攝，或以準備將而權統制者，每於文移、公牘、書劄、榜子削其本職，爲寫權職爲正，遇東班便自居通判之上。唯知凶暴，陵駕士大夫，一聞鉦鼓之聲，則惴惴戰栗。士大夫信其僞銜，不復與較，故以守闕進勇副尉爲統制者，往往而是。若於武舉中選願親行陣者，使久於其任而序進之，必能趨事赴功矣。

部吏賣闕之弊，自昔有之。皇祐中，趙及判流内銓，始置闕亭，凡有州郡申到闕，即時榜出，以防賣闕。立法非不善也，然部吏每遇申到，匿而不告。今州郡寄居，有丁憂事故數年不申到者，亦有申部數年而部中不曾改正榜示者，吏人公然評價，長貳、郎官爲小官時皆嘗由之，亦不暇問。太宗皇帝曰：「倖門如鼠穴，不可塞也。」豈不信哉。

國初，宦者不過數十人，真宗時漸衆，蓋以遇郊恩，任子皆十數歲小兒，積累至多故也。皇祐五年閏七月戊辰，言者以爲久弊當革，乃詔自供奉官至黄門【一】，以百八十員爲

【一】乃詔自供奉官至黄門　「黄門」原作「行門」，據《宋史》卷一六六改。

額，遇闕額方許奏補。至元祐二年二月，又詔自供奉官至黄門，以百人爲額。然流弊之久，終不能革，至宣、政間，動以千數矣。

仁宗朝，言者以士大夫不安職守，惟務奔競，乞申嚴戒勵。慶曆八年五月丁卯，詔中外官滿二年方許差替，其三年、三十月爲任者仍舊。此誠良法也。中興以來，職事官猶計資考，故有須次一兩政者，至於三丞以上至於郎官卿監有三、四年不遷者，故人無苟且之心。近年，滿年不遷則爲人指目，居其位亦恐懼求去，是不諳祖宗典故爾。

舊制：御試詩賦論，士人未免上請於殿陛之下，出題官臨軒答之，往復紛紜，殊失尊嚴之體。景祐元年三月丙子，詔進士題具書史所出，御藥院印給，士人不許上請。自後，進士各伏其位，不敢復至殿庭。

國朝待遇士大夫甚厚，皆前代所無。天聖五年，詔臣僚薨卒當賜謚，而本家不陳乞者，令有司舉行。又兄弟同在朝者，令連狀封贈。此推恩泉壤，澤及幽冥也。

九年十二月癸丑，詔流内銓，選人父母年八十以上，權聽注近官。此教人以孝，且厚風俗也。康定元年六月壬子，詔臣僚之官、罷任，所過山險去處，差軍士防送，無過送迎人之半。此閔其道路羈旅，恐不得其所也。仁宗施恩於臣下者如此，可謂仁矣。先是，咸平六年，真宗詔命官遷謫嶺南亡殁者，並許歸葬，官給緡錢，如親屬年幼，差牙校部送至其家。蓋其人雖犯罪，而其死則可閔，威以懲其罪，恩以恤其死，施於死者猶爾，況生者乎？

施於有罪者猶爾，況無罪者乎？仁宗可謂能弘家法矣。

宗室年五歲則官爲廩給，此祖宗舊法也。皇祐二年，判大宗正事允讓請自三歲廩給。仁宗以太過，三月甲辰，詔宗室三歲以上，官爲給食。今又復以五歲爲限矣。

西京學校，舊爲河南府學。景祐元年，詔改爲西京國子監，以爲優賢之所。

商税之任，今付之初官小使臣，或流外校尉、副尉，州郡縣令亦鄙賤之。曾不思客旅往來，鄉民入市，動遭竭澤，又復營私，掩爲己有，害民有甚焉者。真宗景德二年三月癸未，詔商税三萬貫以上，選親民官監給，通判添支。所以重譏征之寄。近時理親民資序爲監當者，未之聞也，往往以爲浼己不肯褻就矣。然朝廷以場務之寄，責之長貳、縣令，知監當之難於其人也。故康定元年六月壬子，詔：「天下州縣課利場務，十分虧五釐以下，知州、通判、縣令罰俸一月【二】；一分以下，兩月；二分降差遣。增二分，陞陟差遣。」賞罰不及於監當，有深旨矣。

大中祥符四年十二月己未，越州言：會稽縣民裘承詢同居十九世，家無異爨。詔旌表其門閭。屈指今二百三十六年矣，其號「義門」如故也。余嘗至其村，故聽事猶在，族人雖異居，同在一村中，世推一人爲長，有事取決，則坐於聽事。有竹箄亦世相授矣，族長欲撻有罪者，則用之。歲時會拜，同族咸在，至今免役，不知十九世而下今又幾世也。余嘗思之，裘氏力農，無爲士大夫者，所以能久聚而不散，苟有驟貴超顯之人，則有非族長所

【二】知州通判縣令罰俸一月　原脱「知」、「判」二字，據《長編》卷一二七「知州、通判、幕職、知縣各罰一月俸」句補。

能令者。況貴賤殊塗，炎涼異趣，父兄雖守之，子孫亦將變之，義者將爲不義矣。裘氏雖無顯者，子孫世守其業，猶爲大族，勝於乍盛乍衰者多矣。天之祐裘氏者，豈不甚厚乎！

國初，進士詞賦押韻，不拘平仄次序。太平興國三年九月，始詔進士律賦，平仄次第用韻。而考官所出官韻，必用四平四仄，詞賦自此整齊，讀之鏗鏘可聽矣。

司天監官自挈壺正轉保章正，靈臺郎直長、局丞至冬官正，僅五遷爾。舊制五年一轉，或謂較之武臣洎醫官則太優，欲增其等級。慶曆五年六月乙卯朔，詔自保章正至五官正，十年一遷官。雖循轉甚遲，然比承信郎轉至武翼郎，猶爲優矣。

承平時，温州、鼎州、廣州皆貢柑子，尚方多不過千，少或百數。其後，州郡苞苴權要，負擔者絡繹，又以易腐，多其數以備揀擇，重爲人害。天聖六年四月庚戌，詔三州不得以貢餘爲名餉遺近臣，犯者有罰。然終不能禁也。今惟温有歲貢歲饋，鼎、廣不復有之矣。

五季日尋干戈，其於軍卒，尤先激勵，凡軍頭非有戰功，皆號伴飯指揮使。皇朝一統，邊境無虞，伴飯者衆，乃詔以處有罪者。凡爲此職，人皆望而知其犯罪也。大中祥符二年二月，詔改軍頭伴飯指揮使爲散指揮使。然自此人不復以爲耻，而激勵之權微矣。

皇朝初下江南，置水路、陸路發運二使，運江南之粟以贍京師。其後，以陸路不便，悉從水路。雍熙四年四月己亥，詔合水路、陸路發運爲一路，以王繼昇掌之，董儼爲同掌，自此迄于宣和不改。

國初，進士期集，以甲次高下率錢刊小録、事遊燕，或富而名次卑，所出無幾，或貧而名次高，至於假丐。熙寧六年三月庚申，詔賜進士及第錢三千緡，諸科七百緡爲期集費。一時歆豔，以爲盛事。次舉熙寧九年三月戊寅，練亨甫奏罷期集錢，止賜錢造小録，及第五百千，諸科二百千，而遊燕之費復率錢爲之。至元祐三年三月甲戌，詔復增進士錢百萬、酒五百壺爲期集費。相仍至今，定爲千七百緡。而局中凡所率錢，皆以小録爲名，而同年得與燕集者無幾。又爲職事者日叨飲食，所得小録、題名紙札裝潢皆精緻，不費一金。其不與職事者出錢而所得絶不佳，不沾盃勺，無乃太不均乎。

元豐四年二月己卯【三】，詔東南團結諸軍爲十三將【四】。蓋太祖皇帝初下江南，慮人心未一，分禁旅以戍之，歲月寖久，與州郡之兵無别故也。淮東第一，淮西第二，浙西第三，浙東第四，江東第五，江西第六，湖北第七，湖南第八，全邵永第九，準備廣州應援，福建第十，廣東第十一，桂州今靜江府第十二，邕州第十三。廩給特厚，與禁衛比。若江上諸軍，乃諸郡兵額，因勤王入援，失其土地，故以駐劄名之，其廩給與將兵不同，況州郡之兵乎。

僧道度牒，每歲試補刊印板，用紙摹印。新法既行，獻議者立價出賣，每牒一紙，爲價百三十千，然猶歲立爲定額，不得過數。熙寧元年七月，始出賣於民間，初歲不過三、四千人，至元豐六年，限以萬數。而夔州轉運司增價至三百千，以次減爲百九十千。建中靖國

【三】元豐四年二月己卯　諸本皆作「乙卯」，據《宋史》卷一六、《長編》卷三一一改。

【四】詔東南團結諸軍爲十三將　「結」原作「練」，據《歷代小史》本及《長編》卷三一一、《宋史》卷一六改。

元年，增至二百二十千。大觀四年，歲賣三萬餘紙，新舊積壓，民間折價至九十千。朝廷病其濫，住賣三年，仍追在京民間者毁抹，諸路民間聞之，一時爭折價急售，至二十千一紙，而富家停榻，漸增至百餘貫。有司以聞，遂詔已降度牒，量增價直，別給公據，以俟書填。六年，又詔改用綾紙，依將仕郎、校尉例。宣和七年，以天下僧道踰百萬數，遂詔住給五年。繼更兵火，廢格不行。南渡以後，再立新法，度牒自六十千增至百千。淳熙初，增至三百千，又增爲五百千，又增爲七百千。然朝廷謹重愛惜，不輕出賣，往往持錢入行都，多方經營而後得之。後又著爲停榻之令，許容人增百千興販【五】，又增作八百千。近歲，給降轉多，州郡至減價以求售矣。

至和元年二月乙未，因大雨雪，詔天下長吏詳酌公私房錢，與放三日，非遇大雨雪不許蠲放，仍每歲不得過三次。是時，天下承平百餘年矣，仁宗皇帝凝神穆清，而念慮及於細微，真聖主也。

國初，凡事草創，學校教養未甚加意。皇祐三年七月壬子，詔太學生舊制二百人，如不足止百人爲限。其簡如此。元豐二年十二月乙巳，神宗始命畢仲衍、蔡京、范鏜、張璪詳定，於太學創八十齋，三十人爲額，通計二千四百人，内上舍生百人，内舍生三百人，外舍生二千人。崇寧元年，徽宗創立辟廱，增生徒共三千八百人，内上舍生二百人，内舍生六百人，教養于太學；外舍生三千人，教養于辟廱。廢太學自訟齋，太學之不率教者，移

【五】許容人增百千興販　「容」原作「客」，據説郛本改。

之辟廱。以祭酒總治兩學，辟廱別置司業、丞各一人，博士十人，正、録各五人，分爲百齋，講堂凡四所。其後，王黼反蔡京之政，奏廢之，而辟廱之士，太學無所容矣。

自江南既平，兩浙、福建納土之後，諸州直隸京師，無復藩府。惟河北、河東、陝西以捍禦西、北二虜，帥臣之權特重，其他諸路，責任監司按察而已。嘉祐四年五月丁巳，始詔揚、廬、江寧、洪、潭、越、福七路兼本路軍馬鈐轄，各置禁軍駐泊三指揮，越、福二指揮，以威果爲額，每指揮四百人，各路兵馬都監二員，越、福一員。其後二廣經略、京東西路安撫、江東西路安撫，皆因事令守臣兼領，而加以鈐轄之名，以至兩浙、四川皆以調發之故，後又改鈐轄爲總管，而四川至今仍舊名。開端於嘉祐之時，而定制於中興之後。然帥臣大抵權輕，當緩急之時，罕能成功。承平無事，惟事教閲而已。矧自勤王諸將分爲駐劄，州郡之額闕不復補，名存實亡。然人存政舉，苟擇人而用之，仍委以久任，庶幾緩急有所恃也。

舊制：殿試皆有黜落，臨時取旨，或三人取一，或二人取一，或三人取二，故有累經省試取中屢擯弃於殿試者。故張元以積忿降元昊，大爲中國之患，朝廷始囚其家屬，未幾復縱之。於是羣臣建議，歸咎於殿試黜落。嘉祐二年三月辛巳，詔進士與殿試者皆不黜落。迄今不改。是一叛逆之賊子，爲天下後世士子無窮之利也。

通判舉人改官與太守同，自提舉常平使者列于監司，諸路頓增員數。熙寧元年十二月，始詔通判不得舉人改京官。元豐初，詔改官人五日引一甲，一甲三人，歲以百四十人爲額。至元祐元年四月，罷諸路提舉常平，再命通判歲終舉改官一人，或縣令一人間舉。十二月，以改官員多，吏部侍郎孫覺請歲以百人爲額，從之。紹聖三年，吏部乞以每甲五人，引見不拘數，則是歲有三百餘員也。中興以來，改官人數絶少，歲不過數十人，雖令選人舉官，逐員放散，數亦不增。至紹熙初，號爲頓增，亦僅三十餘員。慶元以後，歲有溢額，蓋孤寒路絶，得舉官五員俱足，而不得者多不破白，勢使然也。

納粟補官，始以拯飢，後以募民實粟于邊。自王安石開邊，國用不足，而致粟于邊頗艱，應募者寡。元祐二年八月，詔進納人許其改官，歷四任十考，增舉主二員、職司一、常員五。自此人樂於應募。此法雖明，未聞有改秩者，或謂中興以後有一人官至太守，忘其姓名。

舊制：監司、太守舉京官有定數，縣令初不限員數。皇祐二年五月庚午，京西提點刑獄張易舉十六人縣令，乃詔河北、陝西漕舉十二員、憲六員，河東、京東西、淮南漕十員、憲五員，兩浙、江東西、福建、湖南北、廣東西、益、利、梓路漕、憲各四員，夔路漕四員、憲二員，六路制置發運使、副六員，開封府諸州軍各一員。然立法之初，舉縣令有出身三考，無出身四考，有舉主二人，移注近縣令，任滿無贓私升幕職，再任知縣，再任滿引對改京官。則是受舉之後，歷知縣兩任六考改官。此天聖七年閏二月甲辰詔書也。至熙寧四年，詔再任知縣、縣令人，須有安撫、轉運、提刑、知州、通判奏舉五員，方許再任，內有職司二人者亦聽。此乃就任改官也。政和間，又以州縣增官員，復增舉員。中興以來，一循前例，然亦時有增損。

舊制：特遷官者，其理磨勘並自受告日爲始。故有垂當磨勘，忽拜特恩，前功俱廢。熙寧六年八月丙申，詔文武臣僚特遷官者，不隔磨勘，施恩甚均，人蒙實惠，至今仍之。

景祐三年五月，詔中外臣僚許以家書附遞。明告中外，下進奏院依應施行。蓋臣子遠宦，孰無墳墓、宗族、親戚之念，其能專人馳書，必達宦貴人而後可。此制一頒，則小官下位受賜者多。今所在士大夫私書多入遞者，循舊制也。

國朝因唐制取士，只用詞賦，其解釋諸經者名曰「明經」，不得與進士齒。王安石罷去詞賦，惟以經義取士。元祐元年十一月，立經義、詞賦兩科，用侍御史劉摯之言也。

國初，致仕以旌表士大夫之恬退者，非如後世已死僞爲之也。真宗時，主客郎中謝泌言：「致仕官如清名爲衆所推，粗有勞効，方可聽其納禄。」咸平五年五月丙戌，詔年七十退者，許致仕，如因疾或歷任有贓犯者，不在此限。大中祥符九年正月，詔乞致仕者，審官院具歷任有無贓犯檢勘，吏部申上取旨。仁宗天聖四年，始詔郎中以上致仕，與一子官。明道元年二月甲子，又詔員外郎以上致仕者，録其子爲祕書省校書郎，三丞以上爲太廟齋郎。二年正月庚寅，又詔三丞以上致仕，無子，聽官嫡孫若弟姪一人，降一等。凡此者，皆以利誘之也。景祐三年六月甲戌，侍御史司馬池上言：「文武官年七十，令自陳致仕，依舊勑與一子官，如分司給全俸。違者御史臺糾察，特令致仕，更不與子官及全俸，詔榜朝堂。」皇祐三年二月戊子，又詔文武官年老無子孫，奏朞親一人。至和元年十二月庚子，又詔文武官年七十以上未致仕，更不考課遷官，有功於國，有惠於民，勿拘。嘉祐三年十二月辛未，又詔年七十，居官犯事求致仕【六】，更不推恩子孫。凡此者，皆以法繩之也。慶曆二年六月壬申朔，御史中丞賈昌朝上言：「臣僚年七十筋力衰者，優與改官致仕。」詔從之。此以賞勸之也。況法初行，須受命之後陳乞恩澤，病者尚不許，豈容已死僞爲其後，又限以受命後身故者方許陳乞恩澤。後又但以陳乞後身故者放行，而詐僞者公行不忌矣。今士大夫解官持服，批書丁憂月日，或與其父致仕月日自相抵牾，有司未嘗詰也。至徽宗朝，始放行員外致仕恩澤。政和二年【七】，張克公乞依武官副使非降黜中身亡者，聽蔭補。從之。詳考前後詔令，肇端於真宗之朝，而詳密於仁宗之朝，待之甚厚，防之甚嚴，責之甚備。然上勞聖訓丁寧，至於六七而不已，亦可見風俗之日趨於薄，而士大夫能守知足之戒者鮮矣。

真宗以朝官注擬于堂，貧者留滯逆旅，無以爲資，乃置朝集院于朱雀門外。此咸平四年四月癸丑詔也。院既成，詔陞朝官以上到闕，並館于院中，官給公券，出入則乘馬，開封府差兵士隨直，惟可至廟堂省部銓曹官廳而已，雖欲出入市廛，不可得也。故陞朝官以上

【六】居官犯事求致仕　「求」原作「未」，據《宋史》卷一七〇、《宋會要輯稿》職官七七之三九改。

【七】政和二年　「年」原作「王」，據説郛本、《歷代小史》本、四庫本改。

造朝，則先匿於親戚故舊之家，俟所幹置悉備，方敢報閤門放見。蓋閤門即日關報朝集院，開封府人馬即至，迎入院中，雖不可出入，而同院中士大夫日夕遊從，情如兄弟，或商榷文字，或彼此詢問風土，或因而結交，互相推薦，其況味與栖栖逆旅者大不侔矣。景祐二年十月辛亥，詔復增置，以士大夫之來者日多故也。

國初，擢用人才不問資序，有初補京官便除知州，或差通判，既不知仕塗之艱苦，小官往往遭其慢視，又且未歷民事，不諳民間疾苦。淳化四年十月庚午，蘇易簡上言：「初任京官未歷州縣，不得擬知州、通判。」詔從之。然惟施之常調爾，若人主特除，則又不在此例。吕公弼年十九，以水部員外郎即知廬州，正如易簡所論，不以改制而止也。

圖書在版編目(CIP)數據

全宋筆記. 第7編. 1／上海師範大學古籍整理研究所編.— 鄭州 ：大象出版社，2015. 12
ISBN 978-7-5347-8748-5

Ⅰ. ①全… Ⅱ. ①上… Ⅲ. ①中國歷史—史料—宋代
Ⅳ. ①K244. 066

中國版本圖書館 CIP 數據核字(2015)第314093號

全宋筆記 第七編 一

出版人 王劉純
特約編輯 陳新
責任編輯 郭一凡
整體設計 張勝
出版發行 大象出版社
鄭州市開元路16號(450044)
製版 上海杰申電腦排版有限公司
印刷 鄭州瑞光印務有限公司
版次 2016年2月第1版第1次印刷
開本 640mm×960mm 1/16 19.25印張
字數 233千字
印數 850冊
定價 68.00元